D1619251

**STARK**

Original-Prüfungsaufgaben
mit Lösungen

# BERUFLICHES GYMNASIUM

## Deutsch

### Baden-Württemberg

### 2014–2016

**STARK**

# Inhalt

## Abiturprüfungsaufgaben 2014

## Abiturprüfungsaufgaben 2015

## Abiturprüfungsaufgaben 2016

Jeweils zu Beginn des neuen Schuljahres erscheinen
die neuen Ausgaben der Abiturprüfungsaufgaben mit Lösungen.

## Autoren:

**Übungsaufgaben:**
Dieter Gall (1), Dr. Stefan Metzger (2), Dr. Ulrich Vormbaum (3),
Dr. Dorothea Hennig (6), Claudia Mutter (4), Florian Andelfinger (5)

**Abiturprüfungsaufgaben 2014:**
Dr. Ulrich Vormbaum (I), Dr. Eva-Maria Knittel (II), Dieter Gall (III, V),
Marion von der Kammer (IV)

**Abiturprüfungsaufgaben 2015:**
Claudia Mutter (I), Dr. Eva-Maria Knittel (II), Dieter Gall (III, V),
Marion von der Kammer (IV)

**Abiturprüfungsaufgaben 2016:**
Claudia Mutter (I), Dr. Eva-Maria Knittel (II), Dr. Gwendolyn Whittaker (III, V),
Marion von der Kammer (IV)

# Vorwort

**Liebe Abiturientinnen und Abiturienten,**

Sie werden bald das Abitur im Fach Deutsch ablegen. Der vorliegende Band hilft Ihnen dabei, sich optimal auf die Prüfung vorzubereiten.

Das einführende Kapitel „**Hinweise und Tipps**" informiert Sie über die offiziellen Rahmenvorgaben, macht Sie mit den Arbeitsanweisungen (Operatoren) vertraut und erläutert die verschiedenen Schwierigkeitsstufen (Anforderungsbereiche) innerhalb jeder einzelnen Aufgabe. Es schließen sich konkrete Tipps an, was Sie bei der Bearbeitung der unterschiedlichen Aufgabenarten beachten müssen. Hinweise zur mündlichen Prüfung im Fach Deutsch runden diesen Teil ab.

Ein Block mit zahlreichen **Übungsaufgaben** konzentriert sich auf die aktuellen **Pflichtlektüren** und das **Leitthema Lyrik** „Natur und Mensch in der deutschsprachigen Lyrik vom Sturm und Drang bis zur Gegenwart". Daran schließen sich die vollständigen offiziellen **Prüfungsaufgaben** der Jahre 2014 bis 2016 an.

Zu jedem Klausurbeispiel finden Sie einen ausführlichen **Lösungsvorschlag**, mit dem Sie Ihren eigenen Aufsatz vergleichen können. Den Lösungsvorschlägen vorangestellt sind ∕ **Hinweise und Tipps**, die Ihnen bei der Erschließung der einzelnen Arbeitsanweisungen helfen. Wesentliche **Fachbegriffe** in den Lösungsvorschlägen sind durch Fettdruck hervorgehoben; **Strukturierungshinweise am Rand** sollen helfen, den Gedankengang nachzuvollziehen. Ein **Stichwortverzeichnis** ermöglicht die schnelle Orientierung in dem Band.

Vergegenwärtigen Sie sich bei Ihrer Vorbereitung immer wieder die genaue Fragestellung und die verwendeten Operatoren und lesen Sie die Erklärung der unterschiedlichen Aufgabenarten in den Hinweisen nach. Auf diese Weise wiederholen Sie auch die im Unterricht gelernten Inhalte und Methoden.

Sollten nach Erscheinen dieses Bandes noch wichtige Änderungen in der Abiturprüfung vom Kultusministerium bekannt gegeben werden, finden Sie aktuelle Informationen dazu im Internet unter: *www.stark-verlag.de/pruefung-aktuell*

Wir wünschen Ihnen eine effektive Abiturvorbereitung und eine erfolgreiche Abiturprüfung!

Die Autoren und der Verlag

# Stichwortverzeichnis

# Hinweise und Tipps
# zur schriftlichen Abiturprüfung

## 1 Grundlagen

### 1.1 Vorgaben für das Zentralabitur Deutsch

Die schriftlichen Prüfungsaufgaben richten sich in Aufbau und Inhalt nach:
- dem *Lehrplan für die Sekundarstufe II: Berufliches Gymnasium* (August 2008), im Internet zu finden unter:
  http://lehrplan.lernnetz.de/intranet1/index.php?DownloadID=381
- den bundesweit verbindlichen *Bildungsstandards im Fach Deutsch für die Allgemeine Hochschulreife*, im Internet zu finden unter:
  www.kmk.org/fileadmin/Dateien/veroeffentlichungen_beschluesse/2012/2012_10_18-Bildungsstandards-Deutsch-Abi.pdf.
- den in der Regel für jeweils vier Schuljahre gültigen Pflichtlektüren, die vom Kultusministerium in *Kultus und Unterricht* veröffentlicht werden.

### 1.2 Zeitrahmen und Hilfsmittel

In der Abiturprüfung im Fach Deutsch werden Ihnen fünf unterschiedliche Aufgaben vorgelegt, von denen Sie eine auswählen müssen. Zur Bearbeitung stehen Ihnen 5 Stunden (300 Minuten) zur Verfügung. 30 Minuten sind zusätzlich als Lese- und Auswahlzeit vorgesehen. Als Hilfsmittel sind ein Wörterbuch der deutschen Rechtschreibung sowie unkommentierte Ausgaben der Pflichtlektüren zugelassen.

## 2 Prüfungsstoff

Die **Prüfungsthemen** konzentrieren sich auf **drei literarische Werke** der Gattungen Drama und Roman sowie das vorgegebene **lyrische Themenfeld**. Neben der Lyrikaufgabe sind in der Abiturprüfung in der Regel alle drei Pflichtlektüren in Form unterschiedlicher Aufsatztypen (Interpretation eines Textauszugs, Werkvergleich) vertreten.

Bei den Pflichtlektüren handelt es sich um **Georg Büchners** (1813–1837) Drama **Dantons Tod** (1835), **Max Frischs** (1911–1991) Roman **Homo faber** (1957) und **Peter Stamms** (* 1963) Roman **Agnes** (1998).

Neben den drei Pflichtlektüren ist für die schriftliche Abiturprüfung das lyrische Schwerpunktthema „**Natur und Mensch in der deutschsprachigen Lyrik vom Sturm und Drang bis zur Gegenwart**" verbindlich. Damit ist ein breiter zeitlicher Rahmen vorgegeben, der ein an literarischen Epochen orientiertes Vorgehen nahelegt. Durch den Vergleich von Gedichten aus verschiedenen Epochen können unterschiedliche Auffassungen von ‚Natur' erarbeitet werden, die sich nicht nur inhaltlich, sondern auch in Sprache und Form der lyrischen Texte widerspiegeln. Es geht dabei nicht nur um Natur, sondern immer auch um das Verhältnis zwischen Natur und Mensch, um die Bedeutung der Natur für ihn und sein Verständnis von Natur, aber auch um sein Selbstverständnis, seine Gefühle und Reflexionen und vieles mehr.

# 3 Aufgabenarten

Die bundesweit gültigen *Bildungsstandards im Fach Deutsch für die Allgemeine Hochschulreife* unterscheiden drei wesentliche fachspezifische Erschließungsformen von Texten (Interpretation, Analyse, Erörterung) sowie materialgestütztes Schreiben, d. h. das Verfassen eines Textes ausgehend von vorliegenden themenspezifischen Materialien (Texte, Schaubilder, Grafiken, Statistiken). Es ergibt sich folgendes Gesamtbild:

| Textbezogenes Schreiben | | | | Materialgestütztes Schreiben | |
|---|---|---|---|---|---|
| Interpretation literarischer Texte | Analyse pragmatischer Texte | Erörterung literarischer Texte | Erörterung pragmatischer Texte | Informierende Texte | Argumentierende Texte |
| Aufgabenart I, Teilaufgabe 1 Aufgabenarten II und III | Aufgabenart V Schwerpunkt Analyse | Aufgabenart I, Teilaufgabe 2 | Aufgabenart V Schwerpunkt Erörterung | Aufgabenart IV: Verfassen eines Essays <br> • Materialsammlung (Dossier), auch mit informierenden Texten, wird vorgelegt <br> • Essay: nicht-argumentierende Schreibform (ggf. argumentierende Passagen) | |

In den *Bildungsstandards* wird ausgeführt, dass die Aufgabenarten „Grundmuster" darstellen, die „miteinander kombinierbar sind" und „Mischformen" zulassen.

Das oben dargestellte Spektrum wird durch die Aufgabenarten der schriftlichen Abiturprüfung in Baden-Württemberg abgedeckt:

I. Interpretationsaufsatz mit übergreifender Teilaufgabe zu anderen Pflichtlektüren
II. Interpretationsaufsatz zu einem Gedicht oder Gedichtvergleich
III. Interpretation eines Kurzprosatextes
IV. Verfassen eines Essays
V. Analyse und Erörterung eines nicht fiktionalen Textes (Schwerpunkt Erörterung *oder* Analyse)

## 3.1 Interpretationsaufsatz mit übergreifender Teilaufgabe zu anderen Pflichtlektüren (‚Werke im Kontext')

Als Textgrundlage wird Ihnen ein Auszug aus einer der drei Pflichtlektüren vorgelegt. In einer **ersten Teilaufgabe** sollen Sie diese Passage sowohl im **Kontext** der Handlung verorten als auch **interpretieren**. Wichtig ist es, sich nicht in weitschweifigen Nacherzählungen des gesamten Werks zu verlieren, sondern zielgerichtet alle wesentlichen Aspekte zusammenzufassen, die für das Verständnis der vorliegenden Textstelle von Bedeutung sind. Erst dann sollten Sie den Auszug unter Berücksichtigung der sprachlich-erzähltechnischen Gestaltung deuten.

Die **zweite Teilaufgabe** stellt die Verbindung zu den weiteren Pflichtlektüren her, indem sie einen **Aspekt** vorgibt, unter dem das soeben interpretierte Werk **mit einer oder zwei weiteren Lektüren verglichen** werden soll. Ein gelungener Werkvergleich muss dabei mehr leisten als eine Reproduktion von Inhalten; eine bloße Bilanzierung von Gemeinsamkeiten und Unterschieden (z. B. in den Motiven und Verhaltensweisen von Figuren) wird der Aufgabe nicht gerecht. Vielmehr kommt es darauf an, die Lektürekenntnisse in eine stringente Argumentation einzubinden und z. B. der Frage nachzugehen, welche Voraussetzungen im persönlichen, aber auch im gesellschaftlichen und eventuell politischen Umfeld auf die Weltanschauung und das Verhalten der Protagonisten einwirken. Sie müssen Ihr literarisches Wissen im Hinblick auf den vorgegebenen Vergleichsaspekt eigenständig organisieren, Schwerpunkte setzen und eine Gliederung entwickeln, die Verlauf und Zielrichtung der Argumentation klar hervorhebt und für den Leser nachvollziehbar macht. Die wichtigste Voraussetzung zur Bearbeitung der Aufgabe ist eine sichere Textkenntnis der Pflichtlektüren.

## 3.2 Interpretationsaufsatz zu einem Gedicht oder Gedichtvergleich

Bei Gedichten ist die Textbasis schmaler, an das Verständnis werden jedoch aufgrund der – in besonderem Maße – poetischen Sprache und Formgestaltung höhere Anforderungen gestellt. Daher ist eine ausgeprägte Sensibilität für Lyrik die wichtigste Voraussetzung für eine erfolgreiche Gedichtinterpretation. Außerdem ist es notwendig, das Instrumentarium der Form- und Sprachanalyse zu beherrschen, d. h. die gängigen Fachbegriffe (z. B. metrische Formen, rhetorische Figuren) präzise und trennscharf verwenden zu können. Denn für die Interpretation von Gedichten ist eine genaue Analyse der **sprachlichen und formalen Gestaltung** unabdingbare Voraussetzung. Oft erschließt sich der mögliche Sinn eines Gedichts erst aus der Form sowie besonderen sprachlichen Eigenschaften.

In der Regel wird ein **Gedichtvergleich** verlangt; jedenfalls kamen in den vergangenen Jahren Vergleichsaufgaben weit häufiger vor als solche, die nur ein Gedicht zum Gegenstand haben. Ein Gedichtvergleich stellt nicht unbedingt höhere Anforderungen an den Interpreten, sondern kann auch eine gewisse Arbeitserleichterung bedeuten: Denn eine Gegenüberstellung zweier Gedichte hilft, den Blick für die jeweiligen Besonderheiten zu schärfen. Das **methodische Vorgehen beim Gedichtvergleich** muss genau überlegt werden. So kann man die Texte zunächst unabhängig voneinander bzw. nacheinander deuten und dann zu einem Vergleich übergehen oder das zweite Gedicht vor dem Hintergrund einer ausführlichen Interpretation des ersten behandeln.

Das Thema „**Natur und Mensch in der deutschsprachigen Lyrik vom Sturm und Drang bis zur Gegenwart**" macht aufgrund der kaum überschaubaren Vielzahl infrage kommender Gedichte ein exemplarisches Vorgehen erforderlich.

## 3.3 Interpretation eines Kurzprosatextes

Bei dieser Aufgabenart müssen Sie die vorgegebenen kurzen Prosatexte interpretieren, indem Sie in einer prägnanten Darstellung der Thematik, der Textsorte, des Inhalts und der Textabsicht zeigen, dass Sie den Text verstanden haben. In der folgenden Interpretation werden Aussagen zur Deutung des Textes verbunden mit Beobachtungen zur erzähltechnischen und sprachlichen Gestaltung. Ratsam ist hierbei eine sichere Kenntnis der Charakteristika der epischen Kleinformen (Kurzgeschichte, Erzählung, Novelle, Märchen etc.). Nicht zuletzt sollten Sie den jeweiligen Text in seinem literarhistorischen Kontext einordnen, indem Sie besondere Kennzeichen einer Epoche bzw. einer Strömung nachweisen.

## 3.4 Analyse und Erörterung eines nicht fiktionalen Textes

Vorgegeben wird ein nicht fiktionaler Text bzw. ein Textauszug aus einem größeren (essayistischen, philosophischen, wissenschaftlichen) Werk. Die – weit häufiger vorkommenden – eigenständigen Textvorlagen, die unter Umständen gekürzt sein können, sind zumeist Zeitungen oder Zeitschriften entnommen.

Das breite Themenspektrum hat zur Folge, dass Sie sich auf der Inhaltsebene nicht gezielt vorbereiten, sondern allein die für die Aufsatzformen des Erörterns und Analysierens notwendigen Methoden einüben können. Überblickt man die Aufgaben der letzten Jahre, so lässt sich allerdings eine gewisse inhaltliche Eingrenzung vornehmen. In der Regel behandeln die ausgewählten Texte aktuelle gesellschaftliche Probleme, die in übergreifende (historische, kulturelle, philosophische) Perspektiven gerückt werden.

Es wird explizit in der Themenstellung angegeben, ob der **Schwerpunkt** der Aufgabe auf der **Analyse oder** auf der **Erörterung** liegt. Dies wird durch die mehrschrittige Arbeitsanweisung präzisiert.

**Schwerpunkt Analyse:** Die ersten beiden Arbeitsaufträge beziehen sich auf den vorliegenden Text und verlangen von Ihnen in der Regel eine Zusammenfassung des Inhalts sowie eine Untersuchung von Argumentationsstrategie und/oder sprachlich-formaler Gestaltung. Der dritte Arbeitsauftrag fordert Sie schließlich zu einer eigenen Stellungnahme und **Auseinandersetzung mit den Aussagen des Textes** bzw. der Position des Autors auf. Hier sollten Sie auch auf eigene Erfahrungen und Kenntnisse zurückgreifen, um schließlich zu einem begründeten und differenzierten Urteil zu gelangen.

**Schwerpunkt Erörterung:** Auch hier müssen Sie sich zunächst in den ersten beiden Teilaufgaben mit dem Inhalt und der argumentativen bzw. sprachlich-rhetorischen Gestaltung der Textvorlage beschäftigen. Wichtig ist es dabei, einige auffällige sprachliche Mittel herauszugreifen und diese in ihrer Wirkungsweise und Bedeutung für die Intention des Autors zu erläutern. Die dritte Teilaufgabe nennt dann, an den Text anknüpfend, eine **Problemstellung, die Sie erörtern sollen**. Sie müssen über die im Text genannten Aspekte hinaus eigene Argumente vorbringen und durch Beispiele abstützen, um dann zuletzt ein schlüssiges Fazit zu ziehen.

## 3.5 Verfassen eines Essays

Sie erhalten eine Zusammenstellung unterschiedlicher Informationen zu einem übergreifenden Thema. Im Allgemeinen umfasst dieses **Dossier** nicht mehr als vier Textseiten. Im Dossier sind neben üblichen Texten, wie z. B. Berichten, Interviews, Reden, Kommentaren, auch sogenannte nicht-kontinuierliche Texte enthalten, z. B. Grafiken, Karikaturen, Statistiken. Das Dossier kann auch literarische Texte enthalten, mit denen kulturelle und geschichtliche Akzente gesetzt werden können.

Die Aufgabenstellung verlangt im ersten Schritt von Ihnen, von diesen Texten **Abstracts** anzufertigen. Hierbei handelt es sich um Kurzzusammenfassungen, die möglichst präzise und objektiv einen Überblick über ein Dokument geben. Das Thema, die Fragestellung oder Perspektive, unter der es im Text betrachtet wird, und das Ergebnis der jeweiligen Untersuchung oder Darstellung müssen darin festgehalten werden.

Aufgrund der Informationen, die aus den Texten gewonnen und in den Abstracts zusammengetragen wurden, und aufgrund Ihrer eigenen Erkenntnisse und Erfahrungen sollen Sie in einem Essay Ihre Position zu einem Thema darlegen. Es bleibt Ihnen freigestellt, wie sie die Verknüpfung zwischen Abstract und Essay herstellen, z. B. über Zitate, Paraphrasen, Anspielungen, Wertungen eines Gedankens oder ganz allgemein über einen Teilaspekt eines Themas.

Der **Essay** als assoziativer Gedankenspaziergang unterscheidet sich in Aufbau und Form von herkömmlichen Erörterungen, denn er erlaubt Gedankensprünge und Widersprüche, lässt einseitige, persönliche Wertungen oder Kritik zu, vermischt Ebenen der Argumentation (These, Beleg, Folgerung usw.) und verlangt keine endgültige ausgewogene Stellungnahme am Schluss. Vielmehr will der Essay als subjektiver Diskussionsbeitrag provozieren und zum Weiterdenken und -schreiben anregen. Diesem kommunikativen Ziel muss auch die **sprachliche Gestaltung** dienen. Essays sollen unterhalten, d. h. anschaulich, bildhaft und interessant sein. Sie sollen aber in jedem Fall kritisch ein Problem betrachten, um an den Verstand des Lesers zu appellieren und ihn zu einer Stellungnahme herauszufordern.

Die **Bewertung** dieser Abituraufgabe besteht aus zwei Teilen: Die Abstracts sind bis zu einem Drittel, der Essay mit mindestens zwei Dritteln zu gewichten.

## Tipps zur Arbeit mit Texten

Jeder gelungene Aufsatz entsteht aus einem Zusammenspiel von genauem Eingehen auf die Aufgabenstellung und individuellem Zugang, also der Fähigkeit, den Text „zum Sprechen" zu bringen. Für die Prüfungssituation ist es wichtig, über ein **Repertoire an Fragen** zu verfügen, mit denen man an literarische Texte herangeht.

### Interpretation einer dramatischen Szene
- Wie sieht die Kommunikationssituation aus und wie sind die Redeanteile verteilt?
- Welche Spannung liegt in der Szene? Wie spitzt sich die Auseinandersetzung zu?
- Gibt es einen Höhe- und Wendepunkt? Wo liegt er?
- Welche Rolle spielt der Schauplatz und eventuell ein Requisit oder eine Geste?
- Tragen die Regieanmerkungen zum Verständnis bei?
- Was bleibt hinter dem gesprochenen Wort unausgesprochen und ist mitzudenken und lässt uns ahnen, wie es in der Figur wirklich aussieht und was sie vielleicht plant?
- Welchen Platz hat die Szene im Handlungszusammenhang? Welche Funktion kommt ihr zu?

### Gedichtinterpretation
- Bei Gedichten sollten Sie nicht mechanisch das Metrum bestimmen, wenn Sie nicht wissen, was es ausdrückt und bewirkt.
- Aus welcher Perspektive wird im Gedicht gesprochen?
- Was entwickelt sich vom ersten bis zum letzten Vers? Denn auch in Gedichten passiert etwas.
- Ergibt sich eher fließend ein Erlebniszusammenhang mit einer spürbaren Atmosphäre? Oder ist es ein eher spröder, intellektuell gedachter und gebauter Text, durchsetzt von Konjunktionen, Einsprüchen und Antithesen?
- Welche Versgruppen gehören zusammen?
- Gibt es ein zentrales Motiv? Inwieweit wandelt es sich gegebenenfalls?
- Was ist mit dem Ich, das implizit oder explizit sich und seine Sicht der Welt zum Ausdruck bringt? Wie spricht es? Welche Sprache wählt es?
- Wie unterstützt die formale Gestaltung die Aussage?

Sie sollten hinhören und überlegen, wie das Gedicht wirkt, und untersuchen, wodurch diese Wirkung zustande kommt. In der ersten halben Stunde einer Gedichtinterpretation sollten Sie den Text auf sich wirken lassen, Fragen sammeln und noch nicht losschreiben. Und noch etwas: Wie das eine oder andere letztlich zu verstehen ist, ist nicht immer eindeutig zu entscheiden: Gedichte haben einen offenen Deutungsraum. Die Interpretation muss daher nach Plausibilität streben, indem sie sich nahe am Gedicht bewegt und die Thesen durch konkrete Textbelege stützt.

## Interpretation von epischen Texten

- Bei erzählender Literatur sollten Sie sich vor der Gefahr hüten, in der Fülle des Stoffes zu ertrinken und zuviel Inhaltliches zu rekonstruieren.
- Sie müssen meistens den Romanausschnitt erst einmal im Romanganzen (im Kontext) verankern (situieren) und eine Zusammenfassung geben, bevor Sie zur Untersuchung übergehen. Die Konzentration auf Wesentliches, auf den thematisierten Erzählstrang oder Aspekt und die Strukturierung der eigenen Darstellung sind hier besonders nötig.
- Entscheidend für das Verständnis ist es sehr oft, die Erzählperspektive und Haltung des Erzählers zu erkennen und zu deuten. Weiß er nicht mehr, als die einzelne Person wissen kann, erzählt er gleichsam aus ihr heraus personal? Oder überschaut er eine Welt? Oder verschwindet er ganz hinter einem erzählenden Ich? Hegt der Erzähler Sympathie für seine Helden oder bleibt er ironisch distanziert?
- Wird linear-chronologisch erzählt oder gebrochen in Zeitsplittern, Facetten, Vorwegnahmen und Rückblicken?
- Entsteht ein Abbild unserer Wirklichkeit, oder erscheint sie ins Artifizielle, Groteske, Absurde verfremdet?
- Welches Bild von der erzählten Zeit wird entworfen, mit welchen Fragen setzt sich der Autor in seinem Text auseinander?

## Analyse von Sachtexten

- Bei Sachtexten ist es wichtig, Textsorte, Adressatenbezug und Kommunikationszusammenhang zu klären, denn oft reagieren Autoren auf ganz bestimmte Situationen, greifen mit ihrem Beitrag in eine öffentliche Debatte ein oder lösen eine öffentliche Debatte aus. Bei der Wahl solcher Themen sollten Sie also etwas Hintergrundinformation haben.
- Entscheidend ist es, das zentrale Problem zu erfassen, die Intention des Autors aus der Fülle der Aussagen herauszuschälen und die wichtigsten Argumente zu finden, die die vorgetragene Intention stützen.
- Bei Reden wäre zu fragen, ob überzeugend argumentiert oder ob eher überredet, manipuliert, verschleiert und mit Emotionalität und Suggestion Stimmung erzeugt wird. Aufschlussreich bei der Untersuchung von Reden ist es, nach Merkmalen zu suchen, die vielleicht eine Wir-Gruppe von einer Feind-Gruppe abgrenzen.
- Der Übergang zu literarischen Texten ist dann fließend, wenn die Autoren Dichter sind und in der Form des Essays schreiben.
- Bei Glossen und Polemiken kommt es sehr darauf an, Mittel der Ironie, der ironischen Übertreibung und Zuspitzung nicht zu überlesen.

Einen guten Eindruck macht es immer, wenn Sie korrekt **zitieren** können. Sie sollten nicht zu umfangreich zitieren oder dem Leser das Zitat kommentarlos präsentieren. Zitate, oft nur ein Satzfetzchen oder ein besonderes Wort, werden gewählt, weil sie aufschlussreich und vielsagend sind: Man muss also damit arbeiten, sie erläutern und kommentieren. Überhaupt ist es das A und O aller Interpretation, das Vorgefundene in die eigene Sprache zu überführen. Wer nur wiederholt, was der Autor sagt, bleibt erkenntnisblind. Die Anstrengung dagegen, Fremdes selbstständig in der eigenen Sprache wiederzugeben, wirft unwillkürlich Fragen auf und bedeutet damit den ersten Schritt zum Verständnis eines Textes.

Sehr ratsam ist es, über zentrale **Fachbegriffe** so zu verfügen, dass über Erzähltes und Dargestelltes präzise gesprochen werden kann. Sie sollten etwa schreiben können: „Die Peripetie erkenne ich in dem Moment, in dem …" Oder: „Hier wird der Beziehungsaspekt wichtiger als der Inhalt." Oder: „In diesen Ellipsen, diesen Kurzsätzen ohne Prädi-

kat, drückt sich aus, wie ...". – Sehen Sie zu, dass Sie Wortarten, Satzteile und Nebensatztypen korrekt bezeichnen können. Üben Sie, die wichtigsten rhetorischen Figuren zu erkennen, die gestalteter Sprache ihre Wirkung verleihen.
(Eine wertvolle Hilfe bei der Prüfungsvorbereitung stellt folgender Band dar: Werner Winkler: *Prüfungswissen Oberstufe*. Stark Verlag 2015, Titel-Nummer: 94406; dort findet sich auch eine gute Übersicht zu rhetorischen Figuren.)

## 4 Anforderungsbereiche und Operatoren

### 4.1 Anforderungsbereiche (AFB)

In den *Bildungsstandards im Fach Deutsch für die Allgemeine Hochschulreife* werden **drei Anforderungsbereiche** definiert, die sich in jeder Aufgabe – in leicht variierenden Anteilen – wiederfinden. Die einzelnen Bereiche bauen aufeinander auf und verlangen von Ihnen einen zunehmenden Grad an Abstraktionsfähigkeit und Problemlösungsvermögen. In jedem Bereich gilt es, eine Verstehensleistung, eine Argumentationsleistung und eine Darstellungsleistung zu erbringen.

- **Anforderungsbereich I** betrifft die **Reproduktion**: die Wiedergabe von gelernten Sachverhalten sowie die wiederholende Zusammenfassung, die sehr oft in Teilaufgabe 1 der Abiturprüfung verlangt ist. Der im Unterricht erarbeitete Hintergrund an Lektüre- und Faktenwissen, fachspezifische Arbeitstechniken, Methoden der Texterschließung sowie Darstellungstechniken sollen zum Einsatz gebracht werden.

- **Anforderungsbereich II** zielt auf die Anwendung erworbener Arbeitsweisen, auf **Reorganisation von Bekanntem und Transferleistungen**. Meistens sind in der zweiten Teilaufgabe Anforderungen gestellt, die ein selbstständiges Auswählen, Ordnen, Erläutern, Interpretieren oder Vergleichen verlangen. Erwartet wird von Ihnen eine eigenständige, argumentativ begründete Interpretation bzw. Erörterung, die zeigt, dass Sie in der Lage sind, Gelerntes auch auf unbekannte Zusammenhänge anzuwenden. Auf dem AFB II liegt in der Abiturprüfung das Hauptgewicht, die Teilaufgabe wird auch entsprechend stark bewertet.

- **Anforderungsbereich III** betrifft die gedankliche Selbstständigkeit der Leistung, die oft besonders in der letzten Teilaufgabe nötig wird: Hier müssen Sachverhalte und Zusammenhänge eigenständig ausgewertet, durchdacht und begründet beurteilt werden. Sie sollen zu einer differenzierten und kritischen Wertung von Texten und Sachverhalten gelangen und Ihre Fähigkeit zur **Reflexion und Problemlösung** beweisen.

Die Aufgabenstellung kann mehrere Teilaufgaben umfassen oder aus nur einem umfassenden Operator (Arbeitsanweisung) wie „erörtern" oder „interpretieren" bestehen, der Leistungen in allen drei Anforderungsbereichen erfordert. Wird die Aufgabe nicht weiter differenziert, entfällt damit auch eine erste Strukturierungshilfe, die die einzelnen Teilaufträge bieten würden. Folglich haben Sie weniger Orientierungspunkte, aber auch mehr Freiraum beim Gliedern Ihres Aufsatzes.

## 4.2 Operatoren

**Operatoren** sind Arbeitsanweisungen. Sie machen deutlich, welche Art von Aufgabenstellung gemeint ist, lassen sich den einzelnen Anforderungsbereichen zuordnen und geben einen Hinweis auf das Niveau der entsprechenden Aufgabe. Durch ihre konkreten Vorgaben dienen Operatoren sowohl dazu, Arbeitsaufträge eindeutig zu formulieren und voneinander abzugrenzen, als auch einheitliche Bewertungs- und Korrekturmaßstäbe zu setzen. Die folgende Operatorenliste entspricht den als Anhang zu den *Bildungsstandards im Fach Deutsch für die Allgemeine Hochschulreife* veröffentlichten Musteraufgaben für die schriftliche Abiturprüfung.

### Anforderungsbereich I (Reproduktion)

| | | |
|---|---|---|
| **beschreiben** | Hier sollen Sie eine genaue und sachliche, auf Erklärung und Wertung verzichtende Darstellung von Personen, Situationen, Vorgängen, Formmerkmalen usw. geben. | *Beschreiben Sie den Verlauf* des Dialogs |
| **bestimmen** | Wichtige Sachverhalte wie Ursachen, Motive und Ziele (z. B. einer Figur) werden anhand von Kriterien prägnant festgestellt. | *Bestimmen Sie die Situation der Figur* im vorliegenden Romanauszug. |
| **darstellen / darlegen** | Sie haben die Aufgabe, einen Zusammenhang, eine Entwicklung, eine methodische Entscheidung (des Autors) sachbezogen und objektiv zu formulieren. | *Stellen Sie die Wirkungsabsicht dar,* die der Autor mit seinem Text verfolgt. |
| **skizzieren** | Es kommt darauf an, ein Persönlichkeitsbild, einen Entwicklungsprozess, eine Situation usw. auf das Wesentliche begrenzt, also in groben Zügen zu vermitteln. | *Skizzieren Sie Situation und Verhalten* der Figur anhand des vorliegenden Textauszugs. |
| **wiedergeben** | Sie sollen Informationen aus dem vorliegenden Text zusammenfassend in eigenen Worten präsentieren. | *Geben Sie* die Hauptgedanken der Rede *wieder.* |
| **zusammen-fassen** | Es wird von Ihnen erwartet, dass Sie Inhalte, Aussagen, Zusammenhänge strukturiert und komprimiert wiedergeben. | *Fassen Sie den Gang der Argumentation* im vorliegenden Zeitungsartikel *zusammen.* |

### Anforderungsbereich II (Reorganisation und Transfer)

| | | |
|---|---|---|
| **untersuchen, erschließen** | Hier müssen Sie einen Text in Einzelheiten des Inhalts und der Form zerlegen sowie einzelne Textaspekte und Textelemente für sich und in ihrer Wechselbeziehung systematisch betrachten. | *Untersuchen Sie,* inwiefern *die rhetorischen Mittel* die Aussageabsicht verstärken. *Erschließen Sie die Motive der Figur* anhand ihres Gesprächsverhaltens. |
| **einordnen** | Einzelne Textelemente – in der Regel der vorgegebene Textauszug – werden unter Berücksichtigung ihrer Bedeutung und Funktion in einen Gesamtzusammenhang (z. B. Akt, Kapitel, Werk) gestellt. | *Ordnen Sie die vorliegende Szene in den Handlungszusammenhang* des ersten Aktes *ein.* |

| | | |
|---|---|---|
| **charakte-risieren** | Es wird von Ihnen erwartet, dass Sie Figuren, Vorgänge, Sachverhalte usw. in ihren spezifischen Eigenheiten pointiert darstellen, Wesentliches gewichtend hervorheben und unter leitenden Gesichtspunkten kennzeichnen. | *Charakterisieren Sie die Figur* anhand des inneren Monologs. |
| **vergleichen** | Sie sollen Texte, Figuren, Sachverhalte und Problemstellungen unter vorgegebenen oder selbst gewählten Aspekten einander gegenüberstellen und Gemeinsamkeiten sowie Unterschiede feststellen. | *Untersuchen Sie in einer vergleichenden Betrachtung das Rollenverhalten von Walter Faber in Max Frischs Roman und das von Georg Danton in* Büchners Drama. |
| **erklären** | Hier müssen Sie Textaussagen und Sachverhalte in einen Begründungszusammenhang stellen und zu Schlussfolgerungen kommen. | *Erklären Sie die in dieser Stellungnahme zum Ausdruck kommende Einschätzung* des Romans. |
| **erläutern** | „Erläutern" entspricht „erklären", enthält jedoch den zusätzlichen Aspekt, dass Sie Ihre Ergebnisse durch Zusatzinformationen und Beispiele veranschaulichen und einsichtig machen sollen. | *Erläutern Sie diese Einschätzung des Romans vor dem Hintergrund Ihrer Lektüreerfahrungen.* |
| **heraus-arbeiten** | Hier geht es darum, Strukturen, Leitgedanken, Strategien usw. aus einem Textganzen herauszulösen und in textbezogener Vorgehensweise sowie unter Konzentration auf das Wesentliche darzustellen. | *Arbeiten Sie die rhetorische und sprachliche Gestaltung* des Leitartikels *heraus.* |

## Anforderungsbereich III (Reflexion und Problemlösung)

| | | |
|---|---|---|
| **beurteilen** | Sie müssen zu einem Text oder zu einem Sachverhalt zu einem selbstständigen, begründeten Sachurteil gelangen, und zwar nicht gestützt auf subjektive Werte, sondern auf fachliches Wissen. | *Beurteilen Sie den Lösungsvorschlag, den der Verfasser* im vorliegenden Text *entwickelt.* |
| **bewerten** | Es wird von Ihnen erwartet, dass Sie zu einem Sachverhalt, Text oder Problem selbstständig Stellung nehmen und ihn unter Bezugnahme auf eine Wertordnung angemessen beurteilen. | *Bewerten Sie den Lösungsvorschlag des Verfassers vor dem Hintergrund Ihrer eigenen Erfahrungen mit der Problematik.* |
| **(kritisch) Stellung nehmen** | Hier geht es darum, die Einschätzung einer Problemstellung, eines Sachverhaltes, einer Wertung auf der Grundlage fachlicher Kenntnis und Einsicht nach kritischer Prüfung und Abwägung zu formulieren. | *Nehmen Sie Stellung zu der zentralen These des Autors,* der zufolge Computerspiele die Gewaltbereitschaft bei Jugendlichen fördern. |
| **begründen** | Es ist wichtig, dass Sie ein Analyseergebnis, Urteil, eine Einschätzung, eine Wertung fachlich und sachlich absichern (durch einen entsprechenden Beleg, Beispiele, Argumente). | Nehmen Sie Stellung zum Thema ‚Computerspiele und Gewalt' *und begründen Sie Ihre Auffassung.* |

| | | |
|---|---|---|
| **sich ausein-andersetzen mit** | Sie sollen zu einer (fachlichen) Problemstellung oder These eine Argumentation entwickeln, die zu einem begründeten und nachvollziehbaren Ergebnis führt. Es handelt sich um eine offene, auf die Breite des thematischen Spektrums ausgerichtete Form des Erörterns, die Sachverhalte skizziert, Ursachen und Folgen reflektiert. | *Setzen Sie sich mit den Schlussfolgerungen, zu denen der Autor kommt, auseinander.* |
| **prüfen, überprüfen** | Hier müssen Sie eine Auffassung, eine Argumentation, ein Ergebnis usw. auf ihre / seine Schlüssigkeit, Gültigkeit, Berechtigung hin unter Bezugnahme auf Kriterien untersuchen. | Arbeiten Sie die Kernthesen des Autors heraus *und überprüfen Sie ihre Gültigkeit.* |
| **gestalten** | Erarbeiten Sie hier in Verbindung mit einer Textvorlage (literarisches Werk oder pragmatischer Text) und einer konkreten Aufgabenstellung ein eigenes Textprodukt (innerer Monolog / Brief / Tagebucheintrag oder Rede / Leserbrief) nach ausgewiesenen Kriterien (inhaltliche Stimmigkeit, adäquater Sprachstil, Rhetorik). | Gehen Sie von folgender Annahme aus: Kohlhaas verfasst im Gefängnis einen Brief an seine Söhne, in dem er seine Sicht der Vorgänge darstellt. – *Gestalten Sie diesen Brief.* Gehen Sie von folgender Annahme aus: Sie haben den Artikel gelesen und möchten sich eingehend dazu äußern. – *Gestalten Sie einen Leserbrief.* |
| **analysieren, interpretieren** | **Literarische Texte:** Texterfassung, Textbeschreibung, Textdeutung (unter Berücksichtigung des Wechselbezuges von Textstrukturen, Funktionen und Intentionen, Erfassen zentraler strukturbildender, genretypischer, syntaktischer, semantischer und rhetorischer Elemente und ihrer Funktionen für das Textganze), kritische Reflexion und ggf. Wertung. **Sachtexte:** Texterfassung, Textbeschreibung, Textuntersuchung (Zusammenhang von Textstruktur und Textintention, strukturbildende semantische, syntaktische Elemente unter Berücksichtigung der sprachlichen Funktion); Erfassen der pragmatischen Struktur des Textes unter besonderer Berücksichtigung der Argumentationsweise; Erkennen und ggf. Beurteilen des Zusammenspiels von Struktur, Intention und Wirkung im Rahmen des historischen und aktuellen Verstehenshorizontes. | *Interpretieren Sie* das vorliegende Gedicht. *Interpretieren Sie* beide Gedichte im Vergleich. *Interpretieren Sie* den Dialog, und achten Sie dabei insbesondere auf die szenische und sprachliche Gestaltung. *Analysieren Sie* die vorliegende Rede, und achten Sie dabei insbesondere auf Merkmale und Funktion der rhetorischen Gestaltung. |

| erörtern | Es wird von Ihnen erwartet, dass Sie eine These, eine Problemstellung oder eine Argumentation in schlussfolgernder Abwägung des Für und Wider und unter Berücksichtigung verschiedener Perspektiven überprüfen sowie ein begründetes Urteil fällen, ggf. auch Schlussfolgerungen ziehen und Lösungsperspektiven entwickeln. | *Erörtern Sie,* ausgehend von der Argumentation des Verfassers, *die Notwendigkeit* von Sprachförderkonzepten.<br><br>*Erörtern Sie die Frage,* ob Kleists Drama als Komödie oder Tragödie inszeniert werden sollte. |
| --- | --- | --- |

# 5 Tipps

## 5.1 Praktische Tipps

Die **Wahl der Aufgabe** sollte sorgfältig getroffen werden, denn von der „richtigen" Aufgabe hängt ganz wesentlich der Erfolg der Arbeit ab. Deshalb sollten Sie nicht nur die Textvorlage, sondern auch die Aufgabenstellung genau lesen und für sich selbst folgende Fragen beantworten:

- Was genau wird verlangt: Reproduktion, Erarbeitung, Beurteilung, Stellungnahme, Vergleich, Eigengestaltung?
- Welches ist die Schwerpunktaufgabe? Liegt sie mir?
- Welche Aufgabe fordert mich heraus? Wo kann ich meine Stärken einbringen?
- Ausschlaggebend sollte nicht die vermeintliche Leichtigkeit einer Aufgabe sein, sondern die Möglichkeit, sie auf ergiebige Weise zu lösen. Auch die Gelegenheit, Kenntnisse aus dem Unterricht einzubringen, ist ein Aspekt bei der Entscheidungsfindung.

Grundsätzlich werden Leistungen in zwei Aufgabenbereichen gefordert: bei der **Reproduktion** und der **Erarbeitung**.

- Zum ersten Typus gehört alles, was Sie „im Kopf" haben sollten, wenn Sie den Prüfungsraum betreten: Wissen um Gattungen, Epochen, Autoren, Stoffe, Werke – das Hintergrundwissen, das für jede Bearbeitung und Einordnung nötig ist. Sie sollten es parat haben und nur noch entscheiden, was davon im jeweiligen Zusammenhang relevant ist.
- Bei dem Erarbeitungsteil liegt das Wissen noch nicht bereit, es ist mithilfe geeigneter Methoden erst noch zu erschließen. Das ist natürlich arbeits- und zeitaufwendiger als das Reproduzieren. Erarbeitungsaufgaben sind daher immer Schwerpunktaufgaben.

Ist die Entscheidung gefallen, sollten Sie möglichst nicht mehr wechseln, denn das wäre verschenkte Zeit. Eine grobe **Zeitplanung** ist immer hilfreich. Die 330 Minuten Bearbeitungszeit entsprechen einem knapp sechsstündigen Unterrichtsvormittag. Es liegt also nahe, eine Grobplanung im 45-Minuten-Takt vorzunehmen. Bei Analyseaufgaben könnten Sie zum Beispiel zwei Unterrichtsstunden für die Konzeptphase ansetzen – Textmarkierungen, Skizzen, Aufsatzgliederung, Disposition, Ausformulierung von Kern- und Gelenkstellen –, etwa zwei Stunden für die Reinschrift und eine Stunde für die Durchsicht und Feinkorrektur. Damit wären etwa fünf Stunden verplant, sodass abzüglich der Pausen noch ein Puffer von einer knappen Stunde bleibt. Pausen sollten Sie erst nach Beendigung eines Arbeitsganges einlegen, im Idealfall erst vor der Reinschrift.

## 5.2 Hinweise zu den Bewertungskriterien

Bei der Bepunktung werden folgende Bewertungskategorien berücksichtigt:
- inhaltliche Leistung,
- methodische Leistung,
- sprachliche Leistung/Darstellungsleistung.

Besonders viel Gewicht wird in der Bewertung darauf gelegt, dass Ihre Ausfertigung
- sachlich richtig ist,
- Ihre Aussagen folgerichtig und begründet sind,
- Ihre Arbeit einen bestimmten Grad an Selbstständigkeit, z. B. in der Entwicklung von Gedankengängen, aufweist,
- über einen klaren Aufbau und eine klare Sprache verfügt,
- eine Sicherheit im Umgang mit der Fachsprache und den Methoden aufzeigt und
- sprachlich richtig und in ihrer äußerlichen Form angemessen ist.

# Hinweise und Tipps
# zur mündlichen Abiturprüfung
# im Fach Deutsch

## 1 Allgemeines

Eine mündliche Abiturprüfung gibt es in jedem Fall im fünften Abiturfach. Daneben sind weitere mündliche Prüfungen im ersten bis vierten Abiturfach möglich, wenn die Leistung in den Abiturklausuren mit weniger Punkten als die Leistungen in den Halbjahreskursen bewertet worden ist oder ein Prüfling sich für eine freiwillige mündliche Prüfung meldet, z. B. um seinen Abiturdurchschnitt zu verbessern. Für mündliche Prüfungen im ersten bis vierten Fach gilt, dass sie nicht dem Stoffgebiet der Abiturklausur entsprechen dürfen. Bei dieser Prüfung müssen Sie ein 20-minütiges Prüfungsgespräch zu einem Thema absolvieren, auf das Sie sich 20 Minuten zuvor in einem Vorbereitungsraum einstellen können.

Die mündliche **Präsentationsprüfung** (also das fünfte Prüfungsfach) enthält in der Regel zwei gleichwertige Elemente, durch die einerseits die Fähigkeit zum **Vortrag**, andererseits die Fähigkeit zur Beteiligung am **Prüfungsgespräch** überprüft wird. Es gelten ansonsten grundsätzlich dieselben Kriterien für die Bewertung wie bei den schriftlichen Anforderungen, wobei es besonders darauf ankommt, dass man auch in mündlicher Rede gewandt und präzise argumentiert, ohne den Faden zu verlieren.

Zunächst erhalten Sie eine Aufgabenstellung, die aus einer oder mehreren Teilaufgaben bestehen kann. Für die Bearbeitung dieser Aufgabe stehen Ihnen im Vorbereitungsraum 20 Minuten zur Verfügung. Innerhalb dieser Zeit sollen Sie einen 10-minütigen Vortrag vorbereiten, der in sich geschlossen und logisch untergliedert ist. Während des Vortrages können Sie sich auf die Texte sowie auf Ihre stichwortartigen Aufzeichnungen stützen.

Die Kürze der Vorbereitungszeit schließt aus, dass Sie Ihren Vortrag schriftlich ausformulieren; vielmehr ist es, ähnlich wie bei der Sichtungsphase in der Klausur, notwendig, den Vortrag durch sinnvolles Markieren und knappe Anmerkungen vorzubereiten.

Der zweite Prüfungsteil besteht aus einem Prüfungsgespräch, in dem Ihr Hintergrundwissen und Ihre Fähigkeit, größere fachliche und sachliche Zusammenhänge zu erschließen, überprüft werden.

## 2 Prüfungsteil I: eigenständiger Vortrag

Die größten Schwierigkeiten bei der mündlichen Abiturprüfung liegen erfahrungsgemäß im ersten Teil, also in dem mindestens 10-minütigen zusammenhängenden, gegliederten Vortrag. Da es für solch lange Vorträge kaum echte Übungsmöglichkeiten im Unterricht gibt, zumindest nicht für jeden Einzelnen, fehlt es weitgehend an konkreten Vorerfahrungen; daher im Folgenden einige Tipps, wie Sie sich auf diese Prüfungssituation vorbereiten und Ihren Vortrag ansprechend gestalten können.

**Tipps für die 20-minütige Vorbereitung**

- Themenstellung: Was ist die Zielrichtung der geforderten Bearbeitung?
- Operatoren: Welche konkreten Anforderungen werden gestellt? Bei Mehrteiligkeit: Welche Gliederungshilfe bieten die Teilaufgaben? Welcher Aufgabe kommt das größte Gewicht zu?
- Einstieg: Mit welcher Einführung führt man den Vortrag schnell und stringent zum Kern der Aufgabenstellung?
- Texte: Fachbegriffe an den Rand schreiben, Quellen-Anmerkungen ergänzen, Stichworte für den Vortrag festlegen; wichtige Zitatstellen markieren.
- Gliederung: Nummerieren Sie Ihre Markierungen, damit Sie Ihren Vortrag anhand dieser Reihenfolge gestalten können.
- Beenden Sie Ihren Vortrag mit einem klaren Fazit.
- Grobstruktur: Nennung der Aufgabenstellung – Einleitung – Bearbeitung der Teilaufgaben – Schlussteil.

**Tipps für den Vortrag**

- Zeitmanagement: Legen Sie eine Armbanduhr neben Ihr Konzept, schreiben Sie, bevor Sie zu sprechen anfangen, den konkreten Zeitraum für Ihren Vortrag auf Ihr Konzept – so haben Sie klare zeitliche Anhaltspunkte.
- Nutzen Sie die Anmerkungen, die Sie während der Vorbereitungszeit angefertigt haben, als Leitfaden Ihres Vortrages.
- Sprechen Sie möglichst frei, klammern Sie sich nicht an Ihr Konzept.
- Sprechen Sie klar, deutlich und hinreichend laut.
- Achten Sie auf ein angemessenes Sprechtempo. Versuchen Sie, nicht zu schnell zu sprechen.
- Vermeiden Sie sowohl „Endlossätze" als auch Aneinanderreihungen und monotone Satzanfänge („Und … und … und …").
- Verwenden Sie die Fachsprache, die Sie gelernt haben, um zu verdeutlichen, dass Sie Ihr Metier beherrschen.
- Zitate/Textbelege: Verdeutlichen Sie während des Vortrages, woher Sie Ihre Aussagen beziehen, indem Sie Kernstellen mit Zeilenhinweisen anführen.
- Ein gelegentlicher Blickkontakt zu Ihrem Prüfer oder den übrigen Beisitzern zeugt von einem souveränen Umgang mit der Situation und den Kommunikationsregeln.
- Bewegen Sie sich bei Ihrem Vortrag auf einer einheitlichen Sprachebene und vergegenwärtigen Sie sich, dass die Adressaten Ihres Vortrags Deutschlehrerinnen und Deutschlehrer, also Fachleute sind.

Sie können diesen ersten Teil der mündlichen Prüfung üben, indem Sie Arbeitsaufträge aus diesem Band zugrunde legen, die Vorbereitungszeit exakt einhalten und zwei Kursmitglieder als fiktive Prüfungskommission hinzuziehen. Lassen Sie sich anschließend von Ihrer „Prüfungskommission" begründet darlegen, ob Ihr Vortrag sprachlich und inhaltlich verstanden wurde.

Ebenso können Sie natürlich in der Familie oder im Freundeskreis das Referieren üben oder zu diesem Zweck Ihren Vortrag selbst aufnehmen und überprüfen.

Die zeitliche Dauer des zweiten Prüfungsteils entspricht derjenigen des ersten Teils: etwa 10 Minuten je nach Verlauf. Das Thema des Prüfungsgesprächs muss einem anderen Kurshalbjahr entnommen sein als der für den vorangegangenen Vortrag vorgegebene Gegenstand. Meistens stellt der Prüfer durch eine kurze Überleitung einen Zusammenhang zwischen Ihrem Vortrag und dem Gegenstand des zweiten Teils der Prüfung her; das gibt auch Ihnen die Gelegenheit, an Ihren Vortrag anzuknüpfen. Sie sollten sich dabei aber nicht wiederholen oder gar den Eindruck erwecken, dass Sie dem Thema des Prüfungsgesprächs ausweichen wollen.

Im weiteren Verlauf sollen Sie Ihre Kommunikationskompetenzen im Rahmen eines Fachgespräches unter Beweis stellen: Zeigen Sie sich also als gewandter Gesprächspartner, der adressatengerecht und sachkundig die Fragen und Impulse aufgreift und möglichst selbstständig und ergiebig damit umgeht.

**Tipps für das Prüfungsgespräch**

- *Sprechanteil:* Je eigenständiger und umfassender Sie als Prüfling mit den Fragen und Impulsen umgehen, desto besser! Begnügen Sie sich nicht mit Kurzantworten, führen Sie länger aus.

- *Erfassen der Frageintention:* Achten Sie auf die Operatoren und auf fachliche Kernbegriffe! Führen Sie sinnvolle Beispiele oder Vergleiche aus dem Unterricht an, zeigen Sie Ihr Hintergrund- und Allgemeinwissen. Aber schweifen Sie nicht ab, bleiben Sie beim Thema.

- *Gesprächsaufbau durch den Prüfer:* In der Regel gestaltet der Prüfer ein solches Gespräch nach dem Prinzip „Vom Einfachen zum Schwierigen, vom Einzelfallbeispiel zum Allgemeinen/Modellhaften".
  Wenn Sie einen Bezug zu einer Ihnen passend erscheinenden Theorie oder zu einem aus dem Unterricht bekannten Beispiel selber herstellen können: Tun Sie dies!

- *Unterrichtsbezüge:* Hintergrund aller Fragen und Impulse ist das aus dem Unterricht Bekannte. Stellen Sie also dort nach Möglichkeit über das gerade angesprochene Einzelbeispiel hinaus Vergleiche zu dem im Unterricht Behandelten an, weisen Sie auf Gemeinsamkeiten oder auch auf Unterschiede hin. Machen Sie somit deutlich, dass Sie den Gesprächsgegenstand aus dem Prüfungsgespräch in größere Zusammenhänge einordnen können.

- *Verständnisproblem:* Sollten Sie mit einer einzelnen Frage einmal nichts anfangen können: verlieren Sie keine Zeit, bitten Sie an einer solchen Stelle um eine kurze ergänzende Erläuterung.

- *Unterbrechungen:* Lassen Sie sich nicht irritieren. Der Prüfer möchte Ihnen entweder zurück auf den Haupt(frage)weg helfen oder den Themenschwerpunkt wechseln, was vielleicht nur daran liegt, dass die Prüfungszeit allmählich knapp wird: Werten Sie solche Unterbrechungen in jedem Fall als für Sie günstig und hilfreich.

- *Mimik und Gestik:* Lassen Sie sich nicht durch Äußerlichkeiten irritieren: Die Prüfer werden sich bemühen, eine neutrale Atmosphäre herzustellen. Wenn das Prüfungsgespräch beispielsweise weniger persönlich verläuft als eine normale Unterrichtsstunde, ist das kein beunruhigendes Zeichen.

## Aufgabenstellung

– Interpretieren Sie den Textausschnitt im Kontext der vorausgegangenen Handlung.
– Peter Stamm: *Agnes*, Max Frisch: *Homo faber* und Georg Büchner: *Dantons Tod*: Untersu-
  chen Sie in einer vergleichenden Betrachtung, wie die Protagonisten mit ihren jeweiligen
  Partnerinnen umgehen.

## Pflichtlektüren:

Peter Stamm (*1963): *Agnes*. Fischer Taschenbuch Verlag, Frankfurt am Main 2009
Max Frisch (1911–1991): *Homo faber*. Suhrkamp Taschenbuch, Frankfurt am Main 2011
Georg Büchner (1813–1837): *Dantons Tod*. Reclam 6060, Stuttgart 2008

## Textauszug aus: Peter Stamm, *Agnes*

Wir gingen durch das Viertel. Es hatte aufgehört zu regnen, aber die Straßen waren noch
naß. Agnes zeigte mir, wo sie ihre Lebensmittel einkaufte, wo sie ihre Wäsche wusch, das
Restaurant, wo sie oft zu Abend aß. Ich versuchte, mir vorzustellen, wie es war, in diesen
Straßen zu Hause zu sein, aber es gelang mir nicht.

5   Agnes sagte, sie wohne gern hier, sie fühle sich wohl in diesem Viertel, auch wenn es
nicht besonders schön sei und obwohl sie niemanden kenne. Als wir in ihre Wohnung
zurückkehrten, holte sie aus einem Schrank einen Stapel kleiner trüber Glasplatten.
„Das ist meine Arbeit", sagte sie.
Auf den ersten Blick schienen die Platten gleichmäßig trübe zu sein, aber als ich genauer

10  hinschaute, sah ich im grauen Nebel winzige Punkte in regelmäßigen Abständen. Auf
jeder Platte bildeten die Punkte andere Muster.
„Das sind Röntgenbilder von Kristallgittern", sagte Agnes. „Die wirklichen Anordnungen
der Atome. Ganz tief in fast allem ist Symmetrie."
Ich gab ihr die Platten zurück. Sie trat ans Fenster und hielt sie einzeln gegen das Licht.

15  „Das Geheimnisvolle ist die Leere in der Mitte", sagte sie, „das, was man nicht sieht, die
Symmetrieachsen."
„Aber was hat das mit uns zu tun?" fragte ich. „Mit dem Leben, mit dir und mir? Wir sind
asymmetrisch."
„Asymmetrien haben immer einen Grund", sagte Agnes. „Es ist die Asymmetrie, die das

20  Leben überhaupt erst möglich macht. Der Unterschied zwischen den Geschlechtern. Daß
die Zeit nur in eine Richtung läuft. Asymmetrien haben immer einen Grund und eine
Wirkung."
Ich hatte Agnes noch nie mit so viel Begeisterung reden gehört. Ich umarmte sie. Sie hielt
die Diapositive schützend in die Höhe und sagte: „Paß auf, sie sind zerbrechlich."

25  Trotz ihrer Warnung nahm ich Agnes auf die Arme und trug sie zur Matratze. Sie stand
noch einmal auf, um die Bilder in Sicherheit zu bringen, aber dann kam sie zurück, zog
sich aus und legte sich neben mich. Wir liebten uns, und dann war es draußen dunkel
geworden. Ich blieb die Nacht über bei ihr.
Gegen Morgen weckten mich Klopfgeräusche in den Heizungsrohren. Ich richtete mich

30  auf und sah, daß auch Agnes wach war.
„Da gibt jemand Klopfsignale", sagte ich.
„Das ist eine Dampfheizung, keine Klimaanlage wie bei dir. Die Rohre dehnen sich durch
die Hitze aus und machen diese Geräusche."
„Stört dich das nicht? Bei dem Lärm kann man ja nicht schlafen."

1

35 „Nein, im Gegenteil", sagte Agnes, „Es gibt mir das Gefühl, nicht allein zu sein, wenn ich nachts aufwache."
„Du bist nicht allein."
„Nein", sagte Agnes, „jetzt nicht."

*Aus: Peter Stamm, Agnes. Zürich: Die Arche 1998*

---

## Hinweise und Tipps

### Teilaufgabe 1
Die erste Teilaufgabe fordert von Ihnen zunächst eine kurze inhaltliche Hinführung zu dem Textausschnitt, der in Kapitel 8 von Peter Stamms Roman *Agnes* steht. Dabei genügt es, die Anfänge der Liebesbeziehung zwischen dem Erzähler und Agnes zu skizzieren und die ersten Schwierigkeiten in diesem Verhältnis anzudeuten. Anschließend sollten Sie den Textauszug gründlich interpretieren, wobei Sie sowohl die einzelnen Elemente der Handlung (Beschreibungsebene) aufzeigen als auch die zahlreichen Metaphern und Anspielungen (Deutungsebene) im Hinblick auf den Romanschluss erläutern müssen. Ein besonderes Augenmerk sollte dem von Agnes erklärten Kristallgitter mit seinen Symmetrien und Asymmetrien gelten, weil dieses Modell auf die problematische Entwicklung des Liebespaars vorausdeutet.

### Teilaufgabe 2
Die zweite Teilaufgabe zielt auf eine vergleichende Betrachtung der Mann-Frau-Beziehung in den drei Pflichtlektüren von Peter Stamm *(Agnes)*, Max Frisch *(Homo faber)* und Georg Büchner *(Dantons Tod)*. Während die Protagonisten durch die drei Männer Erzähler, Walter Faber und Georg Danton vertreten sind, erweitert sich der Kreis bei den Frauenfiguren, weil neben den jeweiligen Partnerinnen der Protagonisten auch deren Rivalinnen eine wesentliche Rolle spielen. In diesem Zusammenhang kann insbesondere der Treuebegriff erörtert werden.
Im Mittelpunkt der Betrachtung steht auch das Frauenbild des jeweiligen Protagonisten, das sich durch sein Verhalten gegenüber den Frauen ergibt. Die Umgangsformen der Männer sind jedoch nicht nur auf ihre Taten beschränkt, sondern beziehen auch ihre Gespräche und nicht zuletzt ihre Denkweise ein. Von besonderem Interesse ist dabei die Frage, welchen Einblick die Männer ihren Partnerinnen in ihre berufliche Tätigkeit gewähren.
Alle drei Protagonisten erleben sowohl positive als auch negative Momente in ihren Liebesbeziehungen. Sie sollten in dem Textvergleich deshalb die Gemeinsamkeiten und Unterschiede in den Verhaltensweisen der Protagonisten gegenüber ihren Partnerinnen herausstellen, sodass die jeweiligen Charaktere (aus verschiedenen Epochen, vom 18. bis zum 20. Jahrhundert) deutlich zum Vorschein kommen.

---

## Lösungsvorschlag in Grundzügen

„Gegensätze ziehen sich an." Mit dieser These wird oft versucht, das Geheimnis einer Liebesbeziehung zwischen Mann und Frau zu erklären. Doch wenn die Unterschiede überhandnehmen, kann bald die anfängliche Faszination verloren gehen, sodass es unausweichlich zu einer Trennung kommt. **Einleitung**
In der Literatur spielt die geheimnisvolle Liebe seit jeher eine große Rolle. Verschiedene Facetten der gegenseitigen Anziehungskraft, aber auch zahlreiche Varianten des Scheiterns wurden von Autoren aus unterschiedlichen Epochen und Kulturkreisen in ihren Werken thematisiert. Ein Liebesverhältnis mit tragischem Ende wird sowohl in den modernen Romanen

*Agnes* und *Homo faber* der Schweizer Schriftsteller Peter Stamm und Max Frisch als auch in dem Schauspiel *Dantons Tod* des Dramatikers Georg Büchner dargestellt.

In Peter Stamms 1998 erschienenem Debütroman *Agnes* lernt ein namenlos bleibender Ich-Erzähler eine um einige Jahre jüngere Studentin in der Chicago Public Library kennen. Bei gemeinsamen Raucherpausen kommen sich die beiden Bibliotheksbesucher, die an einem Sachbuch bzw. an einer Dissertation arbeiten, näher. Nach mehreren Tagen trifft sich das Paar in der Wohnung des Erzählers, die sich in einem Wolkenkratzer mitten in Chicago befindet. Das Verhältnis wird intimer, aber es zeichnen sich auch erste Differenzen ab.

**Teilaufgabe 1 Kontext**

In Kapitel 8, dem der Textausschnitt entnommen ist, besucht der Erzähler zum ersten Mal seine neue Freundin in deren Wohnung, die im Vergleich zu seiner eigenen viel bescheidener aussieht und in einem Außenbezirk der Millionenstadt Chicago liegt. Einige Tage später beginnt der Erzähler auf Agnes' Bitte, eine Geschichte über sie beide zu schreiben: Realität und Fiktion vermischen sich darin zu einer eigentümlichen Wechselwirkung. Die sich fortlaufend entwickelnde Geschichte reflektiert das Verhältnis zwischen dem Erzähler und Agnes, bis sie schließlich in zwei Schluss-Varianten ihre Beziehung beenden.

Kapitel 8 beschreibt die sensible, zurückhaltende Titelfigur Agnes in ihrer vertrauten Umgebung, die sowohl ihre Lebensgewohnheiten als auch ihre Denk- und Arbeitsweise verdeutlicht. Der Leser erlebt in der vorgegebenen Textstelle eine aufgeschlossene, lebhafte Studentin, die dem Erzähler voller Enthusiasmus von ihrer Doktorarbeit über die Struktur von Kristallgittern berichtet und sich ihm anschließend ohne Scheu hingibt. Das intime Zusammensein verläuft völlig harmonisch und führt das Liebespaar zu einer größeren Vertrautheit und Offenheit. Der Erzähler verbringt die ganze Nacht bei Agnes. Am nächsten Morgen werden die beiden dann von Klopfgeräuschen geweckt, die von der Heizung verursacht werden.

Inhaltswiedergabe und Bedeutung von Kapitel 8

Die leichte und unbeschwerte Atmosphäre in diesem Textausschnitt offenbart bei näherer Betrachtung erste Probleme und Brüche. So zeigen sich an vielen Stellen Widersprüche zwischen einer gegenseitig zunehmenden Vertraulichkeit und einer wachsenden Distanz des Erzählers zu seiner jungen Freundin.

Interpretation

– Das Stadtviertel, in dem Agnes wohnt, erweist sich als ein **anonymes Großstadtmilieu**, das den Erzähler abschreckt. Selbst Agnes gibt zu, dass die Umgebung „nicht besonders schön sei" (Z. 6). Allerdings betont sie, dass sie gern in diesem Wohnbezirk, der alles Lebensnotwendige bietet, zu Hause sei, obwohl sie niemanden kennt. Die **Wettermetaphorik** vermittelt eine düstere Stimmung: Es regnet, und bald wird „es draußen dunkel" (Z. 27). Auch Agnes' Wohnung wirkt alles andere als gemütlich. Am frühen Morgen wird der Erzähler durch Klopfgeräusche der Heizung geweckt. Während sich der Erzähler von diesem „Lärm" (Z. 34) sehr gestört fühlt, empfindet Agnes jedoch das Klopfen als angenehm.

Agnes' Lebensumfeld

– Bei seinem Besuch versucht der Erzähler sich sowohl in die Wohnsituation als auch in den Charakter seiner Partnerin hineinzuversetzen, was ihm jedoch nicht gelingt (vgl. Z. 3 f.). Er kann sich nicht vorstellen, dass

Fremdheit von Agnes' Welt für den Erzähler

man sich in dieser hässlichen und lauten Umgebung wohlfühlen kann. Trotz dieser **Irritationen** steigert sich die **Verliebtheit** des Erzählers, was vor allem auf Agnes' Redseligkeit zurückzuführen ist. Er umarmt Agnes und verbringt mit ihr eine Liebesnacht, aus der er jedoch unsanft erwacht.

– Ohne Vorbehalte erzählt Agnes ihrem Freund – gleich nach dem Spaziergang durch das trübe Stadtviertel – ausführlich von ihrer Tätigkeit an der Universität. Anhand von Röntgenbildern erklärt sie **Symmetrien und Asymmetrien** bei Strukturbildern von Kristallen. Durch die häufige Verwendung von direkter Rede wirkt das Gespräch sehr lebendig. Die Erläuterungen an diesen konkreten Beispielen führen zu **allgemeinen Aussagen über das Leben** an sich: Laut Agnes bestimmt die Asymmetrie das Dasein, und die Zeit läuft nur „in eine Richtung" (Z. 21). Es ist der Erzähler, der Agnes fragt, was die Kristalle mit ihrer Liebesbeziehung zu tun haben. So wird deutlich, dass die „trübe[n]" (Z. 9) und „zerbrechlich[en]" (Z. 24) Glasplatten eine metaphorische Bedeutung für das von Gegensätzen und Unwägbarkeiten bestimmte Verhältnis zwischen dem Erzähler und Agnes haben.

metaphorische Ebene von Agnes' Forschungen

– Auf dem Weg zu Agnes' Wohnung hat sich der Erzähler verfahren, obwohl ihm seine Freundin „genaue Anweisungen" gegeben hatte. Auch ihrem Vortrag über Kristallformen hört er zunächst nur oberflächlich zu, bis er schließlich „genauer" (Z. 9) hinschaut und **Zusammenhänge** erkennt. Allerdings sieht er noch nicht die Asymmetrien in seiner Beziehung zu Agnes, obwohl seine Partnerin auf den „Unterschied zwischen den Geschlechtern" (Z. 20) hinweist und im Hinblick auf die zerbrechlichen Platten (brüchiges Liebesverhältnis!) eine „Warnung" ausspricht. Zudem stellt er selbst die Behauptung auf: „Wir sind asymmetrisch." (Z. 17 f.) Auch die „Klopfsignale" (Z. 31) können in diesem Kontext als erstes Warnzeichen und damit als eine Ermahnung an das Liebespaar gesehen werden. So zeigt sich selbst in dieser harmonischen Liebesszene die **Gefährdung** der Beziehung. Mit Metaphern und Anspielungen wird auf das Ende der Geschichte hingewiesen. Vor dem Liebesakt steht Agnes noch einmal auf, um die Glasplatten „in Sicherheit" (Z. 26) zu bringen – ihr gesamtes Leben wird allerdings von Unsicherheit und Ungewissheit beherrscht, zumal die Gegensätze zu dem Erzähler ab diesem Moment stetig zunehmen.

Erzähler ignoriert Symptome einer Beziehungskrise

Sowohl in den Romanen *Agnes* und *Homo faber* als auch in dem Drama *Dantons Tod* werden **intime Glücksmomente** zwischen zwei Liebenden beschrieben, die jedoch nicht von Dauer sind und schließlich in ein **tragisches Ende** münden.
Für den Erzähler in **Peter Stamms „Agnes"** liegt die Ursache für das Scheitern der Liebesbeziehung in seiner eigenen Unbeständigkeit und Bindungsunfähigkeit.

**Teilaufgabe 2**

**Umgang des *Agnes*-Erzählers mit Frauen**

– Offen bekennt der Schweizer Sachbuchautor, dass er bereits „einige gescheiterte Beziehungen" (S. 15) hinter sich habe. Obwohl er schon längere Zeit in Chicago lebt, kennt er in dieser Stadt niemanden. Deshalb hat er sich mit seinem „Alleinsein abgefunden" (S. 15). Doch neben Agnes lernt er auch bald Louise kennen.

kaum soziale Bindungen

– Agnes ist für den Erzähler in erster Linie eine **Sexualpartnerin**. Die Liebesakte bilden deshalb auch die wenigen Momente eines erfüllten Glücks. Agnes' ständige Präsenz wird ihm immer wichtiger, sodass er bei sich schließlich „eine fast körperliche Abhängigkeit" (S. 61) feststellt. Kurze Zeit später fällt ihm auf, „wie wenig [er] sie kannte" (S. 61). Bei der Gestaltung der fiktionalen Geschichte über ihre Beziehung dominieren das Aussehen und das Körperliche. Bezeichnenderweise beginnt die Story mit einer Beschreibung ihres Äußeren. Ihre Charaktereigenschaften und ihre Mentalität spielen nur eine untergeordnete Rolle.

Reduktion von Agnes aufs Körperliche

– Immerhin empfindet der Erzähler mehrmals, dass er sich in Agnes verliebt hat. Dieses Gefühl treibt ihn auch beim Schreiben ihrer Geschichte an. Er wartet dann beim Vorlesen gespannt auf Agnes' Reaktion und korrigiert sogar gelegentlich eine Formulierung, wenn Agnes etwas missfällt. Doch ein Traum offenbart ihm die **zunehmende Entfremdung** zwischen ihm und seiner Partnerin, da sie ihm darin gesteht, Angst vor ihm zu haben. In der Wirklichkeit entwickelt sich zwischen dem Erzähler und Agnes eine schnell wachsende **Sprachlosigkeit**. Die beiden haben sich immer weniger zu sagen. Schließlich merkt der Erzähler, dass die von ihm in seiner Geschichte beschriebene Familienidylle mit Eheglück und zwei Kindern nicht zu ihrem Leben passt. Deshalb tritt am Ende der auf dem Computer gespeicherte „Schluß2" in den Vordergrund, in dem Agnes in eine eisige Winterlandschaft hinausgeht.

Entfremdung von Agnes

– Der **Bruch der Liebesbeziehung** beginnt mit Agnes' Geständnis, dass sie schwanger ist. Sofort erklärt der Erzähler, dass er kein Kind haben möchte, woraufhin Agnes bei ihm auszieht. Die **unterschiedlichen Vorstellungen über eine gemeinsame Zukunft** werden nur in der idyllischen „Familiensaga" angeglichen. Darin kann sich der Erzähler eine Rolle als Familienvater vorstellen, aber er ahnt gleichzeitig, dass nach dem ersten großen Konflikt mit Agnes ein glückliches Familienleben nicht mehr möglich sein wird. Weder der egozentrische Erzähler noch die introvertierte Agnes bringe die Voraussetzung für eine aufrichtige Partnerschaft mit. Gegenseitige **Untreue** und Eifersucht zerstören das Vertrauen vollends. Während Agnes dem Erzähler vorhält, dass Herbert sie mehr liebe als er, obwohl sie mit ihm nie intim war, betrügt dieser seine Partnerin in der Silvesternacht mit Louise. Aber auch diese Frau enttäuscht er, weil er ihre Beziehung nur als Affäre ansieht und zu Agnes zurückkehrt. So zeichnet sich aufgrund der großen charakterlichen Unterschiede und einer negativen Entwicklung ihrer Beziehung schon früh das **Scheitern** des Liebesverhältnisses mit Agnes ab.

weitere Gründe für das Scheitern der Beziehung

In **Max Frischs Roman „Homo faber"** sind die Frauenbeziehungen des Protagonisten von Missverständnissen und schwerwiegenden Irrtümern geprägt. Mit drei Frauen hat es der 50-jährige Schweizer Walter Faber fast gleichzeitig zu tun, was eine „Super-Constellation" (Name des Flugzeugs, mit dem Faber eine Bruchlandung in der Wüste erlebt!) darstellt. Aus dieser heiklen, komplexen Lage mit all ihren schicksalhaften Verkettungen geht der begeisterte Techniker äußerst ramponiert hervor.

Umgang Walter Fabers mit seinen Partnerinnen

– Mit dem 26-jährigen Mannequin **Ivy** (Bedeutung: Efeu – eine Frau, die wie eine Klette an Faber hängt) verbringt der viel reisende Walter Faber meist die Wochenenden in seiner 2-Zimmer-Wohnung in New York. Obwohl die verheiratete Frau für den Schweizer „ein herzensguter Kerl" (S. 65) ist, hat er häufig **Streit** mit ihr. Da er sich immer öfter mit der

Trennung von anhänglicher Ivy

modebewussten Dame langweilt, beschließt er, sich von ihr zu trennen. Aber Ivy ignoriert seinen Abschiedsbrief und versucht mit allen Mitteln, Faber an sich zu binden. Bei einer heftigen Auseinandersetzung fällt sie über ihren um einiges älteren Liebhaber ein vernichtendes Urteil. Sie wirft ihm vor, er sei „ein Egoist, ein Rohling, ein Barbar in bezug auf Geschmack, ein Unmensch in bezug auf die Frau" (S. 31).

– Ein noch größerer Altersunterschied besteht zwischen Faber und seiner erst 20 Jahre alten Tochter **Sabeth** (Elisabeth), der er zufällig auf einem Schiff begegnet und mit der er, ohne zu wissen, dass er ihr Vater ist, eine **inzestuöse Verbindung** eingeht. Dabei findet er „das Mädchen mit dem blonden Roßschwanz" (S. 69) und den schwarzen Cowboyhosen zunächst nicht attraktiv, vielmehr zieht ihn ihre Jugendlichkeit an, und ein wenig erinnert sie ihn an seine einstige Geliebte Hanna. *Liebesverhältnis mit seiner Tochter Sabeth*

An seinem 50. Geburtstag macht Faber Sabeth einen Heiratsantrag, obwohl er die junge Frau noch kaum kennt und er immer wieder betont, dass er am liebsten allein lebe. In väterlicher Fürsorge begleitet er die Studentin auf ihrer weiteren Reise durch Frankreich und Italien. Dabei kommt sich das ungleiche Paar näher. Gleichzeitig ahnt der 50-Jährige immer deutlicher, dass Sabeth seine Tochter sein könnte, wobei er diese Gedanken mithilfe von selbsttäuschenden Rechenspielen sogleich wieder verwirft. Trotz ihrer zunehmenden Verliebtheit merken die beiden, dass sie sehr **unterschiedliche Lebensauffassungen** haben. Während sich Sabeth für Kultur und Archäologie interessiert, kann sich Faber nur für technische Errungenschaften begeistern. Der Ingenieur schätzt an seiner Tochter, dass sie eine rasche Auffassungsgabe, vor allem auch im technischen Bereich, besitzt, doch sie wirft ihm immer wieder vor, dass er sie nicht ernst nehme. Schließlich führt Walter Faber ungewollt den Tod seiner Tochter herbei, die nach einem Schlangenbiss schwer stürzt und sich dabei einen Schädelbasisbruch zuzieht. Mit der Frage nach seiner eigenen Schuld quält sich der Ingenieur bis zu seinem Ende. *Attraktivität von Sabeths Jugend*

– Äußerst schwierig verläuft Fabers Beziehung mit der Halbjüdin **Hanna Landsberg**, die er als 30-Jähriger hatte heiraten wollen. Die damals schwangere Hanna beendete das Verhältnis jedoch überraschend auf dem Standesamt, weil sie Faber unterstellte, dass er kein gemeinsames Kind haben und sie nur aus Mitleid – die deutsche Halbjüdin war in ihrer Heimat während des Dritten Reiches gefährdet – heiraten wollte. Erstaunlicherweise kümmert sich Faber 20 Jahre lang nicht um seine Tochter, weil er vermutet, dass Hanna wohl nach ihrer Trennung eine Abtreibung vorgenommen hat. Allerdings behauptet Faber, dass er Hanna damals geliebt habe, obwohl es, ähnlich wie mit Ivy, ständig **Konflikte** gab und die **Gegensätze** – Hanna studierte Kunstgeschichte – schon damals deutlich hervortraten. *spannungsreiches Verhältnis mit Hanna*

Zwei Jahrzehnte nach ihrer letzten Begegnung treffen die beiden wieder zusammen, und Faber findet die ergraute Mutter seiner Tochter immer noch „attraktiv" (S. 140). Mehr als ihre äußere Schönheit bewundert er aber ihre **Selbstständigkeit** und ihr **starkes Selbstbewusstsein**. Zu einer offenen Aussprache gelangen die beiden jedoch nicht: Den Fragen nach Fabers Vaterschaft und dem Schicksal von Hannas einstigem Ehemann Joachim Hencke (Tod durch Suizid) weichen sie aus und verschweigen einander lange die Wahrheit, ja sie belügen sich sogar. Erst nach Sabeths Tod werden die Gespräche aufrichtiger geführt. Durch viele Erzählungen wird die Vergangenheit wechselseitig aufgearbeitet. *Hanna als emanzipierte Frau*

Faber nimmt sich dann sogar vor, Hanna zu heiraten, obwohl er immer deutlicher erkennt, dass er ihr Verhalten nicht versteht. Allerdings leistet ihm Hanna Beistand bei seiner anstehenden Magenoperation.

Sehr spät hat sich für Walter Faber und Hanna aufgrund ihres gemeinsamen Schicksals ein **Vertrauensverhältnis** entwickelt, das aus der anfänglichen Liebesverwirrung herausführt, denn Hanna war für Faber zunächst „die Mutter meiner Geliebten, die selbst meine Geliebte ist" (S. 141). Am Ende bezeichnet er sie als seinen „Freund" (S. 198), der ihm das Alleinsein erträglicher macht. In seinem **Reifeprozess** erkennt Faber, dass innere Werte wichtiger sind als Äußerlichkeiten, die er vor allem bei Ivy und teilweise auch bei Sabeth geschätzt hat.

*Hanna als Freund*

Der Protagonist in **Georg Büchners Drama** „Dantons Tod" ist ein äußerst zwiespältiger Charakter, der einerseits seine Ehefrau Julie innig liebt, sich andererseits jedoch auch mit anderen Frauen vergnügt.

*Umgang Dantons mit Frauen*

– Der **Frauenheld** Danton führt ein lasterhaftes Luxusleben. Gleich die ersten Szenen in Büchners Schauspiel zeigen den Genussmenschen beim Zusammensein mit leichten Mädchen, deren „Schönheit" und „geschmeidige Hüften" er mit geübtem Kennerblick begutachtet. Das Gegenbild zu diesem ausschweifenden Lebemann stellt der tugendhafte Robespierre dar, der von den Bürgern für seine Aufrichtigkeit und Geradlinigkeit bewundert wird. Der Vergleich dieser beiden Revolutionäre fällt denn auch für das Volk eindeutig aus, zumal sich Danton mit seiner Lebensweise eher aristokratisch gibt. So stellt ein Bürger missbilligend fest: „Danton hat schöne Kleider, Danton hat ein schönes Haus, Danton hat eine schöne Frau" (S. 70), und er fährt voller Empörung gegenüber seinen Zuhörern fort: Er „schläft bei euern Weibern und Töchtern, wenn er betrunken ist" (S. 70). Doch inzwischen hat Danton viel von seiner Lebensfreude und Triebhaftigkeit eingebüßt. Die Grisette Marion kommt zum Ergebnis, dass der Frauenliebhaber Danton in diesen politisch aufgewühlten Zeiten seine Verführungskunst verloren hat: „Deine Lippen sind kalt geworden, deine Worte haben deine Küsse erstickt." (S. 24)

*Dantons Hedonismus und Liebschaften*

– Als **Privatmann** schätzt der resignierte Revolutionär Danton zunehmend die sorglosen Momente mit seiner **Frau Julie**. Der untreue Ehemann genießt die Ruhepausen, die ihn Abstand von den politischen Auseinandersetzungen, aber auch von seinen Ausschweifungen gewinnen lassen. Julie beruhigt ihren von Albträumen geplagten Mann und gibt ihm dadurch die Geborgenheit, die ihm in dem aufgewühlten Politikgetriebe fehlt. Politische Fragen sind jedoch kein Gesprächsthema zwischen den beiden Eheleuten. Frauen dienen Danton und seinen Anhängern nur zur Entspannung und zum Vergnügen. Politik und Revolution sind in Büchners Drama reine Männersache.

*Geborgenheit in der Ehe mit Julie, ...*

– Der müde **Politiker** Danton ist sich seiner vergangenen Verdienste bewusst und kann sich deshalb sicher sein, dass er als ruhmreicher Mann in die Geschichtsbücher eingehen wird. Aber der Atheist sieht auch die Begrenztheit des Lebens („Da ist keine Hoffnung im Tod", S. 67), weshalb er mit seiner Vergnügungssucht den Gedanken an sein baldiges Ende zu verdrängen versucht. Außerdem erkennt Danton, dass jeder Mensch ein einsames Wesen ist, das sich nur bedingt auf andere verlassen kann. Selbst ein langjähriges Zusammenleben mit einer Partnerin kann das stetige **Gefühl der Entfremdung** nicht aufheben. Deshalb sagt

*... aber auch Entfremdung der Partner*

Danton zu Julie: „Wir wissen wenig voneinander." (S. 5) Trotz aller Seitensprünge hält Danton in seiner eigenen Art von Treue zu seiner Lebensgefährtin, die für ihn einen Ruhepol inmitten der spannungsgeladenen Politik darstellt.

- Im Augenblick des **Todes** erfährt Danton von seiner Partnerin die **größte Solidarität**. Julie lässt ihrem Ehemann kurz vor dessen Hinrichtung eine Locke von sich ins Gefängnis bringen, und Danton weiß, dass seine Ehe ein festes Fundament hat. So denkt er kurz vor seinem Ende an seine Frau und ist sich dabei sicher, dass er auf seinem letzten Gang Unterstützung findet: „Ich werde nicht allein gehen, ich danke dir Julie." (S. 74) Tatsächlich wird diese Ahnung wenig später bestätigt, denn Julie vergiftet sich und geht so mit ihrem Ehemann gemeinsam in den Tod. Dieses letzte Treuebekenntnis steht in starkem Gegensatz zu Dantons permanentem Ehebruch, aber es zeigt auch, dass in dieser revolutionären Umbruchsituation noch etwas Beständiges, Unerschütterliches, nämlich die **Liebe**, existiert.

gemeinsamer Tod des Ehepaares

In **allen drei Werken** sind die Partnerschaften zwischen Mann und Frau ständig gefährdet und werden schließlich durch den Tod beendet. Bereits vorher wurden die Beziehungen durch Untreue, Gleichgültigkeit oder Interessensgegensätze schwer erschüttert. Alle drei **Männer** beweisen einen großen **Egoismus**, indem sie sich ihren Partnerinnen gegenüber unsensibel oder gleichgültig verhalten. Besonders der Erzähler aus *Agnes* und Walter Faber stoßen ihre schwangeren Freundinnen vor den Kopf, als sie davor zurückschrecken, die Vaterrolle einzunehmen. Für Hanna und Agnes bedeutet diese verantwortungslose Haltung eine starke Kränkung, die die Beziehung nachhaltig beschädigt. Während Hanna sehr selbstbestimmt handelt, bleibt Agnes stets die Unterlegene. In seiner Geschichte verurteilt der Erzähler sie sogar zum Tod durch Erfrieren.

Die Partner öffnen sich einander nie völlig, sodass stets ein Rest von **Fremdheit** bleibt. Sowohl der Erzähler bei Peter Stamm als auch Faber und Danton interessieren sich mehr für die **körperlichen Reize** der Frauen als für deren Wesen. Dennoch zeigen alle drei, dass ihnen das Verhältnis mit ihrer jeweiligen Gefährtin viel bedeutet hat, was sie entweder mit literarischen Versuchen oder mit Reflexionen bekunden. Bezeichnenderweise sind es stets die **Frauen**, die **Empathie und Opferbereitschaft** zeigen, indem sie den Männern beistehen, wie Hanna dem todkranken Faber, oder gar mit ihnen sterben, wie Julie mit Danton.

**Fazit**
Gemeinsamkeiten im Umgang der drei männlichen Figuren mit ihren Partnerinnen

## Aufgabenstellung

– Interpretieren Sie die Szene im Kontext der Handlung. Beziehen Sie die sprachliche und szenische Gestaltung ein.

– Büchners *Dantons Tod,* Frischs *Homo faber* und Stamms *Agnes:* Untersuchen Sie in einer vergleichenden Betrachtung, inwieweit Georg Danton, Walter Faber und der Erzähler in *Agnes* als autonome Individuen handeln.

## Pflichtlektüren:

Georg Büchner (1813–1837): *Dantons Tod.* Reclam 6060, Stuttgart 2008
Max Frisch (1911–1991): *Homo faber.* Suhrkamp Taschenbuch, Frankfurt am Main 2011
Peter Stamm (*1963): *Agnes.* Fischer Taschenbuch Verlag, Frankfurt am Main 2009

**Textauszug aus:** Georg Büchner: *Dantons Tod,* 1. Akt, 5. Szene

LACROIX. Höre, Danton, ich komme von den Jakobinern.

DANTON. Nichts weiter?

LACROIX. Die Lyoner verlasen eine Proklamation, sie meinten, es bliebe ihnen nichts übrig, als sich in die Toga zu wickeln. Jeder macht ein Gesicht, als wollte er zu
5     seinem Nachbar sagen: Paetus, es schmerzt nicht! – Legendre rief, man wolle Chaliers und Marats Büsten zerschlagen. Ich glaube, er will sich das Gesicht wieder rot machen, er ist ganz aus der Terreur herausgekommen, die Kinder zupfen ihn auf der Gasse am Rock.

DANTON. Und Robespierre?

10 LACROIX. Fingerte auf der Tribüne und sagte: die Tugend muss durch den Schrecken herrschen. Die Phrase machte mir Halsweh.

DANTON. Sie hobelt Bretter für die Guillotine.

LACROIX. Und Collot schrie wie besessen, man müsse die Masken abreißen.

DANTON. Da werden die Gesichter mitgehen.

15 PARIS, *tritt ein.*

LACROIX. Was gibt's, Fabricius?

PARIS. Von den Jakobinern weg ging ich zu Robespierre; ich verlangte eine Erklärung. Er suchte eine Miene zu machen, wie Brutus, der seine Söhne opfert. Er sprach im Allgemeinen von den Pflichten, sagte der Freiheit gegenüber kenne er keine Rücksicht,
20     er würde alles opfern, sich, seinen Bruder, seine Freunde.

DANTON. Das war deutlich, man braucht nur die Skala herumzukehren, so steht er unten und hält seinen Freunden die Leiter. Wir sind Legendre Dank schuldig, er hat sie sprechen gemacht.

LACROIX. Die Hébertisten sind noch nicht tot, das Volk ist materiell elend, das ist ein
25     furchtbarer Hebel. Die Schale des Blutes darf nicht steigen, wenn sie dem Wohlfahrtsausschuss nicht zur Laterne werden soll, er hat Ballast nötig, er braucht einen schweren Kopf.

DANTON. Ich weiß wohl, – die Revolution ist wie Saturn, sie frisst ihre eignen Kinder. *(Nach einigem Besinnen.)* Doch, sie werden's nicht wagen.

30 LACROIX. Danton, du bist ein toter Heiliger, aber die Revolution kennt keine Reliquien, sie hat die Gebeine aller Könige auf die Gasse und alle Bildsäulen von den Kirchen geworfen. Glaubst du, man würde dich als Monument stehen lassen?

DANTON. Mein Name! das Volk!

9

LACROIX. Dein Name! Du bist ein Gemäßigter, ich bin einer, Camille, Philippeau,
35   Hérault. Für das Volk sind Schwäche und Mäßigung eins. Es schlägt die Nachzüg-
ler tot. Die Schneider von der Sektion der roten Mütze werden die ganze römische
Geschichte in ihrer Nadel fühlen, wenn der Mann des September ihnen gegenüber
ein Gemäßigter war.
DANTON. Sehr wahr, und außerdem – das Volk ist wie ein Kind, es muss alles zerbrechen,
40   um zu sehen, was darin steckt.
LACROIX. Und außerdem Danton, sind wir lasterhaft, wie Robespierre sagt d. h. wir genießen, und das Volk ist tugendhaft d. h. es genießt nicht, weil ihm die Arbeit die
Genussorgane stumpf macht, es besäuft sich nicht, weil es kein Geld hat und es
geht nicht ins Bordell, weil es nach Käs und Hering aus dem Hals stinkt und die
45   Mädel davor einen Ekel haben.
DANTON. Es hasst die Genießenden, wie ein Eunuch die Männer.
LACROIX. Man nennt uns Spitzbuben, und *(sich zu den Ohren Dantons neigend)* es ist,
unter uns gesagt, so halbwegs was Wahres dran. Robespierre und das Volk werden
tugendhaft sein, St. Just wird einen Roman schreiben, und Barère wird eine
50   Carmagnole schneidern und dem Konvent das Blutmäntelchen umhängen und – ich
sehe alles …
DANTON. Du träumst. Sie hatten nie Mut ohne mich, sie werden keinen gegen mich
haben; die Revolution ist noch nicht fertig, sie könnten mich noch nötig haben, sie
werden mich im Arsenal aufheben.
55   LACROIX. Wir müssen handeln.
DANTON. Das wird sich finden.
LACROIX. Es wird sich finden, wenn wir verloren sind.
MARION *(zu Danton)*. Deine Lippen sind kalt geworden, deine Worte haben deine Küsse
erstickt.
60   DANTON *(zu Marion)*. So viel Zeit zu verlieren! Das war der Mühe wert! – *(Zu Lacroix.)*
Morgen geh ich zu Robespierre, ich werde ihn ärgern, da kann er nicht schweigen.
Morgen also! Gute Nacht meine Freunde, gute Nacht, ich danke euch.
LACROIX. Packt euch, meine guten Freunde, packt euch! Gute Nacht Danton, die Schenkel
der Demoiselle guillotinieren dich, der Mons Veneris wird dein Tarpejischer Fels.
65   *(Ab.)*

*Aus: Georg Büchner, Dantons Tod, 1. Akt, 5. Szene (Schluss; Reclam S. 22–24)*

**Worterläuterungen:**
Z. 5:   *Paetus, es schmerzt nicht:* römischer Verschwörer, dem in aussichtsloser Lage seine
Frau den Dolch, nachdem sie ihn sich selbst in die Brust gestoßen hatte, mit diesen
Worten reichte.
Z. 18:  *Brutus:* römischer Konsul, der zwei seiner Söhne, die an einer Verschwörung beteiligt
waren, in seiner Anwesenheit hinrichten ließ.
Z. 50:  *Carmagnole:* populäres Revolutionslied der Sansculotten.
Z. 64:  *Mons Veneris:* Oberhalb der weiblichen Scham liegende Erhöhung
Z. 64:  *Trapejischer Fels:* Fels, von dem vor allem hochrangige Verurteilte in Rom zu Tode
gestürzt wurden.

## Hinweise und Tipps

Am Anfang der Bearbeitung steht immer genaues **Lesen der Aufgabenstellung**, was hier natürlich insbesondere heißt: eine genaue (mehrfache, bleistiftgestützte) Lektüre der Textstelle. Gerade bei Dramentexten ist es wichtig, sich auch ein mögliches Geschehen auf der Bühne vorzustellen (Wer ist auf der Bühne? Wie könnten die Personen angeordnet sein? Was tun sie, auch wenn sie nicht sprechen? Wie sieht das Bühnenbild aus? ...). Darüber gibt der Nebentext teilweise, aber nie erschöpfend Auskunft. An die Lektüre schließt sich die **Textplanung** an, also Stoffsammlung und Erstellen einer vorläufigen Gliederung.

Verlangt ist stets ein Aufsatz, also ein zusammenhängender Text mit Einleitung, Überleitungen zwischen den Teilen und einem Fazit. Die **Einleitung** sollte thematisch sein (also *nicht* einfach mit einem ersten Satz beginnen, der nur Titel, Autor, Textsorte und Thema des Textes nennt). Ihre Funktion ist es, Interesse zu wecken und ins Thema des Aufsatzes einzuführen. Wichtig für die Führung des Lesers sind immer auch **Überleitungen**, die zusammenfassen, den neuen Abschnitt einführen und dessen Problemperspektive klären, etwa indem eine Leitfrage formuliert wird. Der Aufsatz sollte abgerundet werden durch ein **Fazit**. Eine allzu persönliche Stellungnahme, eine aktuelle Anbindung oder ein Appell bieten sich nur selten an, häufig wirken sie aufgesetzt und drohen hinter das erreichte Reflexionsniveau zurückzufallen. Formulieren Sie besser eine konzentrierte Zusammenfassung Ihrer wesentlichen Ergebnisse. Schön (aber nicht immer zwingend) ist es, wenn das Fazit einen Gedanken der Einleitung wieder aufgreift. Hier ist die Textplanung äußerst wichtig: Erst wenn klar ist, worauf der Aufsatz inhaltlich hinauslaufen wird, kann man eine gute und passende Einleitung schreiben, die stimmig ins Thema führt.

Die **erste Teilaufgabe** verlangt eine knappe **Einordnung der Stelle in den Handlungszusammenhang**, die wesentliche Verstehensvoraussetzungen für Leser und Interpret – also Sie – klärt. Diese Einordnung sollte straff gehalten werden, ein deutlicher Schwerpunkt muss auf der Interpretation der Stelle liegen. Daher kann man sich hier auf das Nötigste beschränken: Dantons Stellung in der Revolution (Septembermorde, Wohlfahrtsausschuss), seine prekär gewordene Stellung gegenüber Robespierre und der Terreur, sein Zögern in Verkennung der Lage und daraus resultierende Verhaftung, Verurteilung und Hinrichtung.

**Interpretation** heißt, den Text in seiner Bedeutung zu erschließen, indem Inhalte und Form aufeinander bezogen werden. Wichtig sind bei einer Dramenszene die **Funktion** der Szene für den Handlungsverlauf (hier die Zuspitzung der Bedrohung der Dantonisten durch Dantons Zögern), der **Dialogverlauf** (der begrifflich benannt und keinesfalls langatmig nacherzählt werden sollte!), die wesentlichen **Absichten, Sprechakte** und **Kommunikationsstrategien** der Figuren (also das sprachliche Handeln und nicht nur ein Wiedergeben der Aussagen!), die **Befindlichkeit** der Personen, die Berücksichtigung **sprachlicher Besonderheiten** und vor allem auch der **szenischen Mittel** (von der Personenkonstellation über den Ort der Handlung bis hin zum nonverbalen Handeln). Wichtig ist – und auch dazu ist eine gründliche Textplanung nötig –, dass die Interpretation schon die zweite Teilaufgabe im Blick hat, die ja einen allgemeinen Interpretationsaspekt beinhaltet; dieser gibt eine Orientierung für die Interpretation vor, denn die Teile des Aufsatzes sollen aufeinander bezogen sein.

Die **zweite Teilaufgabe** weitet die Perspektive, und zwar in doppelter Hinsicht: Zum einen wird mit dem Thema **Autonomie** ein allgemeiner Leitaspekt für eine Interpretation des ganzen Dramas genannt, der natürlich auch in der vorgelegten Stelle zum Tragen kommt; zum anderen soll ein Vergleich zwischen drei Texten angestellt werden. Inhaltliche Wiedergaben sind in diesem Teil nur in so weit nötig, als sie das Verständnis stützen; längere Inhaltsangaben der behandelten Texte sind nicht nur unnötig, sie verstoßen auch gegen die Textlogik Ihres Aufsatzes, weil sie von der erreichten Reflexionsebene der Interpretation auf die Inhaltsebene zurückfallen.

Eine vergleichende Interpretation ist anspruchsvoll. Sie soll nicht einfach die Texte nebeneinander stellen, sondern aufeinander beziehen. Dies kann diachron geschehen, d. h., die Tex-

te werden nacheinander abgehandelt, oder synchron, d. h., der Vergleich wird nach Aspekten gegliedert. Beim ersten Ansatz besteht die Gefahr, dass der Vergleich zu wenig intensiv gezogen wird; besser ist es, die Texte **aspektorientiert** zu **vergleichen.**
Woher die Vergleichsaspekte nehmen? Das ist in diesem Fall nicht ganz einfach. Hier wird eine genaue **Analyse des Leitbegriffs „Autonomie"** wichtig. Wird er geklärt und in angemessener Tiefe erfasst, ergeben sich daraus Vergleichsaspekte.
– Autonomie (gr. auto = selbst, nomos = Gesetz) bedeutet „selbstbestimmtes Handeln". Selbstbestimmung war zunächst ein politischer Begriff, der die **Unabhängigkeit** der Entscheidungen in einem Gemeinwesen umriss. Dementsprechend kann man Selbstbestimmung zunächst als **Freiheit von Fremdbestimmung** (negative Freiheit, Hindernisfreiheit) verstehen.
– Zu dieser äußeren Freiheit kommt die **innere Freiheit**, also die Unabhängigkeit von inneren Zwängen, verinnerlichten Vorgaben, das Sich-lösen-Können von fixierten Vorstellungen und Bildern usw.
– Selbstbestimmung zeigt sich im eigenständigen **Setzen von Zielen** und im **aktiven Handeln** zu deren Verfolgung, nicht im bloßen Reagieren.
– Schließlich impliziert Selbstbestimmung eine rationale Distanz zu äußeren Zwängen und inneren Begierden. Dabei geht es nicht nur um Urteilsfähigkeit, das Vermögen, Situationen einzuschätzen, sondern auch um **Reflektiertheit** gegenüber den eigenen Zielen und dem eigenen Wesen, um **Verantwortung**. Die Aufgabenstellung zielt hier nicht so sehr auf die Frage faktischer Schuld, sondern auf die Frage der moralischen Reflektiertheit der Personen.

Eine solche Analyse des Leitbegriffs gibt einen Leitfaden für den Vergleich. Interessant ist es sicherlich, die Fragestellung noch auf einer etwas abstrakteren Ebene zu betrachten, in der die Figuren als Modellfälle betrachtet und die Ergebnisse des Personenvergleichs damit einerseits an die Texte zurückgebunden und andererseits auf eine allgemeinere Deutungsebene gebracht werden.
Auf der anderen Seite lässt sich jeder der genannten Aspekte zu einer eigenständigen Untersuchung ausbauen.

### Lösungsvorschlag in Grundzügen

„Was weiß ich?", fragt Michel de Montaigne auf dem Titelkupfer zu seinen *Essais.* Montaigne führt vor, wie sich ein modernes Subjekt in der Fülle der Gegenstände spiegelt und dabei vor allem eines im Sinn hat: sich selbst als denjenigen zu zeigen, der die Dinge bestimmt und der sich handelnd zu seiner Welt verhält.

**Einleitung**

Die kritische Selbstreflexion, die Montaigne in seinen kontemplativen Versuchen vergönnt ist, ist keine Selbstverständlichkeit, und oft zwingen die Umstände zu direktem und unmittelbarem Eingreifen. Diese Erfahrung reflektiert Georg Büchner in seinem Drama *Dantons Tod* von 1835. **Danton** wird **als Zauderer** gezeigt, der seine Position nicht aktiv verfolgt. Er, der am 2. September 1792 mit der Ermordung von 1 400 Royalisten und Priestern die Revolution radikalisiert hatte, der selbst 1793 im fast allmächtigen Wohlfahrtsausschuss gesessen hatte, droht im Frühjahr 1794 selbst ein Opfer der Terreur zu werden. Er glaubt sich sicher, würde am liebsten gar nichts tun, lässt sich aber zu einem Gespräch mit seinem Widersacher Robespierre überreden. Dieses Gespräch (I, 6) zeigt den strikten Gegensatz von Robespierres Moralismus und Dantons kritischem Hedonismus. Danton wird mit seinen Gefolgsleuten verhaftet, aufgrund einer

**Teilaufgabe 1**
kurze inhaltliche
Einordnung

konstruierten Anklage in Abwesenheit verurteilt und schließlich hingerichtet. Das Drama blendet dabei zwischen dem öffentlichen Tribunal, den Gesprächen der Dantonisten und seiner Frau hin und her.

Der tiefere **Grund für Dantons Zögerlichkeit** lässt sich beispielsweise anhand der Szene I, 5 zeigen. Zu Beginn berichtet die Prostituierte Marion zu Füßen Dantons, wie für sie der sexuelle Genuss zum Weg aus den Normen der bürgerlichen Welt geworden ist. Fortgesetzt wird dieses Thema in obszönen Gesprächen zwischen Danton und Lacroix, der in Begleitung zweier Prostituierter hinzukommt. Nachdem dieser die beiden Damen wieder weggeschickt hat, berichtet er vom Konvent der Jakobiner (vgl. I, 3). Danton sieht sehr wohl die Gefahr, die ihm droht: Robespierres „Phrase", „die Tugend muss durch den Schrecken herrschen" hobele „Bretter für die Guillotine" (Z. 10 ff.). Sein Freund Paris, der von einem Gespräch mit Robespierre kommt, bestätigt diese Einschätzung – Danton aber ist sicher: **„Doch, sie werden's nicht wagen"** (Z. 29), ihn zu verhaften. Die historisch verbürgte Formulierung erscheint als wohlbedachter und durch die Pause hervorgehobener Satz, den Danton „[n]ach einigem Besinnen" äußert (vgl. Z. 29). Lacroix appelliert an ihn, etwas zu tun, doch Danton zerredet dies, wie schon zu Beginn des Stücks (vgl. I, 1, S. 5 und 8).

Inhalt der Szene I, 5

Lacroix verfolgt dabei die **Strategie**, den **Appell** hinter Argumenten **auf der Sachebene zu verbergen.** Er führt das Fortbestehen des materiellen Elends an (vgl. Z. 24 ff.), erinnert daran, dass die Revolution vor keiner Autorität Halt mache (vgl. Z. 30 ff.), verweist auf die Eitelkeit der Sansculotten (vgl. Z. 34 ff.). Robespierres Aussage über die Tugend sucht er als Bemäntelung sozialer Not zu entlarven. Dahinter steckt eine grundlegende Gegenposition, die Danton in unmittelbar folgendem Gespräch mit Robespierre entfalten wird; Danton nennt Robespierre dort „empörend rechtschaffen" (S. 25, Z. 22), weil er durch den Terror gerade verhindere, dass die „soziale Revolution […] vollendet" (S. 25, Z. 10 f.) und das Elend des Volkes beseitig wird. Diese Anschuldigung Dantons gegenüber Robespierre fußt auf dem materialistischen Sensualismus der Dantonisten, die das Glück in Lustempfinden und Genuss begründet sehen.

Dialoganalyse: Lacroix' Überzeugungsstrategie

Die sensualistische Position schlägt sich auch in der **Sprache** nieder, die im Drama insgesamt wie in dieser Stelle sehr bildmächtig, metaphernreich und plastisch ist. So zeichnet Lacroix am Ende seiner Ausführungen ein anschauliches Bild der möglicherweise folgenden Ereignisse (Z. 47 ff.). Auch entfaltet er ein Netz von Anspielungen auf die Antike, die Danton wohl versteht, wie sein treffendes Bild des kinderfressenden Saturn für die Revolution zeigt (vgl. Z. 28).

Analyse der Sprache

Implizit zeigt sich darin auch, wie sehr Lacroix sich dessen bedient, was Schulz von Thun in seinem Kommunikationsmodell die **Beziehungsebene** nennt. Lacroix weiß genau, mit wem er spricht, und kann daher mit wenigen Andeutungen auskommen. Gegen Ende rückt er die Beziehungsargumentation noch etwas mehr in den Vordergrund, wenn er sich Danton nähert, um „unter uns gesagt" mit dem Vorwurf der Spitzbüberei zu kokettieren (Z. 47 f.). Danton bleibt – entsprechend seiner zögerlichen Passivität – lakonisch kurz und erwidert zunächst nur auf der Sachebene: Neben dem schon zitierten „sie werden's nicht wagen" finden sich die selbstbewusste Erinnerung an seinen „Name[n]" (Z. 33), die Geringschätzung des Volkes (vgl. Z. 39 f.) und – indirekt über die Zuschreibung an das Volk – die Bestätigung von Robespierres Sinnfeindlichkeit (vgl. Z. 46).

vertiefende Kommunikationsanalyse, Scheitern von Lacroix' Strategie

Auf Lacroix' Beziehungskommunikation reagiert er jedoch nicht. Als dieser, abgemildert durch den Plural, Danton direkt zum Handeln auffordert, **verweigert sich Danton**; Lacroix reagiert emotional und drückt, Dantons Formulierung aufgreifend, seinen Ärger aus (Z. 55 ff.). Darauf geht Danton nicht ein, bricht das Gespräch ab und **wendet sich Marion zu**, die als stumme Zeugin die ganze Szene über zu Dantons Füßen verharrt. Diese Wendung ist in mehrfacher Hinsicht charakteristisch für Danton. Zum einen verweigert er nicht zum ersten Mal die Kommunikation, wenn es darum geht, dass er handeln soll (vgl. Schluss von Szene I, 1). Dieses Verhalten ist stimmig, insofern Danton hier seine politische Passivität passiv durchsetzt. Zum Zweiten erhält die Szene einen thematischen Rahmen, nämlich die sinnlich-erotische Lust; Danton wendet sich von der Politik, die in Form von Botenberichten zu ihm dringt, wieder ganz ins Private. Dies verweist – zum Dritten – auf die tiefere Begründung von Dantons Passivität. Indem er den körperlichen Genuss der politischen Aktivität vorzieht, zeigt sich die Lust als Kehrseite von Dantons Überzeugung, dass politisch handelnde Individuen nur „Puppen sind [...] von unbekannten Gewalten am Draht gezogen" (S. 43, Z. 5 f.). Diese Überzeugung nimmt Dantons Selbststilisierung die Glaubwürdigkeit, mit der er sich vor dem Tribunal als treibendes Energiezentrum der Revolution hinstellt (vgl. III, 4). Lacroix bleibt am Ende der vorliegenden Szene nur, in einer virtuosen Zusammenführung von erotischem, antikem und politischem Diskurs resigniert ein schlimmes Ende zu prophezeien.

Anders gesagt: **Danton bestimmt** in dieser Szene letztlich die **Kommunikation**, auch wenn er über weite Strecken nur reagiert. Er behält in seinem Widerstand gegen den Appell Lacroix' seine Selbstbestimmung – allerdings nimmt er damit eine Position ein, die ihr eigenes Wirksamwerden paradox unterläuft, weil Danton aus seinem Geschichtsfatalismus den Schluss zieht, nicht selbstbestimmt zu handeln, sondern **autonom zu unterlassen**.

*Dantons Tod* zeigt, wie prekär Autonomie unter einem Gewaltregime wird. Um Dantons Autonomie mehr Kontur zu geben, soll diese jetzt mit zwei literarischen Figuren aus dem 20. Jahrhundert verglichen werden, deren Ausgangslage auf den ersten Blick sehr viel mehr Autonomie zuzulassen scheint, nämlich Walter Faber aus Max Frischs *Homo faber* und der Erzähler im Roman *Agnes* von Peter Stamm.

**Autonomie** lässt sich zunächst verstehen als Unabhängigkeit, d. h. als Abwesenheit von Fremdbestimmung. Dies kann zum einen in einem äußeren Sinne gemeint sein, zum anderen aber auch im Sinne von innerer Freiheit, also die Unabhängigkeit von inneren Zwängen. Drittens impliziert Autonomie das eigenständige Setzen von Zielen und deren aktives Verfolgen. Und schließlich beruht Autonomie auf einer reflektierten Distanz zu äußeren Zwängen und inneren Begierden. Aus dieser Reflektiertheit erwächst Urteilsfähigkeit, aber auch Verantwortung für die eigenen Zielsetzungen.

Was die **äußere Unabhängigkeit** angeht, so steht es damit für Danton nicht zum Besten: Die Logik der **Terreur** und die Machtpolitik Robespierres bedrohen ihn und seine ganze Fraktion, er müsste handeln – doch wie gesehen, verweigert er sich und macht sich dadurch zum Spielball.

**Walter Faber** hingegen ist mit seiner modernen **Ungebundenheit** geradezu als Gegenmodell angelegt. Er kann um die ganze Welt reisen, verfügt

Dantons Verweigerung, nonverbales Handeln im Nebentext

Zusammenfassung mit Blick auf die zweite Teilaufgabe

Überleitung zur **Teilaufgabe 2**

begriffliche Vorklärung als Leitfaden des Vergleichs

äußere Freiheit

14

über technische und offenbar auch materielle Ressourcen, ist abgesehen von losen Liaisons wie der mit Ivy ungebunden. Auch wird er von seiner Arbeit nicht so in Anspruch genommen, dass er nicht Abstecher in den südamerikanischen Urwald oder nach Südeuropa machen könnte. Er betont schließlich immer wieder seine Gesundheit, die ihn ebenfalls von Hilfe unabhängig macht. Ja, umgekehrt ist er derjenige, der im Vollgefühl seiner selbst für die Unesco „technische Hilfe für unterentwickelte Völker" (S. 10) leistet. Faber weiß um diese Unabhängigkeit und legt großen Wert auf sie. Seine fortschreitende Krankheit und das Wiedersehen mit seiner ehemaligen Partnerin Hanna nach dem Tod seiner Tochter Sabeth schränken ihn allerdings mehr und mehr ein.

Der Ich-Erzähler in *Agnes* ist ähnlich unabhängig wie Faber. Wie dieser kann er als Schriftsteller seinen Wohnort frei wählen, wie dieser ist er zunächst ungebunden und frei für die Beziehung zu Agnes und kann sich offensichtlich auch die Zeit nehmen, sein aktuelles Projekt ruhen zu lassen und sich dem „Buch *Agnes*" (S. 138) zu widmen. Seine Gesundheit betont er indirekt, indem er Agnes' Kränklichkeit immer wieder herausstellt.

So sehr Faber und der Agnes-Erzähler ihre Unabhängigkeit hervorheben, so deutlich zeigt sich auf der anderen Seite ihre **innere Unfreiheit**. Dabei muss man allerdings differenzieren: Über die innere Verfassung gibt der Erzähler in *Agnes* nicht viel Auskunft. Er reagiert – im Gegensatz zu Faber, aber auch zu Danton – wenig emotional. Auch von äußerem Ruhm macht er seine Schriftstellerexistenz unabhängig und „möchte keine Spuren hinterlassen" (S. 28) und befasst sich mit eher randständigen Themen wie „Zigarren, d[er] Geschichte des Fahrrads oder der Luxuseisenbahnwagen" (S. 20). Er bedient zwar den Gemeinplatz, dass der Autor ab einem gewissen Punkt „keine Kontrolle" (S. 50, vgl. auch S. 63) mehr über das Schreiben habe, sieht Agnes aber sehr wohl als „mein Geschöpf" (S. 62).

**Fabers innere Unfreiheit** ist deutlicher. Sie zeigt sich zunächst in unscheinbaren Motiven wie dem Rasieren, oder indem „er sein Gesicht in die öffentliche Schüssel" taucht – Metaphern dafür, dass Faber als Typus angelegt ist, dem es vorrangig darum zu tun ist, so zu sein, wie es erwartet wird. Das unterscheidet ihn von Danton, der sich genau dem verweigert, aber auch vom Erzähler von *Agnes*, der in diesem Punkt indifferent bleibt. Zu diesem Typus gehört neben dem Überlegenheitsgestus vor allem auch der Kontrollzwang, der bis hin zur Gewalt geht (vgl. S. 120, 149 f.) und sich, wie gesehen, auch in *Agnes* zeigt; Danton ist dieser Zug fremd. Faber leugnet die Existenz höherer Mächte, glaubt nicht „an Fügung und Schicksal" (S. 22), er ist wie Danton und der Erzähler von *Agnes* Agnostiker.

**Danton** kann **innerlich** als **freier** gelten, auch wenn er von Schuldgefühlen verfolgt wird; er bewahrt sich eine intellektuelle Unabhängigkeit, die ihn über sein Schicksal tröstet. Gleichwohl sieht er sich, wie gezeigt, als Marionette höherer Mächte – eine Erfahrung, die Faber insofern nicht fremd ist, als er immer wieder von seinen eigenen Entscheidungen überrascht wird, z. B. wenn er an Ivy schreibt (S. 30) oder sich am Telefon einen Schiffsplatz buchen hört (S. 59 f.).

Der Tatmensch Faber ist es gewohnt, **aktiv seine Ziele zu verfolgen**. Allerdings bezieht sich die Selbstbestimmung Fabers zunächst vor allem auf die Umsetzung von Zielen, die eigentlich **nicht er selbst steckt**: Die

innere Freiheit

Setzen von Zielen und deren aktives Verfolgen

15

Führung seines Lebens im Kleinen und die Realisierung technischer Projekte, zu denen er von seinem Chef Williams geschickt wird. Dies entspricht dem Typus des Technikers. Erst in dem Moment, als er anfängt, spontan von diesen beruflichen Zielen abzuweichen, beginnt er selbst Ziele zu setzen – die Reisemetapher macht dies ja explizit deutlich als Um- und Abweg: in den Urwald auf die Plantage zu Joachim, die Schiffsreise nach Europa, die Südeuropatour mit Sabeth, Kuba. Allerdings folgt er auch hier meist einem Impuls von außen bzw. flieht im Falle der Schiffsreise vor Ivy. Und selbst als ihn die Vergangenheit eingeholt und er sich zu ändern beschlossen hat, bleibt – wie sich auf Kuba zeigt – sein Weltbild von klischeehaften Oppositionen geprägt, jetzt eben nur mit anderen Vorzeichen.

Umgekehrt hat **Danton** ein – paradoxerweise auch von Robespierre formuliertes (vgl. S. 25) – **Ziel**, nämlich die Revolution sozial zu vollenden, und begründet es weltanschaulich mit der Vorstellung, den Menschen das Glück der Lust zu bereiten. Aber genau diese Begründung führt, wie oben gezeigt, konsequent zu **Handlungsverweigerung**. Danton wird im ersten Teil des Dramas vor allem dann kommunikativ aktiv, wenn er seine Passivität retten will; auch das ist in der analysierten Stelle exemplarisch deutlich geworden. Als er auf der politischen Bühne aktiv wird und sich vor dem Tribunal verteidigt (III, 4 und 9), ist es zu spät.

Der **Erzähler** von *Agnes* nimmt in der Frage der Aktivität eine **Mittelposition** ein. Seine vorrangige Tat als Schriftsteller ist – darin Danton verwandt – das Wort. Der Impuls zum „Buch *Agnes*" (S. 138) geht – wie etwa auch der zum Ausflug in den „Hoosier National Forest" – zunächst nicht von ihm aus, wird aber dann aktiv verfolgt. Agnes ist für ihn ein Experiment, das Experiment der Konstruktion eines Menschen durch einen Text. Dies erklärt ein Stück weit seine bekundete Passivität als Autor wie auch seine egoistisch wirkende Kälte.

Um von wirklicher Autonomie sprechen zu können, sind nicht nur Unabhängigkeit und Aktivität nötig, sondern auch das **Wahrnehmen von Verantwortung**; dies macht den Begriff der Autonomie in der Neuzeit, namentlich auch bei Immanuel Kant aus. Er ist eng gebunden an die Reflexion über sich selbst und insbesondere über die Maximen des Handelns.

Danton darf als **reflektierter Charakter** gelten, der sich – an dieser Stelle gegen Kant – nicht über Pflicht definiert, sondern Glück sensualistisch und epikuräisch (vgl. S. 79, Z. 11 ff.) versteht. Die **Schuldfrage**, vor allem das von ihm veranlasste Septembermassaker, bereitet ihm Albträume und ist für ihn prägend. Camille weist verschiedentlich auf die Widersprüchlichkeit von Dantons Position hin (vgl. z. B. S. 6, Z. 23 oder S. 8, Z. 25 f.). Die Frage nach der Verantwortung für die politische Passivität, in die Danton aufgrund seiner Schuld verfällt, wird im Drama gestellt, etwa wenn Lacroix an Dantons Solidarität appelliert und ihm vorwirft: „[D]u reißest alle deine Freunde mit dir." (S. 31, Z. 21) Beantwortet wird diese Frage im Drama nicht, sie wird an die Zuschauer gestellt.

**Schuld** prägt auch Walter Faber, sein ganzer Bericht ist ein großes Rechtfertigungsbuch. Charakteristisch für Faber ist, dass diese Rechtfertigung ein Schreiben gegen sich selbst wird, im Prozess des Schreibens wird seine Schuld und **Verdrängung** dem Leser immer klarer – auch wenn er selbst

16

in Momenten des Bekenntnisses vom Rechtfertigen nicht lassen kann (vgl. etwa S. 72 f.). Faber ist ein Mensch der technisch-praktischen Imperative, aber nicht des kategorischen Imperativs Kants. Sein Prozess der Reflexion eines verfehlten Lebens führt in der Kuba-Episode zu einem neuen, entgegengesetzten Lebensgefühl, verharrt aber in holzschnittartigem Denken, das sich von der Fixierung auf einfache Dualismen nicht zu lösen vermag. So zeigt der Roman den Prozess einer Selbstreflexion und eines Bewusstwerdens von Verantwortung, der nicht zum Abschluss kommt, sondern durch den Tod beendet wird.

Beim Erzähler von *Agnes* sind **Verantwortungsbewusstsein und Selbstreflexion am geringsten ausgeprägt**, ja eigentlich kaum vorhanden. Seinen Egoismus und Agnes' Verdinglichung stellt er als Ich-Erzähler dar, reflektiert aber nicht den unmoralischen Aspekt seines Verhaltens. Soweit er von „Freiheit" (S. 110) spricht, ist immer nur – man nehme die Rechtfertigung für seine Ablehnung des Kindes – von äußerer Handlungsfreiheit die Rede. Der Mangel an Reflexion passt zu seiner Unzuverlässigkeit, die anders als bei Faber nicht Ausdruck eines Interesses ist. Seine Selbstbestimmung ist vor allem die Fremdbestimmung seines Gegenstandes Agnes, die mehr und mehr dem schreibend entworfenen Bild unterworfen wird, auch dann, als sie das ablehnt (vgl. S. 137). Für den mutmaßlichen Tod von Agnes ist in seinem Text „eine Geschichte" verantwortlich, nicht ihr Autor.

Abstraktion: Danton, Faber und der Erzähler von *Agnes* als Modellfiguren

Aber vielleicht ist an dieser Stelle die Frage der Selbstbestimmung auch zu psychologisch angesetzt. Danton, Faber und der *Agnes*-Erzähler lassen sich abstrakter **als Modellfiguren** auffassen. Für *Agnes* ist dieser Aspekt vielleicht am einschlägigsten. Der Roman gilt als postmoderner Text, was sich konkretisieren lässt: Die Postmoderne setzt an die Stelle des Subjekts die Konstruktion von Identität durch Diskurse – und entzieht der Frage nach der Selbstbestimmung damit eigentlich von vornherein den Boden. Dementsprechend ist die Figur Agnes ein schriftstellerisches Experiment, da sie in einer Geschichte über sie verschwindet und nur diese zurücklässt. Dem entspricht die eigentümliche Entindividualisierung des Erzählers, der nicht nur wenig Gefühle, sondern vor allem keinen Namen hat. Demgegenüber zeigt *Homo faber* den Typus eines modernen Ichs, das seine Freiheitsvorstellung zum unhinterfragten Glauben an die Verfügbarkeit aller Lebensverhältnisse steigert. Dieser zerbricht an einer Liebe, die ihn überfällt und die gerade in ihrem Narzissmus – so ließe sich das Inzestmotiv deuten – unmöglich ist, und am Tod. Seine Individualität wird gerade durch seine Schuld hergestellt. Danton steht in dieser Hinsicht zwischen den beiden. Er zeigt ein Modell von Glück, dass ihn zur Passivität zwingt und sich in einer historischen Extremsituation nicht gegen einen unmoralischen, menschenverachtenden Tugendrigorismus zu behaupten vermag.

Fazit

So kann man insgesamt sagen, dass Danton und Walter Faber sich in der Frage der Autonomie in vielen Punkten gegensätzlich verhalten. Danton, äußerlich eingeschränkt, erringt sich eine innerliche Autonomie, indem er mit seinem Epikureertum und seinem geschichtsphilosophischen Fatalismus eine intellektuell eigenständige Position entfaltet, die zu einer kommunikativ aktiv verteidigten Handlungsverweigerung führt. Er ist darin reflektiert; inwiefern er verantwortlich handelt, lässt der Text offen. Walter Fabers innere Unfreiheit wird durch seine äußere Freiheit noch unterstrichen. Im Gegensatz zu Danton ist er der Mann der Tat, allerdings nur auf der Ebene der Umsetzung, weniger in der Setzung seiner Ziele. Selbst-reflexion und Verantwortungsbewusstsein ergeben sich bei Faber aus einem Prozess des Schreibens gegen sich selbst. Prinzipiell anders gelagert ist der Fall des Erzählers von *Agnes*. Bei aller äußeren Freiheit ist es angesichts der wenig ausgearbeiteten Individualität zweifelhaft, ob die Frage autonomer Individualität bei diesem postmodernen Text überhaupt greift. Bejaht man diese Frage, dann hat man sie schon fast beantwortet: Dieser Erzähler ist, ungeachtet aller Macht der Fremdbestimmung und aller schriftstellerischer Aktivität, kein autonomes Individuum, sondern jemand, der – darin Montaigne ähnlich – ein Experiment mit einem erschriebenen Individuum anstellt, ohne sich – und darin läge dann der entscheidende Unterschied zu Montaigne wie zu Danton und Faber – darin spiegeln zu wollen.

## Aufgabenstellung

– Interpretieren Sie die vorliegende Textstelle. Skizzieren Sie dabei auch, in welchem Zusammenhang sie steht, und beziehen Sie die sprachliche und argumentative Gestaltung mit ein.
– Untersuchen Sie in einer vergleichenden Betrachtung, welchen Stellenwert die männlichen Protagonisten in den Romanen *Homo faber* und *Agnes* einer Heirat und der Vaterschaft zumessen.

## Pflichtlektüren:

Max Frisch (1911–1991): *Homo faber*. Suhrkamp Taschenbuch, Frankfurt am Main 2011
Peter Stamm (*1963): *Agnes*. Fischer Taschenbuch Verlag, Frankfurt am Main 2009

## Textauszug aus: Max Frisch: *Homo faber*

[…] Hanna war immer sehr empfindlich und sprunghaft, ein unberechenbares Temperament; wie Joachim sagte: manisch-depressiv. Dabei hatte Joachim sie nur ein oder zwei Mal gesehen, denn Hanna wollte mit Deutschen nichts zu tun haben. Ich schwor ihr, daß Joachim, mein Freund, kein Nazi ist; aber vergeblich. Ich verstand ihr Mißtrauen, aber sie
5 machte es mir nicht leicht, abgesehen davon, daß unsere Interessen sich nicht immer deckten. Ich nannte sie eine Schwärmerin und Kunstfee. Dafür nannte sie mich: Homo Faber. Manchmal hatten wir einen regelrechten Krach, wenn wir beispielsweise aus dem Schauspielhaus kamen, wohin sie mich immer wieder nötigte; Hanna hatte einerseits einen Hang zum Kommunistischen, was ich nicht vertrug, und andererseits zum Mysti-
10 schen, um nicht zu sagen: zum Hysterischen. Ich bin nun einmal der Typ, der mit beiden Füßen auf der Erde steht. Nichtsdestoweniger waren wir sehr glücklich zusammen, scheint mir, und eigentlich weiß ich wirklich nicht, warum es damals nicht zur Heirat kam. Es kam einfach nicht dazu. Ich war, im Gegensatz zu meinem Vater, kein Antisemit, glaube ich; ich war nur zu jung wie die meisten Männer unter dreißig, zu unfertig, um
15 Vater zu sein. Ich arbeitete noch an meiner Dissertation, wie gesagt, und wohnte bei meinen Eltern, was Hanna durchaus nicht begriff. Wir trafen uns immer in ihrer Bude. In jener Zeit kam das Angebot von Escher-Wyss, eine Chance sondergleichen für einen jungen Ingenieur, und was mir dabei Sorge machte, war nicht das Klima von Bagdad, sondern Hanna in Zürich. Sie erwartete damals ein Kind. Ihre Offenbarung hörte ich
20 ausgerechnet an dem Tag, als ich von meiner ersten Besprechung mit Escher-Wyss kam, meinerseits entschlossen, die Stelle in Bagdad anzutreten sobald als möglich. Ihre Behauptung, sie sei zu Tode erschrocken, bestreite ich noch heute; ich fragte bloß: Bist du sicher? Immerhin eine sachliche und vernünftige Frage. Ich fühlte mich übertölpelt nur durch die Bestimmtheit ihrer Meldung; ich fragte: Bist du bei einem Arzt gewesen?
25 Ebenfalls eine sachliche und erlaubte Frage. Sie war nicht beim Arzt gewesen. Sie wisse es! Ich sagte: Warten wir noch vierzehn Tage. Sie lachte, weil vollkommen sicher, und ich mußte annehmen, daß Hanna es schon lange gewußt, aber nicht gesagt hatte; nur insofern fühlte ich mich übertölpelt. Ich legte meine Hand auf ihre Hand, im Augenblick fiel mir nicht viel dazu ein, das ist wahr; ich trank Kaffee und rauchte. Ihre Enttäuschung!
30 Ich tanzte nicht vor Vaterfreude, das ist wahr, dazu war die politische Situation zu ernst. Ich fragte: Hast du denn einen Arzt, wo du hingehen kannst? Natürlich meinte ich bloß: um sich einmal untersuchen zu lassen. Hanna nickte. Das sei keine Sache, sagte sie, das lasse sich schon machen! Ich fragte: Was meinst du? Später behauptete Hanna, ich sei erleichtert gewesen, daß sie das Kind nicht haben wollte, und geradezu entzückt, drum
35 hätte ich meinen Arm um ihre Schultern gelegt, als sie weinte. Sie selber war es, die nicht

19

mehr davon sprechen wollte, und dann berichtete ich von Escher-Wyss, von der Stelle in
Bagdad, von den beruflichen Möglichkeiten eines Ingenieurs überhaupt. Das war keineswegs gegen ihr Kind gerichtet. Ich sagte sogar, wieviel ich in Bagdad verdienen würde.
Und wörtlich: Wenn du dein Kind haben willst, dann müssen wir natürlich heiraten. Spä-
40  ter ihr Vorwurf, daß ich von Müssen gesprochen habe! Ich fragte offen heraus: Willst du
heiraten, ja oder nein? Sie schüttelte den Kopf, und ich wußte nicht, woran ich bin. Ich be-
sprach mich viel mit Joachim, während wir unser Schach spielten; Joachim unterrichtete
mich über das Medizinische, was bekanntlich kein Problem ist, dann über das Juristische,
bekanntlich auch kein Problem, wenn man sich die erforderlichen Gutachten zu ver-
45  schaffen weiß, und dann stopfte er seine Pfeife, Blick auf unser Schach, denn Joachim
war grundsätzlich gegen Ratschläge. Seine Hilfe (er war Mediziner im Staatsexamen)
hatte er zugesagt, falls wir, das Mädchen und ich, seine Hilfe verlangen. Ich war ihm sehr
dankbar, etwas verlegen, aber froh, daß er keine große Geschichte draus machte; er sagte
bloß: Du bist am Zug! Ich meldete Hanna, daß alles kein Problem ist. Es war Hanna, die
50  plötzlich Schluß machen wollte; sie packte ihre Koffer, plötzlich ihre wahnsinnige Idee,
nach München zurückzukehren. Ich stellte mich vor sie, um sie zur Vernunft zu bringen;
ihr einziges Wort: Schluß! Ich hatte gesagt: Dein Kind, statt zu sagen: Unser Kind. Das
war es, was mir Hanna nicht verzeihen konnte.

*Aus: Max Frisch: Homo faber. Frankfurt a. M.: Suhrkamp Verlag 1995, S. 47 f.*

## Hinweise und Tipps

### Teilaufgabe 1
Zunächst sollten Sie in der ersten Teilaufgabe eine Einordnung der Textstelle vornehmen, die
sich auf das Wesentliche beschränkt (siehe Operator „skizzieren"). Dennoch ist die Situierung
vergleichsweise komplex. Das liegt an der Textstelle, denn sie unterbricht den chronologischen Berichts-
verlauf und Teil eines zusätzlich eingeschobenen Rückblicks ist. (Es empfiehlt
sich, quasi als Vorentlastung, den Berichtcharakter des Romans und die darin enthaltenen
Rückblenden bereits in der Einleitung des Aufsatzes kurz anzusprechen.)
Zudem kann der Begriff „Zusammenhang" aus der Aufgabenstellung weit gefasst werden,
nämlich einmal im Sinne des Kontextes innerhalb des Berichts, zum anderen mit Bezug auf
lebens- und zeitgeschichtliche Aspekte. Sie stehen also vor der nicht einfachen Aufgabe, die
Textstelle in ihrem Charakter als Rückblende einzuordnen, zudem zwei weitere Rückblicke
auf dieselbe Zeit einzubeziehen und schließlich diese vergangene Zeit hinsichtlich der gesellschaftlichen sowie der persönlichen Umstände des Protagonisten zu erläutern. Darüber hinaus
wäre es wünschenswert, einen Grund für die eingestreuten Rückblenden zu nennen. Ausgelöst
werden sie wahrscheinlich dadurch, dass die Brüder Herbert und Joachim Hencke, mit denen
Walter Faber auf seiner Reise konfrontiert wird, die Erinnerung an Hanna und die damalige
Zeit wachrufen.

Der knappe Berichtsstil der vorliegenden Textstelle könnte zu einer Inhaltsangabe ohne Analyse der sprachlichen und argumentativen Gestaltung verleiten. Aber auch das Aufzeigen
sprachlicher Mittel wie Ellipsen, Wiederholungen etc. genügt nicht. Es ist eine Deutung gefordert („Interpretieren Sie ..."), und das heißt, sprichwörtlich zwischen den Zeilen zu lesen,
Hypothesen aufzustellen und an der sprachlichen Form Widersprüche zu erkennen sowie
wahre Motive aufzudecken.
Entscheidend ist die grundlegende Erkenntnis, dass dieser rückblickende Bericht allein Fabers
Perspektive enthält und wir über Hannas Sicht nur Mutmaßungen anstellen können. Insofern
wäre es Faber für eigentlich leicht, sein damaliges Verhalten zu rechtfertigen. Eine Analyse
der Art und Weise, wie er in seinem Rückblick argumentiert und sich die Dinge zurechtbiegt,

20

bringt jedoch eine tiefere Schicht ans Licht, die Fabers Selbstbezogenheit, seine fehlende Einsicht und mangelnde Empathie sowie sein egoistisches Karrieredenken offenlegt.
Für die Lösung der Teilaufgabe 1 wird von Ihnen eine detaillierte Textarbeit mit Belegen aus der vorliegenden Textstelle (Zeilenzahlen angeben!) erwartet.

**Teilaufgabe 2**
Es bietet sich an, bei der Bearbeitung der 2. Teilaufgabe zunächst in Peter Stamms Werk einzuführen. Dabei sollten Sie die Protagonisten kurz vorstellen und die Doppelbödigkeit des Romans – die Erzählung und die vom Ich-Erzähler verfasste Geschichte in der Erzählung – anführen. Es empfiehlt sich zur Kennzeichnung beider Ebenen der Gebrauch einer klaren Terminologie wie z. B. „erzählte Wirklichkeit" versus „fiktive Geschichte". Daraus könnte dann entwickelt werden, dass ein Heiratsantrag nur in der Fiktion ausgesprochen wird.
Kern der vergleichenden Betrachtung zum Thema „Heirat" und „Vaterschaft" sind sicherlich die Szenen, in denen den Protagonisten die Schwangerschaft mitgeteilt wird, und die verblüffend ähnlichen Reaktionen sowie die Folgen: Beide Male kommt es zur Trennung. Darüber hinaus sollten Sie vor allem die unterschiedlichen Umgangsweisen mit Heirat und Vaterschaft nach dieser Trennung beleuchten. Frischs Faber verdrängt beharrlich eine mögliche Vaterschaft und ist seiner Tochter gegenüber mit Blindheit geschlagen; Stamms Ich-Erzähler kompensiert seine Bindungsunfähigkeit mit einem in der Fiktion fabulierten Familienglück.
Der Umfang der Vergleichsaufgabe verlangt eine Konzentration auf wesentliche Aussagen zur Fragestellung. Zentrale Erkenntnisse können mit Quellenverweisen auf die Ganzschriften (Seitenzahl angeben!) abgesichert werden, eine detaillierte Textarbeit wird nicht erwartet.


## Lösungsvorschlag in Grundzügen

Max Frischs Roman *Homo faber,* erstmals erschienen 1957, ist eigentlich ein über zwei Stationen verlaufender Bericht der fiktiven Figur Walter Faber über die verschiedenen Reisen, die den 50-jährigen Ingenieur durch Amerika und Europa führen, wobei gelegentlich auch Rückblicke auf seine Zeit als junger Erwachsener in Zürich eingestreut werden. In der Form einer Selbstrechtfertigung kreist der Reisebericht um die gescheiterte Liebesbeziehung zu Hanna und um das Verhältnis mit der 20-jährigen Reisebekanntschaft Elisabeth, in der Walter Faber die gemeinsame Tochter mit Hanna erkennen wird.

**Einleitung**

Der vorliegende Textauszug ist dem ersten Bericht (**Erste Station**) entnommen. Es handelt sich um einen Ausschnitt aus einem der Rückblicke auf die Lebensphase, als **Walter Faber, noch nicht dreißig Jahre alt, als Assistent an der Eidgenössischen Technischen Hochschule in Zürich** an seiner Dissertation arbeitet. Nicht nur der Ort, auch der zeitliche Kontext ist ziemlich genau feststellbar: Faber und seine damalige Freundin Hanna Landsberg, eine „halbjüdische" Studentin der Kunstgeschichte aus München, hören im Radio die Verkündung der Nürnberger Rassengesetze auf dem Reichsparteitag (vgl. S. 46), die einer Entrechtung der Juden gleichkommen – das war im September 1935. Diese Nachricht sowie der irrtümliche Entzug von Hannas Aufenthaltsgenehmigung in der Schweiz sind Anlass für Fabers Entschluss, seine Freundin zu heiraten und so vor den Nazis zu schützen. Gleichzeitig aber winkt ein für die berufliche Karriere verlockendes Angebot, in Bagdad als Ingenieur zu arbeiten. **1936** werden die Heiratsvorbereitungen getroffen, doch Hanna entzieht sich auf dem Standesamt im letzten Moment der Eheschließung, obwohl sie ein Kind von Faber erwartet (vgl. S. 57). Es kommt zur Trennung, Faber reist

**Teilaufgabe 1**
Rückblick auf die Zeit mit Hanna in Zürich

21

nach Bagdad und lässt Hanna in der Obhut seines Freundes und Arztes Joachim zurück: „[E]s war ausgemacht, dass unser Kind nicht zur Welt kommen sollte." (S. 57)

Der Autor Frisch platziert den Rückblick, dem der vorliegende Textauszug entstammt, genau an der Stelle, als Walter Faber davon berichtet, wie er einen Landrover instand setzt und packt, um eben diesen **Joachim Hencke**, den er seit über 20 Jahren nicht mehr gesehen hat, **auf einer entlegenen Plantage in Guatemala zu besuchen.** Man kann die These aufstellen, dass die Vergangenheit desto öfter eingeblendet wird, je mehr Faber auf seinen Reisen mit seiner früheren gescheiterten Liebesbeziehung und deren personalem Umfeld konfrontiert wird. Nach einer Notlandung in einer Wüste in Mexiko ist er der Begegnung mit dem Mitreisenden Herbert Hencke ausgesetzt. Beim gemeinsamen Schachspiel erfährt er zunächst, dass dieser ein Bruder von Joachim ist, dann, dass Hanna und Joachim geheiratet und zusammen eine Tochter haben, und schließlich, dass sie längst geschieden sind, Hanna aber den Holocaust überlebt hat. An dieser Stelle erfolgt der erste kurze Rückblick auf die nicht zustande gekommene Heirat mit Hanna in widersprüchlicher Form, einerseits wird ihre Unmöglichkeit aus finanziellen Gründen, andererseits Fabers Bereitschaft zur Eheschließung angeführt (vgl. S. 33). Mit dieser Einblendung in die vergangene Situation findet **beim Protagonisten ein Gesinnungswandel** statt: Für seinen Charakter völlig ungewöhnlich, unterbricht er seine Dienstreise und begleitet Herbert auf seiner Fahrt zu Joachim. Die Reise zum Ausgangsort der Expedition (Palenque) enthält immer wieder Gespräche und Gedanken über Joachim oder Hanna (vgl. S. 35 f., 39, 44). Als der Landrover endlich bereit ist, folgt der zweite, längere Vergangenheitseinschub, in den auch die vorgegebene Textstelle integriert ist. Die weglose Fahrt durch den Dschungel ist durchsetzt von Bildern der Verwesung, **Höhepunkt ist das Auffinden von Joachims Leiche,** der sich erhängt hat. Der daran **anschließende dritte Rückblick** verweist auf die gescheiterte Eheschließung am Standesamt und die nachfolgende Trennung (vgl. S. 57). Danach wird die Dienstreise nach Venezuela fortgesetzt; da sich sein Arbeitsauftrag als Ingenieur verzögert, macht Faber einen Zwischenstopp in seinem Apartment in New York und trifft seine Freundin Ivy.

Walter Fabers Haltung ist von mangelnder Einsicht und Ignoranz geprägt. Seine zentrale Aussage im vorliegenden Text lautet: „eigentlich weiß ich wirklich nicht, warum es damals nicht zur Heirat kam." (Z. 12 f.) Dabei bietet sein verknappter, von vielen Ellipsen durchsetzter Bericht über die damalige Situation bei genauerer Analyse jede Menge **Anhaltspunkte, warum die Beziehung zwischen ihm und Hanna auseinanderbricht** – und dies, obwohl wir als Leser Hannas eigene Perspektive gar nicht erfahren.

So kommt Fabers These vom gemeinsamen Glück, von ihm selbst schnoddrig relativiert („scheint mir", Z. 12), schon etwas überraschend, wird doch das Paar vor allem in seiner Gegensätzlichkeit beschrieben: hier die „**Schwärmerin und Kunstfee**" (Z. 6), die musisch Interessierte, dort der „**Homo Faber**" (Z. 6 f.), **der technisch tätige Mensch.** Nun können freilich Gegensätze fruchtbare Ergänzungen sein, es fällt jedoch auf, dass Faber Hanna in seiner Charakterisierung abwertet. Gleich zu Beginn schreibt er ihr Wesen fest („immer sehr empfindlich und sprunghaft", Z. 1) und rückt es, mit Verweis auf den objektiven Befund des Arztes Joachim, ins Krankhafte („manisch-depressiv", Z. 2). Die vielen Theaterbesuche mit

Einordnung der Textstelle: Fabers Südamerika-Reise

Interpretationshypothese: Fabers Ignoranz

Gegensätzlichkeit von Hanna und Faber

ihr sind für ihn keine Bereicherung, sondern eine Nötigung (vgl. Z. 8). Ihre politischen Interessen werden ohne weitere Begründung abgetan und ihren Hang zum Mystischen beurteilt er als Neigung zur Hysterie (vgl. Z. 9 f.), womit er sich traditioneller weiblicher Rollenklischees bedient. Er dagegen beschreibt sich geradezu selbstverständlich **als Mann mit Bodenhaftung** ("Ich bin nun einmal der Typ, der mit beiden Füßen auf der Erde steht", Z. 10 f.), was die Sicherheit seines Standpunktes und der Urteile in Bezug auf Hanna vordergründig untermauern könnte, eigentlich aber seine **mangelnde Selbstreflexion bloßlegt**. Selbstzweifel scheint die Figur Faber in ihrem Repertoire nicht zu haben. Dabei ist die Frage nach der Anbindung an die Erde für einen Mann, der zwischen sich und die Erde beständig die Technik als Puffer schiebt, der in einem Wolkenkratzer in New York wohnt, andauernd in einem Flugzeug unterwegs ist und im Kontakt mit dem Dschungel Ekelgefühle bekommt, durchaus diskutabel.

Fabers mangelnde Anbindung an die Erde

So sind auch seine **Standpunkte**, die er **gegen eine Vaterschaft** vertritt, keineswegs fest und klar, sondern weisen Widersprüche auf und bleiben vordergründig. Einmal begründet er seinen fehlenden Wunsch, Vater zu werden, mit der **mangelnden Reife** eines jungen Mannes, der noch bei seinen Eltern wohnt (vgl. Z. 14 ff.), ein anderes Mal verweist er auf den **Ernst der politischen Situation** (vgl. Z. 30) – offenbar sind die spannungsgeladene Lage in Europa vor dem Zweiten Weltkrieg und die Verfolgung von Juden in Deutschland gemeint, die nicht dazu ermutigen, Kinder in die Welt zu setzen. Dabei scheint Faber gar nicht ein so "unfertig[er]" (Z. 14) Nesthocker zu sein, wie er sich im Rückblick darstellt, ist er doch fest "entschlossen, die Stelle [als Ingenieur] in Bagdad anzutreten sobald als möglich" (Z. 21). Diese **Karriereaussicht**, "eine Chance sondergleichen für einen jungen Ingenieur" (Z. 17 f.), ist wahrscheinlich der eigentliche Grund, der gegen eine Vaterschaft spricht, das Argument mit der politischen Krise dagegen nur ein Vorwand. Stützen lässt sich diese Hypothese durch die syntaktische Abfolge, die **das Stellenangebot und Hannas Schwangerschaft als Gegensätze** markiert: Zunächst berichtet Faber von dem "Angebot von Escher-Wyss" (Z. 17) und fügt hinzu, dass ihm "nicht das Klima von Bagdad, sondern Hanna in Zürich" (Z. 18 f.) Sorgen mache. Die saloppe Gleichstellung von "Klima" und "Hanna" nimmt der Sorge die Fürsorge und reduziert sie auf ein Problem. Welcher Art das Problem ist, signalisiert die folgende knappe Aussage: "Sie erwartete damals ein Kind." (Z. 19) In den folgenden Sätzen wird der Gegensatz von Schwangerschaft und Stellenangebot noch verschärft. Hanna teilt Faber die Schwangerschaft mit, "ausgerechnet" (Z. 20) als er von einer ersten Besprechung in der neuen Firma zurückkommt. Laut Hanna reagiert er darauf "zu Tode erschrocken" (Z. 22), was Faber bis heute bestreitet. Er erinnert sich, alle Emotionen unterlassen und zwecks Gewissheit nachgefragt zu haben. Zweimal fällt das Wort "**sachlich**" (Z. 23, 25) in ähnlich gebauten Sätzen, die in ihrer elliptischen Struktur auf jede Ausschmückung verzichten. Dem **Bemühen um Sachlichkeit** steht freilich im Inneren das Gefühl gegenüber, betrogen worden zu sein, was durch das zweimalige "**übertölpelt**" (Z. 23, 28) zum Ausdruck gebracht wird. Auch hier führt er für dieses Gefühl fadenscheinige Gründe an: einmal Hannas Bestimmtheit, zum anderen seine Vermutung, sie habe es schon länger gewusst. Viel wahrscheinlicher aber ist, dass er sich übertölpelt fühlt, weil die Schwangerschaft seinem Entschluss, nach Bagdad zu gehen, im Wege steht.

Standpunkte gegen eine Vaterschaft

berufliche Karriere oder Vaterschaft

verräterische Syntax

verräterische Wortwahl

Wie gehen beide nun vorerst mit dieser Situation um? Laut Fabers rückblickendem Bericht ist Hanna enttäuscht (vgl. Z. 29), vor allem wahrscheinlich aufgrund seiner nüchternen Reaktion. In dieser Stimmung versteht sie Fabers Frage nach einem geeigneten Arzt wohl als **Vorschlag, eine Abtreibung durchführen zu lassen** und signalisiert durch Kopfnicken ihre Zustimmung (vgl. Z. 31 ff.). Interessant ist nun, dass Faber in seinem Bericht zu verstehen gibt, dass er die Frage anders gemeint hätte („Natürlich meinte ich bloß: um sich einmal untersuchen zu lassen", Z. 31 f.), es aber trotzdem bei diesem Missverständnis bewenden lässt. Diese **Kommunikationsstörung** ist typisch für Faber, der oft nicht richtig zuhört oder nicht offen sagt, was er denkt und worum es ihm geht (z. B. bei manchen Dialogen mit Herbert oder Sabeth). Im vorliegenden Fall profitiert er jedenfalls von seiner unbestimmten Redeweise, weil das Gespräch eine wahrscheinlich gewünschte Richtung nimmt, ohne dass er sich positionieren und von Abtreibung oder Schwangerschaftsabbruch sprechen muss. Dabei gilt diese Unbestimmtheit nicht nur für den Dialog mit Hanna, sondern auch sich selbst gegenüber. Denn auch wenn er rückblickend davon berichtet, dass er bei seinem Freund und Arzt Joachim Rat sucht, ist nie von einem Schwangerschaftsabbruch die Rede. Das ist für Faber viel zu direkt und konkret. Stattdessen werden **abstrakte Begriffe wie „das Medizinische" und „das Juristische"** ins Feld geführt und jeweils mit dem Zusatz „bekanntlich kein Problem" versehen (Z. 43 f.), sodass sich der Leser erst zusammenreimen muss, dass hier wohl kaum von einer Geburt, sondern von einer Abtreibung die Rede ist, die Probleme beseitigt, also den Weg zur Ingenieurskarriere freimacht, einer Abtreibung, die technisch bzw. rechtlich auf ihre Durchführbarkeit hin beleuchtet wird, **ohne dass psychische und emotionale Befindlichkeiten eine Rolle spielen.** Der mögliche Vollzug der Abtreibung – durch die Schachmetaphorik „Du bist am Zug!" (Z. 49) verfremdet – wird Hanna dann in verharmlosender Verallgemeinerung gemeldet: „**alles kein Problem**" (Z. 49). Kein Wunder, dass Hanna, die sich in ihrer persönlichen Situation gar nicht wahrgenommen gefühlt haben muss, die Beziehung zu Faber beenden („ihr einziges Wort: Schluß!", Z. 52) und trotz der für sie äußerst brisanten Situation nach München zurückkehren will.

Als **Fazit** lässt sich sagen, dass Walter Faber nicht klar Stellung zu Hanna bezieht und **keinen Anteil an der Schwangerschaft** nimmt. Er berichtet ihr nur von der neuen Firma, der Stelle in Bagdad und den beruflichen Möglichkeiten (vgl. Z. 36 f.), aber er bringt nicht zum Ausdruck, ob er Hanna liebt und sie heiraten will. Die Heirat wird von ihm als Notwendigkeit oder gar als Zwang angesehen („müssen wir natürlich heiraten", Z. 39), ein fraglicher Vollzug, dem **das Persönliche fehlt** („Willst du heiraten, ja oder nein?", Z. 40 f.).

Hätte er gefragt „Willst du mich heiraten?", hätte er eine Beziehung zu Hanna hergestellt, so aber bleibt seine Teilhabe aus. Dies wird auch an dem **Gebrauch der Possessivpronomen** deutlich, die nicht anzeigen, dass das ungeborene Kind auch ein Teil von ihm ist. Er nennt es „ihr Kind" (Z. 38) oder „dein Kind" (Z. 39), eine Missachtung, die noch einmal Fabers **Beziehungslosigkeit** unterstreicht. Hanna schüttelt daher auf seine pragmatische Heiratsanfrage den Kopf (vgl. Z. 41), macht ihm den Vorwurf, „von Müssen gesprochen" (Z. 40) zu haben, und packt ihre Koffer, weil sie keine Basis für eine Beziehung sieht.

Die vorliegende Textstelle schließt mit den Sätzen: „Ich hatte gesagt: Dein Kind, statt zu sagen: Unser Kind. Das war es, was mir Hanna nicht verzeihen konnte." (Z. 52 f.) Man könnte diese Aussage als **aufkeimende, vielleicht auch erst später vollzogene Einsicht Fabers** interpretieren, der den Fehler bei sich selbst zu suchen beginnt, anstatt immer andere Personen oder die äußeren Umstände verantwortlich zu machen. Angesichts seiner ignoranten Haltung, wirklich nicht zu wissen, warum die Heirat nicht zustande kam (vgl. Z. 12 f.), ist aber die Lesart wahrscheinlicher, dass er **Hannas Umgang mit Worten kleinlich findet** und es der am Anfang des Textauszuges konstatierten Empfindlichkeit (vgl. Z. 1) zuschreibt, dass sie ihm nicht verzeihen kann. Unterstützung findet diese Deutung in einer späteren Charakterisierung, als Faber Hanna in Athen trifft: „Hanna wie früher: sie weiß genau, was man meint. Ihre Lust an Worten! Als käme es auf die Worte an. Wenn man es noch so ernst meint, plötzlich verfängt sie sich in irgendeinem Wort." (S. 144)

aufkeimende Einsicht?

oder weiterhin Ignoranz?

In Peter Stamms Roman *Agnes* kommt es – entgegen Walter Fabers Ansicht – auf jedes Wort an, besonders auf das geschriebene. **Der Ich-Erzähler ist ein Schweizer Sachbuchautor**, der bei Recherchen zu seinem Buch über amerikanische Luxuseisenbahnwagen in der Chicago Public Library der 25-jährigen Physikstudentin Agnes begegnet. Als sie sich nähergekommen sind und eine Beziehung miteinander führen, obwohl er fast ihr Vater sein könnte (vgl. S. 26), greift Agnes einmal wieder das Thema „Schreiben" auf und bittet ihren Geliebten, eine Geschichte über sie zu verfassen. Der Ich-Erzähler lässt sich auf dieses Unternehmen ein, und während er **Agnes' Geschichte** aus der Vergangenheit über die Gegenwart bis in die Zukunft fortschreibt, wird seine Liebe zu ihr größer. Merkwürdigerweise stagniert der Schreibfluss in dem Augenblick, als er in der **fiktiven Geschichte** Agnes fragt: „Willst du mich heiraten?" (S. 80), und sie wie selbstverständlich zustimmt. In der **erzählten Realität** stellt er sich jedoch in Gedanken vor, dass Agnes ihn nicht heiraten will, und auch er selbst muss zugeben, dass er „in Wirklichkeit nie daran gedacht [hatte], Agnes zu fragen, ob sie [ihn] heiraten wolle" (S. 82).

**Teilaufgabe 2**
die Protagonisten in Stamms Roman

fiktive Geschichte und erzählte Realität

Zu dieser Grundhaltung nicht unpassend lernt er in der erzählten Wirklichkeit **Louise** kennen. Agnes macht ihn alsbald auf sein unstetes Leben aufmerksam („Was machst du eigentlich, wenn du dein Buch fertig geschrieben hast?", S. 88) und eröffnet ihm dann, dass sie schwanger sei (vgl. S. 89). Ähnlich wie Walter Faber **reagiert der Ich-Erzähler auf diese Mitteilung kühl und abweisend**. Ohne Kommentar geht er zunächst zum Kühlschrank, um sich ein Bier zu holen, und ohne Körperkontakt antwortet er mit einem verkrampften Witz und der fast zynischen Feststellung: „Nicht gerade, was ich mir vorgestellt habe. Warum? Hast du die Pille vergessen?" (S. 89). Dabei handelt der Schriftsteller, der mit den Ebenen von Fiktion und Wirklichkeit spielt („homo ludens"), in seiner Selbstbezogenheit noch radikaler als der Techniker („homo faber"). Dieser fragt nach der objektiven Diagnose („Bist du bei einem Arzt gewesen?", Z. 24), jener dagegen vermeint bereits hellsichtig die **Antwort** zu kennen, die er **aus der selbst fabulierten Geschichte** ableitet: „,Agnes wird nicht schwanger', sagte ich. ,Das war nicht … Du liebst mich nicht. Nicht wirklich.' " (S. 89) Kann Walter Faber sein Kind nicht annehmen, weil es sich nicht mit seiner technischen Weltsicht und den damit verbundenen Karrierevorstellungen verträgt, so negiert Stamms Ich-Erzähler die Vater-

Reaktion auf die mitgeteilte Schwangerschaft

Ablehnung der Vaterschaft bei Faber und bei Stamms Ich-Erzähler; Reaktionen der Frauen

schaft, weil sie nicht in sein fiktives Skript passt. Die Schlussfolgerung ist sehr ähnlich: **Beide männlichen Protagonisten drängen auf Abtreibung**, ohne das Wort auszusprechen (vgl. Z. 31/S. 90) und entziehen sich der Problematik. Beide Männer handeln unsensibel und selbstbezogen und sind nicht in der Lage, Verantwortung zu übernehmen. **Walter Faber geht** nach Bagdad und damit **den Weg der Technik**, Hanna bleibt ihrer musischen Ausrichtung treu, kehrt 1936 nach Deutschland zurück und emigriert zwei Jahre später nach Paris. Der **Ich-Erzähler in Stamms Roman verlässt die gemeinsame Wohnung** und wandert lange am See entlang, bevor er ein Café aufsucht (vgl. S. 92). Agnes nimmt die Abwesenheit zum Anlass auszuziehen und beendet in einem nachfolgenden Telefonat die Beziehung: „‚Du willst kein Kind', sagte sie, ‚und du kriegst kein Kind.'" (S. 94)

So ähnlich Verhaltensweisen und Motive für die Trennung in beiden Romanen sind, so unterschiedlich gestalten sich nun die Handlungsweisen danach. Faber und Hanna hören in den nächsten 20 Jahren nichts voneinander. **Faber scheint Hanna und das Kind abgeschrieben zu haben.** Der **Ich-Erzähler** in Stamms Roman **sucht dagegen den Kontakt** zu seiner Geliebten, aber ohne Erfolg. Dann wendet er sich wieder der fiktiven Geschichte zu und revidiert seine Reaktion auf die mitgeteilte Schwangerschaft. Zwar ist er auch in der fiktiven Version skeptisch und wenig gefühlsbetont, aber willens, die Vaterschaft anzunehmen: „‚Ja', sagte ich, ‚wir werden es schon irgendwie schaffen.'" (S. 99) Es kommt zu einer widersprüchlichen Aufspaltung: In der **erzählten Wirklichkeit flirtet er mit Louise, in der Fiktion aber wird er Vater einer Tochter** namens Margaret und wandelt sich zum glücklichen Familienmenschen. In der Realität jedoch hat Agnes währenddessen eine Fehlgeburt. Innerlich zerrüttet zieht sie wieder zu ihrem Geliebten und gemeinsam schreiben sie weiter an ihrem fiktiven Familienglück, ziehen das erfundene Kind auf und kaufen sogar Spielzeug und Kleider, bis Agnes **diese Lebenslüge** nicht mehr aufrechterhalten will. Agnes braucht die Wahrhaftigkeit und kapselt sich ab. Insofern ist sie auch über das geschönte Ende enttäuscht, das der Ich-Erzähler für ihre Geschichte erfindet und das die enge Verbundenheit des Paares betont (vgl. S. 136). Doch der Erzähler hat noch **eine andere Version für Agnes** vorbereitet, „**Schluß 2**". Nachdem das Paar sich weiter auseinander gelebt hat und die Sylvesternacht getrennt verbringt – der Erzähler feiert bezeichnenderweise bei Louise und schläft offenbar mit ihr –, liest Agnes heimlich den Schluss ihrer Geschichte auf dem PC, der ihr „vorschreibt", in den Wald zu gehen, sich in den pulvrigen Schnee zu legen und in der Kälte zu verglühen. Die ersten zwei Sätze des Romans legen es nahe, dass Agnes dieses Ende wahr macht.

Während der Erzähler in Stamms Roman seine Beziehungsunfähigkeit durch die Flucht in die Fiktion kompensiert und auf dieser Ebene Vaterschaft und Familienglück fantasiert, geht Faber den Weg des Technikers und versteigt sich zu einem einseitigen **rationalistischen Denken**, in dem Gefühle keinen Wert haben und mit dem er seine Bindungsschwäche und die verhinderte Vaterschaft sachlich rechtfertigen kann. So begreift er sich als tätiger Mann, der für seine Arbeit lebt, und **im Alleinsein** den „einzigmögliche[n] Zustand für Männer" (S. 91) sieht. Seine Schlussfolgerung: Gefühle sind „Ermüdungserscheinungen" (S. 92), und die Tatsache, dass man sich nicht selbst „Gutnacht sagen" kann, sei noch kein Grund zum Heiraten (S. 93). Den **Schwangerschaftsabbruch hält er für eine kulturelle**

unterschiedliche Verhaltensweisen nach der Trennung

fiktive Vaterschaft, Fehlgeburt in der Realität

Agnes' Ende in der Fiktion

Fabers rationalistisches Weltbild

**Errungenschaft**. Dabei betrachtet er das Phänomen der Abtreibung grundsätzlich, sodass er von seiner Person und seiner potenziellen Vaterschaft ganz absehen kann. Seine Schlussfolgerung: „Wer die Schwangerschaftsunterbrechung grundsätzlich ablehnt, ist romantisch und unverantwortlich." (S. 106) Die fehlende Verantwortung, die er für Hanna und das gemeinsame Kind gezeigt hat, wird auf diese Weise ins Gegenteil verkehrt.

Wie sehr Faber seine mögliche Vaterschaft verdrängt hat, wird durch die **Begegnung mit Sabeth und ihr sich anbahnendes Verhältnis** auf die Spitze getrieben. Es ist augenfällig und wird immer wieder betont, wie sehr ihn dieses 20-jährige Mädchen an Hanna erinnert. Dabei steht er unmittelbar vor seinem 50. Geburtstag und könnte also ihr Vater sein (eine interessante Parallele zu Agnes und dem Ich-Erzähler). Seine Rationalität und seine Vorliebe für Statistik hindern ihn daran, das zu denken, was der Leser längst argwöhnt, nämlich dass hier das Schicksal Vater und Tochter zusammengeführt hat. Die Vernunft ist ein sehr einseitiges Erkenntnisinstrument, wenn sie nicht die Macht der Gefühle mit bedenkt, und Faber hat sich, ohne es zu wissen, bereits in Sabeth verliebt. Der Leser gewinnt den Eindruck, dass Faber all das, **was er mit Hanna versäumt hat, nun mit Sabeth nachholen will**. So macht er ausgerechnet ihr, die er nicht heiraten kann, einen **Heiratsantrag** (vgl. S. 88, 95), obwohl er gleich zu Beginn seines Berichtes kategorisch erklärt hat, dass für ihn eine Eheschließung grundsätzlich nicht infrage kommt (vgl. S. 7). Sabeth geht zwar auf seine Werbung nicht ein, aber Faber erreicht es, dass sie gemeinsam nach Griechenland fahren. Auf der Reise wird ihre Beziehung intimer, es kommt zum **unwissentlichen Inzest**. Dabei verdichten sich für Faber die Anzeichen seiner Vaterschaft immer mehr, aber seine losgelöste Vernunft macht ihn blind, weil seine unverstandenen Gefühle es nicht wahrhaben wollen (vgl. S. 121). Es ist diese **Blindheit**, die ihn des Inzests an seiner Tochter schuldig macht und letztlich auch ihren Tod verantwortet. Denn als Sabeth auf Akrokorinth von einer Schlange gebissen wird und ihr Faber zu Hilfe eilen will, weicht sie vor ihm zurück, stürzt hinterrücks die Böschung herunter und stirbt später an den dabei zugezogenen Verletzungen. **Hat sie vielleicht in ihm ihren Vater erkannt?** Jedenfalls erfährt Faber genau in diesem textuellen Umfeld von Hanna, dass Sabeth sein Kind ist, und er gibt zu, es bereits gewusst zu haben (vgl. S. 158).

**In beiden Romanen sterben die jungen Geliebten** und **die männlichen Partner**, die ihre Väter sein könnten bzw. sind, **tragen eine Mitschuld daran**. Die Männer, die sich selbstbezogen in ihr rationalistisches Weltbild bzw. in ihre eigene literarische Fiktion verstrickt haben, bleiben **bindungsunfähig** zurück, unfähig auf die Befindlichkeit des geliebten Mitmenschen einzugehen, obwohl sie doch augenscheinlich eine Beziehung führen wollen und von Heirat sprechen. Walter Faber versucht zwar noch so etwas wie eine Zweckfamilie zu gründen – „nicht romantisch nicht moralisch, sondern praktisch: gemeinsames Wohnen, gemeinsame Ökonomie, gemeinsames Alter" (S. 159) –, aber dafür hat Hanna nur ein Lachen übrig. Zwar wandelt sich Fabers Einstellung auf Kuba, er öffnet sich gegenüber seiner Umwelt, der Natur und begreift sich als Teil von ihr, anstatt sie über die Technik beherrschen zu wollen, doch stirbt dieses neu aufkeimende Lebensgefühl vermutlich mit dem Tod durch Magenkrebs, wie es das abrupte Ende des Berichts nahelegt. Der Erzähler in Stamms Roman könnte sich einem neuen Sachbuch zuwenden. Doch das ist eine andere Geschichte; genau genommen stirbt auch er mit dem Ende der Erzählung.

die Begegnung mit der Tochter Sabeth

Sabeth als zweite Hanna

Nicht-Wahrhaben-Wollen der Vaterschaft

Sabeths Tod

**Fazit**
Bindungsunfähigkeit der männlichen Protagonisten und Tod der beiden jungen Geliebten

27

**Aufgabenstellung**
Interpretieren und vergleichen Sie die beiden Gedichte.

**Thema:**
Natur und Mensch in der deutschsprachigen Lyrik vom Sturm und Drang bis zur Gegenwart

**Günter Kunert** (*1929): **Mondnacht** (1983)

Lebloser Klotz
Mond eisiger Nächte
der an bittere Märchen erinnert
an fremdes Gelebtwordensein
5  fern
wo Menschen heulten
anstelle der Wölfe
über blassem Schnee
bis zum Verstummen darunter

10  Geborstenes Geröll
auf dem unsere Schatten
gelandet sind
und sich taumelnd bewegen
viel zu leicht
15  für die Last unserer Herkunft

auch dort sind wir hingelangt
wie immer dorthin
wo Leben unmöglich ist:
In Gleichnisse ohne Erbarmen.

*Aus: Günter Kunert: Stilleben.*
*Gedichte. Hanser Verlag, 1983*

**Joseph von Eichendorff** (1788–1857): **Mondnacht** (1835 verfasst, 1837 veröffentlicht)

Es war, als hätt' der Himmel
Die Erde still geküsst,
Dass sie im Blütenschimmer
Von ihm nun träumen müsst.

5  Die Luft ging durch die Felder,
Die Ähren wogten sacht,
Es rauschten leis' die Wälder,
So sternklar war die Nacht.

Und meine Seele spannte
10  Weit ihre Flügel aus,
Flog durch die stillen Lande,
Als flöge sie nach Haus.

*Aus: Joseph von Eichendorff: Gedichte.*
*Herausgegeben und eingeleitet von Herbert*
*Cysarz. Reclam Verlag, Stuttgart 1978*

## Hinweise und Tipps

Beim **Aufgabentyp** „Vergleichende Interpretation zweier Gedichte" im Themenbereich „Natur und Mensch in der deutschsprachigen Lyrik vom Sturm und Drang bis zur Gegenwart" werden Ihnen **zwei Texte** vorgelegt, die Sie im Hinblick auf Gemeinsamkeiten und Unterschiede analysieren und deuten sollen. Dabei sollen Sie herausarbeiten, wie das jeweilige **Thema bzw. Motiv** in den unterschiedlichen Gedichten inhaltlich und formal entfaltet wird.

Lassen Sie zunächst **jedes Gedicht** für sich **wirken** und bilden Sie erste Verstehenshypothesen. Ein zu schneller Vergleich verstellt den Blick auf die Eigenart der Texte. Versuchen Sie die Texte sehr **genau wahrzunehmen** und **visualisieren** Sie alles, was Ihnen auffällt: Bringen Sie farbige Markierungen und Unterstreichungen an, arbeiten Sie mit Pfeilen und Linien, um Zusammenhänge zu verdeutlichen, zeichnen Sie grafische Symbole an den Rand usw. Beachten Sie nicht nur Semantik und Bildlichkeit der Sprache, sondern auch klangliche Phänomene (Reim, Alliterationen, Assonanzen usw.). Die Vorstellung, wie die Texte gesprochen oder gar gesungen werden könnten, hilft Ihnen dabei.

Die Aufgabenformulierung „Interpretieren und vergleichen Sie ..." lässt Ihnen einen **methodischen Spielraum**, den Sie nutzen sollten. Arbeiten Sie aber auch hier zielorientiert, z. B. indem Sie einen Schreibplan erstellen. Für Ihr Vorgehen gibt es unterschiedliche Möglichkeiten:

1. Lineares Vorgehen
   a) Die beiden Gedichte werden einzeln nacheinander in einer selbst festgelegten Reihenfolge interpretiert. Sie können chronologisch vorgehen oder (wie im folgenden Lösungsvorschlag der Fall) mit dem Gedicht beginnen, das Ihrer Zeit näher steht. Danach werden beide Texte aspektorientiert verglichen.
   b) Nach der Interpretation des einen Gedichts wird das andere im Hinblick auf die Interpretationsergebnisse des ersten analysiert und interpretiert. Ein vergleichendes Fazit rundet den Aufsatz ab.

2. Vernetztes Vorgehen
   Beide Gedichte werden parallel unter bestimmten Vergleichsaspekten interpretiert. Dieses Vorgehen bietet sich vor allem dann an, wenn bereits in der Themenstellung oder durch das Rahmenthema Vergleichsaspekte vorgegeben sind. Damit liegt der Fokus des Interpretierens von Beginn an auf den Unterschieden und Gemeinsamkeiten der Texte. Es besteht jedoch die Gefahr, dass wichtige Einzelaspekte übersehen werden oder der Überblick über die Texte als Ganzes verloren geht. Auch bei diesem Vorgehen bildet eine zusammenfassende Darstellung der Ergebnisse den Abschluss.

Zum Erwartungshorizont einer Gedichtinterpretation gehören nicht nur inhaltliche Erkenntnisse, sondern auch fachspezifisches und methodisches Wissen. Im Themenfeld „Natur und Mensch in der deutschsprachigen Lyrik vom Sturm und Drang bis zur Gegenwart" sollten Sie Ihr literaturgeschichtliches Orientierungswissen einbringen, also die Epochenzugehörigkeit der vorgelegten Gedichte beachten. Verwenden Sie zur Beschreibung und Analyse der Gedichte eine angemessene Fachsprache und nutzen Sie diese funktional für die Deutung der Texte. Eine isolierte Aufzählung von im Text vorkommenden Stilmitteln stellt noch keine Interpretationsleistung dar.

Bei den vorliegenden Gedichten könnte die Untersuchung vom Motiv der „Mondnacht" ausgehen, das in beiden Texten als Titel fungiert. Dabei wäre zu fragen, inwieweit dieses Motiv epochentypisch gestaltet wird. Bei Eichendorff wird Ihnen eine Einordnung in die Epoche der Romantik leichtfallen, denn das Gedicht bringt ein Grundgefühl der Romantik zum Ausdruck: die Sehnsucht nach Überwindung und Versöhnung aller Gegensätze, die in eine Hinwendung zu Gott, in die Suche nach realer und spiritueller Heimat mündet. Kunerts Gedicht zeichnet sich sehr deutlich als Text der Moderne aus: Titel und Textinhalt stehen in einem Verhältnis des Widerspruchs, der beim Leser Erstaunen und Erschrecken über die nüchterne, ja nihilistische Weltsicht des lyrischen Sprechers hervorruft.

## Lösungsvorschlag in Grundzügen

Der Mond – in Mythen und Märchen, Liedern und Gedichten wird er seit jeher besungen. Musiker und Maler lassen sich von ihm inspirieren. Sein Licht, so sagt man uns, spendet Trost in der Nacht, als Mann im Mond wacht er über die Kinder im Schlaf, am nächtlichen Himmel hütet er seine Schäflein, die Sterne, und den Verliebten ist er ein treuer Begleiter. Nicht nur im System der Planeten, auch im Kosmos unseres kulturellen Gedächtnisses gehört der Mond zum Repertoire.

Das uralte Mondmotiv greifen auch die Dichter Joseph von Eichendorff (1788–1857) und Günter Kunert (*1929) in ihren Gedichten „Mondnacht" auf, die zur vergleichenden Interpretation vorliegen.

In Günter Kunerts Gedicht unterläuft jedoch schon die einleitende **Metapher** der ersten beiden Verse unsere Erwartungen, denn sie erzeugt eine düstere Grundstimmung: „Lebloser Klotz/Mond eisiger Nächte". Irritierend wirkt auch die äußere Form des Gedichts: Die 19 **ungleich langen Verse**, deren kürzester aus einem einzigen einsilbigen Wort, „fern", besteht, und die Einteilung in **vier Strophen** mit abnehmender Verszahl (neun, sechs, drei, eins) ergeben ein fragmentiertes Textbild. **Reime** sind nicht vorhanden, eine regelmäßige **metrische Gliederung** ist nicht zu erkennen. Da Satzzeichen fehlen, bleiben die **syntaktischen Strukturen** oft unbestimmt. Umso mehr fällt auf, dass vor dem letzten Vers des Gedichts ein Doppelpunkt steht, wohl um eine Art Fazit anzukündigen, und dass das Gedicht mit einem Schlusspunkt endet. Kunerts „Mondnacht" von 1983 ist ein modernes Gedicht, in dem sich der Mensch des 20. Jahrhunderts nüchtern und illusionslos der Betrachtung des entzauberten Mondes widmet.

*Leblos, eisig, bitter, fremd, blass* – das sind die Attribute, die dem „Klotz" (V. 1) Mond und den Erinnerungen, die er hervorruft, in der ersten Strophe zugeschrieben werden. Es entsteht das **Bild** einer lebensfeindlichen Natur, in der der Mensch sich nicht heimisch fühlen kann. **Kein lyrisches Ich** spricht hier, es ist lediglich ganz allgemein von „Menschen" die Rede, und zwar im Sinne der Gattung, da weder Artikel noch Attribute die Bezeichnung präzisieren (V. 6). Und doch muss es ein wahrnehmendes Subjekt geben, aus dessen Perspektive der Mond nicht nur beschrieben, sondern angesprochen wird. Die **Mondansprache** im Gedicht bricht jedoch mit der Tradition bekannter Lieder und Gedichte. Nicht als *guter Mond* (vgl. das Lied „Guter Mond, du gehst so stille"), sondern als „[L]ebloser Klotz/ Mond eisiger Nächte" wird er angesprochen, „der an bittere Märchen erinnert/an fremdes Gelebtwordensein". Der Dichter spricht verstörende Erfahrungen an, gibt dem Leser Rätsel auf: Was sind „bittere Märchen", was bedeutet „Gelebtwordensein"? Der Glaube an die tröstliche Botschaft der Märchen – dass alles ein gutes Ende nimmt – ist offensichtlich unmöglich geworden. Der Mensch ist nur noch fremdbestimmtes Objekt des Lebens, er muss es passiv erdulden, ohne die Möglichkeit, es aktiv zu entwerfen und zu gestalten. Er ist sich selbst „fremd[]" (V. 4) geworden an einem Ort, der „fern" von der Erde ist und „wo Menschen heulten/anstelle der Wölfe" (V. 6 f.). Die **adverbiale Bestimmung** „fern" (V. 5) steht als isoliertes Wort genau in der Mitte der ersten Strophe und markiert eine Art raumzeitliche **Achse**. Die Betrachtung des Mondes im Hier und Jetzt (V. 1–4) löst Erinnerungen an ein „Es war einmal" aus, das räumlich und zeitlich gleichermaßen „fern" ist (V. 6–9). Auf dem „[l]eblose[n] Klotz"

(V. 1), in „eisige[n] Nächte[n]" (V. 2) – die Tiefsttemperatur auf dem Mond beträgt minus 160 Grad –, „wo Menschen heulten anstelle der Wölfe", ist menschliches Leben nicht möglich. Eindrückliche **Bilder** von „blassem Schnee" und vom „Verstummen darunter" verstärken diese Aussage. Das Verhalten der Menschen erinnert dabei an Wölfe, die den Mond anheulen. Durch ihr Geheul signalisieren Wölfe ihre Zugehörigkeit zum Rudel sowie die Bereitschaft zur Jagd und sie markieren ihr Territorium. Für den Menschen jedoch ist das Heulen keine artgemäße Form des Ausdrucks, es führt schlussendlich zum Verlust der Stimme, zu Tod und Erstarrung („Verstummen", V. 9).

In den sechs Versen der zweiten Strophe wird das **Motiv der Erinnerung** an die Lebensfeindlichkeit des Mondes fortgeführt. Mit der **Alliteration** „[g]eborstenes Geröll" (V. 10) wird der Mond erneut angesprochen. Durch die Verben *landen* (vgl. V. 12) und *taumeln* (vgl. V. 13) entstehen vor dem Auge des Lesers unwillkürlich die (Film-)Bilder der Astronauten bei der ersten Mondlandung: Losgelöst von der Schwerkraft schwanken und schweben die Männer wie schattenhafte Schemen in ihren Raumfahrtanzügen über die Gesteinstrümmer der Mondlandschaft. Genau davon spricht das Gedicht in **metaphorischer** Weise, wenn es „unsere Schatten" (V. 11) als „viel zu leicht / für die Last unserer Herkunft" (V. 14 f.) beschreibt. Das lyrische Subjekt tritt hier zum ersten Mal in der 1. Person, und zwar im Plural auf, verzichtet jedoch auf das Personalpronomen („ich" bzw. „wir") als Subjekt und setzt stattdessen die Stilfigur des Pars pro Toto ein: Es sind nur Bilder, Projektionen unserer selbst, „unsere Schatten", die auf dem Mond gelandet sind „und sich taumelnd bewegen" (V. 13). Sie tun dies mit einer Leichtigkeit, die nicht zu unserer Herkunft von der Erde mit ihren Anziehungskräften passt. Die „Last unserer Herkunft" kann nicht nur naturgesetzlich, sondern auch geschichtlich gedeutet werden: Am Ende des 20. Jahrhunderts blickt der Mensch voller Skepsis auf Fortschritte und Errungenschaften von Wissenschaft und Technik. Eine zunehmend selbstzerstörerische Naturbeherrschung sowie die Traumata zweier Weltkriege haben zum Verlust einer sicheren Welterfahrung geführt. Eine solche Last lässt sich auch in der Schwerelosigkeit des Weltraums nicht abschütteln.

Einen Gewinn an Menschlichkeit und Lebensqualität hat uns die Ausweitung des Lebensraums also nicht gebracht. Diese Erkenntnis formuliert das **lyrische Ich in der Wir-Form** in der dritten Strophe ganz explizit: Die Eroberung des Mondes wird lediglich als Beispiel für menschliche Grenzüberschreitungen angeführt, die auf paradoxe Weise im Verlust jeglicher existenzieller Sicherheiten enden: „auch dort [d. i. auf den Mond] sind wir hingelangt / wie immer dorthin / wo Leben unmöglich ist". Diese Aussage deutet darauf hin, dass die als „Schatten" (V. 11) gezeichneten Bilder der Apollo-Astronauten als **Chiffren** des modernen Menschen und seines Verhältnisses zur Natur gedeutet werden können: Mit Erfindungsgeist und Energie treibt er Wissenschaft und Technik voran, dringt in immer neue Sphären vor, erobert fremde Räume und muss doch immer wieder erfahren, dass dort „Leben unmöglich ist". Die Endgültigkeit dieser Aussage zeigt sich darin, dass das **Verb im Präsens** steht, und sie lässt vermuten, dass dies auch einst für das Leben hier auf Erden gelten könnte.

2. Strophe
Erinnerung als
zentrales Motiv

3. Strophe
Verhältnis des
modernen Menschen zur Natur

Von solchen Grenzüberschreitungen erzählen schon die alten Mythen und Märchen, bei denen die Helden gegen göttliche Gesetze verstoßen und dabei scheitern, wie z. B. Ikarus, der sich an der Sonne verbrennt. Am Ende jedoch wird dort die Ordnung der Natur, die Harmonie der Schöpfung wiederhergestellt. Kunerts Gedicht hingegen endet ohne diesen Trost. In der auf eine einzige Zeile reduzierten letzten Strophe zieht das lyrische Subjekt sein nihilistisches Fazit: „Gleichnisse ohne Erbarmen" (V. 19) erwarten uns Menschen, „wie immer" (V. 17), wenn wir unsere Grenzen überschreiten. Mit den Begriffen „Gleichnisse" und „Erbarmen" (vgl. die liturgische Formel „Herr, erbarme dich") erhält das Gedicht eine neue, eine religiöse Dimension. Diese ist jedoch nur noch in der **Negation**, im Abwesendsein erfahrbar. Auf „Erbarmen", laut Duden ein „von Herzen kommendes Mitgefühl, das zum Handeln bereit macht", darf der Mensch nirgends mehr hoffen. Die Eroberung lebensfeindlicher Gegenden im Himmel und auf Erden hat sich immer wieder als sinnloses Unterfangen erwiesen, das die großen Probleme der Menschheit hier auf der Erde nicht zu lösen vermag – so könnte man die pessimistische Botschaft des Gedichts zusammenfassen.

Nihilistisches Fazit: „Gleichnisse ohne Erbarmen"

Um Himmel und Erde geht es auch in den poetischen Werken des romantischen Dichters Joseph von Eichendorff (1788–1857). Das berühmte, von Robert Schumann vertonte Gedicht „Mondnacht" (1837), das sicher auch der moderne Dichter Günter Kunert (*1929) kannte, zeigt eine vollkommene Harmonie zwischen Mensch und Natur, zwischen den Sphären des Himmels und der Erde. Dies spiegelt sich auch in der formalen Gestaltung des Gedichts: Die drei Strophen zu je vier Versen stehen im Kreuzreim mit einem Wechsel von weiblichen und männlichen Kadenzen und weisen ein alternierendes Metrum auf. Beim Lesen (oder Hören) entstehen sofort Bilder einer Frühlingsnacht, die vom silbernen Licht des Mondes erhellt und verzaubert wird. Natur und Mensch durchdringen sich, indem die Natur personifiziert wird (Himmel und Erde *küssen* sich, die Erde *träumt* vom Himmel, vgl. 1. Strophe) und der Mensch Attribute der Natur annimmt (*Flügel der Seele*, 3. Strophe).

Interpretation von J. v. Eichendorff: Mondnacht

Inhalt, Form, Stimmung

In der ersten Strophe zeigt sich die romantische Verklärung der Naturwahrnehmung durch ein sich vollkommen zurücknehmendes lyrisches Subjekt, das im **Konjunktiv** spricht (vgl. „hätt" V. 1, „müsst", V. 4). Die wunderbare Vereinigung von Himmel und Erde erscheint also nicht als Realität, sondern als Wunschbild, als **Chiffre**, die über die sichtbare Wirklichkeit hinausweist.

1. Strophe Verklärung der Naturwahrnehmung

Aber das lyrische Subjekt ist auch ein genauer Beobachter realer Naturvorgänge. In der zweiten Strophe beschreibt es in **parataktischer Reihung** – jeder Vers entspricht einem Hauptsatz – die nächtliche Landschaft, die mit zahlreichen **romantischen Motiven** ausgestattet wird: Felder, wogende Ähren, rauschende Wälder, sternklare Nacht. Die Verben stehen hier im Indikativ („ging", „wogten", „rauschten", „war"), Adverbien und Adjektive präzisieren die **visuellen und akustischen Eindrücke** („sacht", „leis", „sternklar"), es herrscht eine ruhige und sanfte Atmosphäre. Harmonisch wie die Stimmung ist auch die **formale Gestaltung der Strophe**. Das **jambische Versmaß** fließt vollkommen regelmäßig dahin, alle Reime sind **rein** und „echt" – im Unterschied zur ersten Strophe, die ein unreines Reimpaar (*Himmel – Schimmer*), und zur dritten Strophe, die metrische Abweichungen (V. 9, 10, 11; Betonung der jeweils ersten Silbe) aufweist.

2. Strophe Beobachtung der Naturvorgänge, romantische Motive

Die dritte Strophe führt dem Leser die Wirkung dieser besonderen Stimmung auf das lyrische Ich vor Augen. Es ist eine Wirkung von großer Intensität, denn sie umfasst die Seele des lyrischen Ichs, also den Teil des Menschen, der ihn mit Gott, der Schöpfung, dem Jenseits verbindet. Die Seele, „meine Seele", entfaltet ungeheure Kräfte, die im **Bild der Flügel und des Fliegens** zum Ausdruck kommen. Es gelingt ihr, die Erdenschwere zu überwinden und wie ein Vogel zu fliegen, ohne jedoch, wie Ikarus, gegen göttliche Gesetze zu verstoßen. Das Bild der fliegenden Seele, das in den ersten drei Versen entfaltet wird („spannte [...] Flügel aus", „[f]log"), erweist sich nämlich als weitere **Chiffre**, die ins Irreale hinausweist. Dementsprechend endet das Gedicht, wie es begonnen hat, im **Konjunktiv**: „Als flöge sie [die Seele] nach Haus." Als romantischer Dichter glaubte Eichendorff an die Verzauberung und Entgrenzung der Welt durch die Poesie; als religiöser, fest im Katholizismus verwurzelter Mensch glaubte er an ein Jenseits. Der Seelenflug des lyrischen Ichs kann deshalb wohl als **symbolischer Ausdruck** für die Auferstehung nach dem Tod begriffen werden, in der der Mensch in seine eigentliche Heimat bei Gott zurückkehrt. Diese Sehnsucht nach einer Ferne, die zugleich Heimat ist, erlebt das lyrische Ich in der Mondnacht.

3. Strophe

Entgrenzung, Symbolik des Seelenflugs

„Mondnacht" – ein Titel, zwei Gedichte, die unterschiedlicher nicht sein könnten: Bei Eichendorff Harmonie, Verschmelzung von Ich und Natur, gläubiges Staunen angesichts von Himmel und Erde, bei Kunert kalt-nüchterne Sachlichkeit, nihilistische Weltsicht, entzauberte Natur. Nicht nur das Verhältnis der Menschen zur Natur, auch die literarische Verarbeitung von Naturerfahrungen hat sich zwischen Romantik und Moderne grundlegend geändert.

**Gedichtvergleich**

„Mondnacht" – gemeinsamer Titel, gegensätzliche Aussagen

Im romantischen Gedicht „Mondnacht" von Joseph von Eichendorff wird die Welt poetisiert. Die Grenzen zwischen Himmel und Erde, Mensch und Natur, Traum und Realität werden durch das „Zauberwort" der Poesie aufgehoben. Dabei ist dem Dichter bewusst, dass Ideal und Wirklichkeit nicht übereinstimmen: Er spricht im Konjunktiv (vgl. V. 1 und 4: „hätt", „müsst"; V. 12: „flöge"), beschreibt die Natur aus der subjektiven Perspektive des eigenen Erlebens (vgl. Strophe 2), drückt seine Sehnsucht nach Ganzheit in irrealen Bildern und Chiffren aus – und glaubt doch an die göttliche Verheißung, die auch in der harmonischen Gestaltung des Gedichts erfahrbar wird.

Eichendorff: Poetisierung der Welt

Günter Kunerts Gedicht zeigt, dass der Mensch die Grenze zwischen Himmel und Erde längst ganz real überwunden hat, seit er das Weltall erreicht und den Mond betreten hat. Eine Entgrenzung im romantischen Sinn kann der Dichter nicht feststellen, ganz im Gegenteil: Durch die Fortschritte der Weltraumforschung ist der Mond all seines Zaubers beraubt, auf seine materiellen Eigenschaften („[l]ebloser Klotz", V. 1, „[g]eborstenes Geröll", V. 10, „eisig[]", V. 2) reduziert worden. Das Prinzip der Reduktion findet sich auch in der Form des Gedichts, dem wichtige traditionelle Gestaltungsmittel fehlen (Reim, Metrum, regelmäßige Stropheneinteilung). Bilder, Chiffren und Symbole drücken eine negative Weltsicht aus. Die Erfahrung der Schwerelosigkeit kann der moderne Mensch in Kunerts Gedicht nicht nutzen, um wie Eichendorffs lyrisches Ich ins Jenseits zu „fliegen", denn er lebt in einer Welt „ohne Erbarmen" und ohne Transzendenz. Das romantische Motiv der Mondnacht wird bei Kunert nur noch zitiert, um demaskiert zu werden.

Kunert: Entzauberung der Welt

**Aufgabenstellung**
Interpretieren und vergleichen Sie die beiden Gedichte.

**Thema:**
Natur und Mensch in der deutschsprachigen Lyrik vom Sturm und Drang bis zur Gegenwart

**Paul Heyse** (1830–1914): **Waldesnacht** (1850)

Waldesnacht, du wunderkühle,
Die ich tausend Male grüß',
Nach dem lauten Weltgewühle
O wie ist dein Rauschen süß!
5　Träumerisch die müden Glieder
Berg' ich weich ins Moos,
Und mir ist, als würd' ich wieder
All der irren Qualen los.

Fernes Flötenlied, vertöne,
10　Das ein weites Sehnen rührt,
Die Gedanken in die schöne,
Ach, mißgönnte Ferne führt!
Laß die Waldesnacht mich wiegen,
Stillen jede Pein,
15　Und ein seliges Genügen
Saug' ich mit den Düften ein.

In den heimlich engen Kreisen
Wird dir wohl, du wildes Herz,
Und ein Friede schwebt mit leisen
20　Flügelschlägen niederwärts.
Singet, holde Vögellieder,
Mich in Schlummer sacht!
Irre Qualen, löst euch wieder;
Wildes Herz, nun gute Nacht!

*Aus: Paul Heyse: Gedichte. Hrsg. von Karl-Maria Guth. Berlin: Hofenberg 2014, S. 20 f.*

**Günter Eich** (1907–1972): *[WALD, BESTAND AN BÄUMEN, ZÄHLBAR]*
(zwischen 1945 und 1950)

WALD, BESTAND AN BÄUMEN, ZÄHLBAR
Schonungen, Abholzung, Holz- und Papierindustrie,
Mischwald ist am rentabelsten
Schädlinge, Vogelschutz
5　Wildbestand, Hege, Jagdgesetze
Beeren, Bucheckern, Pilze, Reisig
Waldboden, Wind, Jahreszeiten,
Zivilisationslandschaft.
Zauberwald Merlins
10　Einhorn (das Tier, das es nicht gibt)
　　　das uns bevorsteht,
　　　das wir nicht wollten
　　　die vergessene Zukunft.

*Aus: Günter Eich: Gesammelte Werke Bd. 1.*
*Hrsg. von Axel Vieregg. Frankfurt/Main:*
*Suhrkamp 1991, S. 270*

## Hinweise und Tipps

Die beiden vorliegenden Gedichte „Waldesnacht" von Paul Heyse und *„[WALD, BESTAND AN BÄUMEN, ZÄHLBAR]"* von Günter Eich haben das Verhältnis von Wald und Mensch als Thema gemein. Während das lyrische Ich in Heyses Text den Wald als wundersamen Zufluchtsort begreift, an dem seine Seelenqualen gelindert werden, wird der Wald bei Eich nur noch als entmythisierte wirtschaftliche Nutzfläche betrachtet. Sprachlich finden diese inhaltlichen Konzepte in beiden Gedichten Widerhall: Heyse dichtet formschön, poetisch, emotional; Eich hingegen praktiziert eine auf das Nötigste reduzierte, beinahe asyntaktisch und unvollständig anmutende, emotionslose Sprache, die erst in den letzten fünf Versen eine – zaghafte – Rückkehr zu älteren dichterischen Traditionen erahnen lässt.

Bei einem auf Anhieb schwer verständlichen Gedicht wie dem von Eich empfiehlt sich eine möglichst offene Herangehensweise an den Text. Vermeiden Sie frühzeitige Festlegungen. Sie können z. B. mit folgenden Fragen arbeiten:
– Lesen Sie den Text. Wo ergeben sich Verständnisprobleme?
– Wo finden sich Textelemente, die mit dem Gedichttitel korrespondieren?
– Welche Assoziationen zu außertextlichen Gegebenheiten löst das Gedicht in Ihnen aus? Können Sie diese in einen größeren Verstehenszusammenhang stellen?
Revidieren Sie Ihre Erkenntnisse ggf. im Lauf der weiteren Textarbeit.
Wie Sie im Detail bei einer vergleichenden Gedichtinterpretation vorgehen, können Sie auf S. 50 nachlesen.

## Lösungsvorschlag in Grundzügen

„Wald" bzw. das Verhältnis von Wald/Natur und Mensch ist das Thema der beiden vorliegenden Gedichte. Während das 1850 von Paul Heyse verfasste Gedicht „Waldesnacht" deutliche Züge der Spätromantik trägt, ist Günter Eichs *„[WALD, BESTAND AN BÄUMEN, ZÄHLBAR]"* ein moderner Text, der zwischen 1945 und 1950 entstand.

*Einleitung*

Paul Heyses „Waldesnacht" ist **sehr gleichmäßig strukturiert:** Es besitzt drei Strophen à acht Verse, die in einem regelmäßigen trochäischen Versmaß notiert sind. Weibliche und männliche Kadenzen wechseln einander stetig ab; es liegt ein durchgehender Kreuzreim vor – lediglich in den Versen 13 und 15 ist ein unreiner Reim festzustellen, allerdings verhalten sich die beiden Verse inhaltlich unauffällig. Die **harmonische Form** des Gedichtes spiegelt die vom lyrischen Ich in der „Waldesnacht" erfahrene Harmonie wider, die im Folgenden detailliert nachgezeichnet werden soll.

*Interpretation von P. Heyse: Waldesnacht Form*

Das Gedicht lässt sich in **zwei Sinnabschnitte** gliedern: In der ersten Strophe schildert das lyrische Ich, wie es den Wald in einer **seelischen Extremsituation** betritt und sich dort einen Schlafplatz sucht, um zur Ruhe zu kommen. Daraufhin teilt es in der zweiten und dritten Strophe seine **sinnlichen Erfahrungen in der Natur** mit, die mit seiner **seelischen Entspannung** einhergehen und schließlich zu seiner **geistigen Gesundung** führen.

*Aufbau und Inhalt*

Der erste Vers beginnt mit dem Kompositum „Waldesnacht" (V. 1), das **Handlungsraum und -zeitpunkt** mitteilt, gleichzeitig aber auch für **Ruhe und Stille** steht. Es handelt sich hierbei um eine personifizierende Anrede der Natur, die durch das Personalpronomen „du" (V. 1) weiter ausgebaut wird: Zusammen stehen Kompositum und Personalpronomen für ein **persönliches, von Emotionalität und Nähe geprägtes Verhältnis.** „[W]underkühle" (V. 1), ein weiteres Kompositum, verleiht der „Waldesnacht" einen **zauberhaften Charakter,** legt gleichfalls aber auch die **Beruhigung**

*Detailanalyse: Persönliches Verhältnis zur Natur*

eines erhitzten Gemütes nahe – vergleichbar vielleicht mit Kältewickeln, die eine Entzündung lindern.

Seiner **Freude** über die Begegnung mit der Natur verleiht das lyrische Ich Ausdruck, indem es sie in Form einer Hyperbel („tausend Male", V. 2) überschwänglich „grüß[t]" (V. 2). Der Ruhe und Stille der „Waldesnacht" wird nun das „laute[] Weltgewühle" (V. 3) als **Gegenbild** entgegensetzt – vielleicht ein Verweis auf die Unruhe der Revolutionsjahre 1848/1849 –, vor dem das lyrische Ich in die Natur **flüchtet**. Die positive Konnotation des Waldes wird anschließend weiter ausgebaut: Die Interjektion „O" (V. 4) steht für einen Augenblick **äußerster Empfindsamkeit**, für den es keine Worte gibt, nur Laute. Das gleichmäßige „Rauschen" (V. 4) des Waldes **kontrastiert** mit dem dynamischen „Weltgewühle", das Attribut „süß" (V. 4) verdeutlicht die besondere Anziehungskraft, die dieses „Rauschen" besitzt. Die **Entspannung**, die sich bereits jetzt allmählich einstellt, wird durch das Adverb „[t]räumerisch" (V. 5) beschrieben: Das lyrische Ich kommt **physisch** zur Ruhe, ist dem Schlaf schon nahe, legt seine „müden Glieder" (V. 5) aber nicht einfach nieder, sondern verschmilzt beinahe mit dem bequemen Waldboden („Berg' ich weich ins Moos", V. 6) – ausgedrückt durch die Präposition „ins" im Gegensatz zu „aufs" –, was für ein regelrechtes **Eintauchen in die Natur**, für ein **Einswerden** mit ihr steht. Das hieraus resultierende Gefühl der **Geborgenheit** geht mit einem ersten Hoffnungsschimmer einher: „Und mir ist, als würd' ich wieder/All der irren Qualen los" (V. 7 f.). Die seelische Extremsituation des lyrischen Ichs wird hier erstmals als qualvolle Krankheit beschrieben, die es im Wald zu heilen sucht.

körperliche Beruhigung

Auf die körperliche Beruhigung des lyrischen Ichs folgt in der zweiten und dritten Strophe die seelische. Der Wald bahnt sich nun über die **Sinne** einen Weg in das aufgewühlte „wilde[] Herz" (V. 18 und 24), um „jede Pein" (V. 14), jeden Schmerz darin zu „[s]tillen" (V. 14), es also umfassend zu **heilen**: Vogelgezwitscher („holde Vögellieder", V. 21) wird zum Schlaflied, Waldgerüche werden zu betörenden „Düften" (V. 16), die das lyrische Ich gierig aufsaugt (vgl. V. 16), und die Natur, erneut personifiziert, „wieg[t]" (V. 13) es, einer Mutter gleich, die ihren Säugling im Arm hält, „sacht" (V. 22), also behutsam, in den „Schlummer" (V. 22). Damit einher geht ein **Ausschluss der Welt jenseits des Waldes**, die dazu aufgefordert wird, zu verstummen: „Fernes Flötenlied, vertöne" (V. 9). Das „weite[] Sehnen" (V. 10) nach der „mißgönnte[n] Ferne" (V. 12) ist vorüber: Das lyrische Ich ist am Ziel seiner Wünsche angelangt – im Wald, in der ursprünglichsten Form der Natur. In der Intimität dieser Situation gelingt es ihm nun, „Friede[n]" (V. 19) mit seinem Inneren zu schließen. Die „leisen/Flügelschläge[]" (V. 19 f.) stellen hierbei einen Gegenpol zum „lauten Weltgewühle" dar, die Abwärtsbewegung („niederwärts", V. 20) steht für Erdung: Die seelische Verkrampfung „löst [sich] wieder" (V. 23). So erscheint das lyrische Ich im letzten Vers mit seinem „[w]ilde[n] Herz" (V. 24) ausgesöhnt, wenn es ihm eine „gute Nacht" (V. 24) wünscht – das Ausrufezeichen dahinter verleiht diesem Wunsch Nachdruck – und sich dem Schlaf ergibt, einem Zustand umfassender Ruhe und Erholung.

seelische Beruhigung

Günter Eichs „*[WALD, BESTAND AN BÄUMEN, ZÄHLBAR]*" wirft dagegen einen weitgehend emotions- und strukturlosen Blick auf das gestörte Verhältnis zwischen Wald und modernem Menschen. Als Nachkriegstext steht es in der Tradition der Kahlschlag- und Trümmerliteratur.

Das Gedicht besteht aus einer einzigen Strophe, die 13 reimlose Verse ohne durchgängiges Metrum umfasst. Die letzten drei Verse sind eingerückt. Es lässt sich in **zwei Sinnabschnitte** gliedern: In den Versen 1 bis 8 wird der **entmythisierte, rein wirtschaftliche Zugriff** auf den Wald als Nutzfläche beschrieben, in den verbleibenden fünf Versen, die durch einen Punkt von den vorherigen abgesetzt werden, die **Möglichkeit einer Remythisierung des Waldes** in Aussicht gestellt.

Interpretation von G. Eich: *[WALD, BESTAND AN BÄUMEN, ZÄHLBAR]*

Form, Aufbau, Inhalt

Der **Titel**, der sich im ersten Vers wiederholt, definiert den Wald **nüchterndistanziert** als einen numerisch erfassbaren („zählbar") **Wirtschaftsraum** („Bestand") und ist in Großbuchstaben arrangiert, die von eckigen Klammern eingefasst werden. Hierdurch entsteht ein **optischer Effekt:** Die Majuskeln wirken **kalt, indifferent und mechanisch** – ebenso umrahmen die eckigen Klammern den Wald nicht sanft und behutsam, wie es etwa runde täten, sondern **begrenzen** ihn scharf, fassen und zäunen ihn regelrecht ein.

Detailanalyse

Dieser Eindruck eines rein wirtschaftlichen, kontrollierenden Zugriffs auf den Wald bestätigt sich in den nachfolgenden zwei Versen: „Schonungen, Abholzung, Holz- und Papierindustrie" (V. 2) beschreibt einen **wirtschaftlichen Kreislauf**, der Gewinnmargen zu maximieren sucht („Mischwald ist am rentabelsten", V. 3). „Schonungen" (V. 2) als eingezäunte Bestände junger Bäume sind hier lediglich Teil einer **kalkulierten Bewirtschaftung** des Waldes, die allein der Aufrechterhaltung eines Wirtschaftsstandortes dient. In diesem Sinne können die in den Versen 4 bis 7 **unverbunden und blitzlichtartig** aufeinanderfolgenden Begriffe in **zwei Wortfelder** aufgegliedert werden, die diesen Kreislauf weiter auffächern: **Erhalt bzw. Wiederaufstockung** („Schädlinge, Vogelschutz/Wildbestand, Hege, Jagdgesetze [...] Waldboden, Wind, Jahreszeiten", V. 4 ff.) und **wirtschaftliche Auswertung** („Beeren, Bucheckern, Pilze, Reisig", V. 6).
Die aufgelöste natürliche Einheit des Waldes spiegelt sich in der sprachlichen Gestaltung der ersten sieben Verse wider: Asyndetische Reihungen, die lediglich durch einen einzigen satzartigen Einschub in Vers 3 unterbrochen werden, bewirken eine regelrechte Fragmentierung der Sprache. Letztere beschränkt sich fast ausschließlich auf Nomen und lässt insbesondere Verben, Adjektive, Pronomen und Konjunktionen vermissen, weshalb sie sich karg, emotionslos, mechanisch, distanziert, unpersönlich und unvollständig präsentiert.
Das Kompositum „Zivilisationslandschaft" (V. 8) beendet schließlich die Begriffsreihe und fungiert als **Resümee:** Der in den vorhergehenden Versen beschriebene Wald ist ein zivilisatorisches Konstrukt, ist erzwungen, ist widernatürlich, ist unvollständig.

Wald als wirtschaftliche Nutzfläche

Hierauf folgt der erste Punkt im Gedicht, der eine **Zäsur** markiert: Dem Wald als Wirtschaftsraum, als „Zivilisationslandschaft", wird die Chiffre „Zauberwald Merlins" (V. 9) entgegensetzt – ein auffälliger Bruch mit dem bisherigen nüchternen sprachlichen Duktus des Gedichts –, die den Wald als **Ort des Irrationalen, des Zauberhaften, der Emotionalität und Nähe** ausweist. Ebenfalls dem Bereich des Irrationalen entspringt das „Einhorn" (V. 10), ein Fabeltier, das in Gefangenschaft stirbt und dessen Existenz

Wendepunkt: Wald als Ort des Irrationalen

prompt verneint wird: „das Tier, das es nicht gibt" (V. 10). Es steht metaphorisch für den Wald, der als **Geisel der Zivilisation** seines Zaubers beraubt wird und als Ort der Fantasie seine Daseinsberechtigung verloren hat.

Die **Entfremdung des Menschen von der Natur**, der Bruch mit dem Natürlichen wird durch die letzten drei eingerückten Verse visualisiert, die sich dennoch versöhnlich geben. Auffällig ist zunächst ihre **stärkere syntaktische und lyrische Ausgestaltung:** Ein vollständigerer Satzbau (vgl. V. 10 ff.), das Personalpronomen „wir" (V. 12), Anaphern (vgl. V. 10 ff.) sowie eine geordnetere Struktur führen zu einer **vollständigeren und persönlicheren Sprachlichkeit** und stellen einen deutlichen **Gegenpol** zur asyndetischen, formlosen Begriffsreihe in den Versen 1 bis 8 dar. Das Verb „bevorsteht" (V. 11) und das Nomen „Zukunft" (V. 13) richten den Blick nach vorn auf eine Zeit, die gegenwärtig zwar „vergessen[]" (V. 13) ist, aber nicht auf ewig verloren sein muss. Dementsprechend wird die Ablehnung des Einhorns durch den **Gebrauch des Präteritums** („das wir nicht wollten", V. 12) in die **Vergangenheit** projiziert. Somit erhält auch die Klammerung von „das Tier, das es nicht gibt" (V. 10) einen tieferen Sinn: Es besteht eine Chance, dass das Einhorn doch existiert, der Wald als Ort des Irrationalen hat womöglich eine **Daseinsberechtigung**, Mensch und Natur könnten wieder zueinanderfinden.

Versöhnung von Natur und Mensch möglich

Im direkten Vergleich von Heyses „Waldesnacht" und Eichs *„[WALD, BESTAND AN BÄUMEN, ZÄHLBAR]"* offenbaren sich Schnittmengen, aber auch Unterschiede. Beide Gedichte haben das **Verhältnis zwischen Wald und Mensch** als Thema gemein, allerdings könnte diese Beziehung kaum **gegensätzlicher** ausfallen:
Heyses „Waldesnacht" begreift den Wald als ein **wundersames Refugium**, als einen **Ort der Ursprünglichkeit**, an den sich ein lyrisches Ich aus einer Welt flüchtet, die ihm Seelenqualen bereitet. Heyse greift dabei auf das typisch **romantische Motiv** des Ausbruchs aus einer rauen Wirklichkeit zurück: Erst in völliger **Einheit mit der Natur** und durch Ausschluss der Welt jenseits des Waldes kann das „wilde[] Herz" wieder gesunden. Sprachlich ahmt Heyse die harmonische und heilsame Vereinigung von Wald und Mensch nach, indem er sein Gedicht regelmäßig und formschön gestaltet.
Eichs *„[WALD, BESTAND AN BÄUMEN, ZÄHLBAR]"* konfrontiert den Leser mit einer Zivilisation, die den Wald seiner mythischen Dimension beraubt hat und ihn nur noch als wirtschaftliche Nutzfläche wahrnimmt: Er wird faktorisiert, regelrecht zertrümmert und systematisch ausgebeutet. Als **Ort der Fantasie** hat er ausgedient. Entsprechend karg, nahezu asyntaktisch und gänzlich unpersönlich ist die erste Hälfte des Gedichts sprachlich gestaltet. Dennoch endet es auf einer versöhnlichen Note: Eine **Rückkehr des Menschen zur Natur**, eine **Remythisierung** des Waldes ist möglich, der „Zauberwald Merlins" ist greifbar – eine Perspektive, die Eich zu begrüßen scheint, da zuletzt die Poesie wieder Einzug in seine Dichtung hält.

Gedichtvergleich

Zusammenfassend lässt sich feststellen, dass beide Gedichte Produkte ihrer Zeit sind: Heyses „Waldesnacht" steht in der Tradition der **Romantik**, Eichs nüchtern-melancholisches *„[WALD, BESTAND AN BÄUMEN, ZÄHLBAR]"* verrät inhaltlich wie sprachlich deutliche Anklänge an die illusionslose, geerdete und karge **Kahlschlag- und Trümmerliteratur**.

Schluss
Gedichte als Produkte ihrer Zeit

**Aufgabenstellung**
Interpretieren und vergleichen Sie die beiden Gedichte.

**Thema:**
Natur und Mensch in der deutschsprachigen Lyrik vom Sturm und Drang bis zur Gegenwart

### Friedrich Matthisson (1761–1831): Vaucluse (veröffentlicht 1792)

Einsam grünender Ölbaum, der am wilden
Moosgesteine sich trauernd hinbeugt, atme
Kühlung über den Fremdling; Sommergluten
Sprühte der Maitag.

5 Hier wohnt Stille des Herzens; goldne Bilder
Steigen aus der Gewässer klarem Dunkel;
Hörbar waltet am Quell der leise Fittich
Segnender Geister.

Fleuch! Des Künftigen Traum verwallt in Nebel.
10 Eitle Schattengebilde des Vergangenen!
Einen Tropfen der Lethe nur, und Psyche
Schauert vor Wonne.

*Aus: Deutsche Dichtung im*
*18. Jahrhundert. Hrsg. von*
*A. Elschenbroich. München*
*1960, S. 383*

**Erläuterungen:**
Überschrift *Vaucluse* = Fontaine de Vaucluse. Dort entspringt die Quelle des Flusses Sorgue.
Vaucluse liegt in der südfranzösischen Provence nahe Avignon
Z. 7   *Fittich:* Flügel, Schutz; Vögel nehmen ihre Jungen unter ihre Fittiche
Z. 9   *Fleuch:* alte Form für „Fliehe"
Z. 11  *Lethe:* griechisches Wort für das Vergessen; Lethe ist einer der Flüsse der Unterwelt
in der griechischen Mythologie, wer davon trinkt, verliert die Erinnerung.
*Psyche:* griechisches Wort für die Seele und den Atem, auch Herz und Geist

### Sarah Kirsch (1935–2013): Im Sommer (veröffentlicht 1977)

Dünnbesiedelt das Land.
Trotz riesigen Feldern und Maschinen
Liegen die Dörfer schläfrig
In Buchsbaumgärten; die Katzen
5 Trifft selten ein Steinwurf.

Im August fallen Sterne.
Im September bläst man die Jagd an.
Noch fliegt die Graugans, spaziert der Storch
Durch unvergiftete Wiesen. Ach, die Wolken
10 Wie Berge fliegen sie über die Wälder.

Wenn man hier keine Zeitung hält
Ist die Welt in Ordnung.
In Pflaumenmuskesseln
Spiegelt sich schön das eigne Gesicht und
15 Feuerrot leuchten die Felder.

*Aus: Sarah Kirsch:*
*Rückenwind. Verlag*
*Langewiesche-Brandt*
*1977, S. 51*

## Hinweise und Tipps

Den beiden vorliegenden Gedichten ist das Motiv vom einfachen, aber glücklichen, idyllischen Landleben gemeinsam. Die sogenannte Idylle, die ganz allgemein die Schilderung eines friedlichen, sorglosen Daseins in ländlicher, natürlicher Umgebung beinhaltet und im 18. Jahrhundert sehr beliebt und verbreitet war, entstammt der antiken Dichtung. In dem Gedicht von Matthisson ist diese Tradition in verschiedener Hinsicht noch wirksam: Die Orientierung an den Idealen der Antike entsprach dem Optimismus und der Aufbruchsstimmung dieses Jahrhunderts. Idyllische Motive blieben der Naturlyrik zwar durch die Jahrhunderte erhalten, aber das antike Vorbild verschwand allmählich aus dem Gedächtnis. Von einer bedrohten Natur hingegen weiß das 18. Jahrhundert noch nichts, im späten 20. Jahrhundert kommt man ohne dieses Thema in der Naturlyrik gar nicht mehr aus.

Bei der Interpretation dieser Gedichte ist die Frage zu stellen, welche Funktion die Darstellung solch idyllischen Lebens in der Natur für den Menschen (im Gedicht) hat: Soll das sorglose Leben in der Natur nur sehnsüchtig in Erinnerung gerufen oder soll die bestehende Distanz zur Natur gar rückgängig gemacht werden? Und welche Rolle spielt das lyrische Ich? Tritt es wirklich im Gedicht auf oder versteckt es sich hinter den Bildern, sodass man selbst beim Lesen des Gedichts in die idyllische Situation hineingezogen wird?

Wie Sie bei einer vergleichenden Gedichtinterpretation vorgehen, können Sie auf S. 50 nachlesen. Der folgende Lösungsvorschlag gibt eine Möglichkeit an, wie eine vergleichende Gedichtinterpretation im Einzelnen aussehen kann. Unter der zeitlichen Vorgabe im Abitur werden Sie sicher nicht auf alle diese Aspekte eingehen können.

## Lösungsvorschlag in Grundzügen

Die beiden Gedichte „Vaucluse" von Friedrich Matthisson und „Im Sommer" von Sarah Kirsch sind in einem Abstand von fast 200 Jahren entstanden. Beide Gedichte handeln von einer in sich geschlossenen Naturszene, die von einer Atmosphäre großer Ruhe und Zeitlosigkeit getragen ist. **Schauplatz beider Texte** ist das Leben in einer **ländlichen Idylle**, fernab vom Getriebe der gesellschaftlichen Öffentlichkeit. Das Naturbild ist jeweils von der **warmen Jahreszeit** geprägt.

*Einleitung*

*Inhalt allgemein*

Matthissons Gedicht „Vaucluse" besteht aus **drei völlig gleich gebauten, reimlosen Strophen** mit einem festen metrischen Rahmen. Jede Strophe wird gebildet aus drei Versen zu elf Silben und fünf Hebungen und schließt mit einem zweihebigen Kurzvers ab. Das vorherrschende Metrum ist der auftaktlose Trochäus. Fast alle Verse innerhalb einer Strophe sind durch Enjambements verbunden, Ausnahmen bilden die Verse 6, 9 und 10. Bei der strengen, strophisch gegliederten Form handelt es sich um eine **Ode**, wie sie gern im 18. Jahrhundert für bedeutende Themen wie Gott, Liebe und Natur verwendet wurde. Die einzelnen Strophen bestehen aus jeweils vier Versen und sind reimlos, der letzte Vers ist verkürzt.

*Interpretation von F. Matthisson: Vaucluse*

*Formbetrachtung*

In der ersten Strophe des Gedichts wird ein Ölbaum in einem einzigen über drei Verse hinweg führenden Satz angesprochen. Der Ölbaum, charakteristisches Gewächs des mediterranen Südens, wird darum gebeten, einem unbekannten und in diesem Landstrich offenbar fremden Besucher Schatten zu spenden. Der Baum wird personifiziert, er wird mit **Attributen des Menschlichen** versehen, die eine **melancholische Stimmung** verbreiten, indem er „[e]insam grün[t]" (V. 1) und sich „trauernd hinbeugt" (V. 2).

*1. Strophe*

Einsam ist auch der „Fremdling", der unter dem grünen Schutzschirm des Ölbaums einen schattigen Aufenthaltsort findet. Durch die personifizieren-den Adjektive (*einsam* und *trauernd*) und das *Atmen* als charakterisierende Lebensaktivität des Ölbaums wird dieser Naturraum an der Flussquelle mit **menschlichen Qualitäten und Empfindungen** aufgeladen.

Das **Enjambement**, das den ersten Satz der ersten drei Verse zusammen-hält, verbildlicht auch formal die Weite des Schattenraums, den der Öl-baum dem Besucher der Quelle spendet. Das Enjambement zum letzten Vers hin entspricht dem Bild einer sich wie das Quellwasser des Flusses versprühenden sommerlichen Hitze.

In der zweiten Strophe ist der Fremdling gewissermaßen am Ort angekom-men. Der unbekannte Sprecher konstatiert in einem kurzen Satz die **„Stille des Herzens"** (V. 5). An dieser Stelle kommt der Versfluss ins Stocken und die Stille wird durch diese kleine Zäsur hörbar gemacht.

2. Strophe

Wie eine Erläuterung dieser ersten kurzen Aussage wirkt die Fortsetzung dieser Strophe: Die goldenen Bilder, die aus dem Quellgrund aufsteigen, lassen sich ebenso als **Natureindruck** verstehen, wie sie dem Bereich des menschlichen Vorstellungsvermögens, der **Fantasie**, zugeordnet werden können. Stille, Ruhe und Einkehr sind die Voraussetzungen, dass diese Bilder an die Oberfläche des Bewusstseins treten können.

Wie in der ersten Strophe werden die einzelnen Naturelemente durch den **Kontrast** belebt, der hier jedoch gesteigert wird: Ein **Paradoxon** ist das „klare[] Dunkel" (V. 6) der Gewässer ebenso wie der „leise Fittich" der Geister, der „[h]örbar" (V. 7) waltet. Entgegengesetzt ist auch die Bewe-gungsrichtung der Bilder und Töne: Von unten steigen die Bilder aus dem Quellgrund oder dem Grund des Unterbewussten auf, während der Segen immer von oben kommt.

Rückbezug zur 1. Strophe

Das Bild vom „Fittich / Segnender Geister" (V. 7 f.) ist wiederum doppel-deutig **als Naturbild wie als Bild seelischer Vorgänge** zu verstehen: Mit dem akustisch vernehmbaren Fittich verbindet sich einerseits die Vorstel-lung vom Vogel, der seine Flügel schützend über seine Jungen ausbreitet, andererseits ist dieses Bild metaphorisch auf die Atmosphäre von Wohlbe-finden und Geborgenheit zu übertragen, die dieser idyllische Ort ausstrahlt.

Bildlichkeit / Metaphorik in der 2. Strophe

Aus solcher Einstimmung auf Seelenruhe und inneren Frieden wird der Leser dieses Gedichts zu Beginn der letzten Strophe fast jäh aufgeschreckt durch den schroffen **Imperativ** „Fleuch!" (V. 9). Das ist eine Aufforderung, die in die kontemplative Ruhe des Herzens eindringenden Vorstellungsin-halte aus dem Bewusstsein zu verbannen. Die ersten beiden Verse, in de-nen Satz- und Versende erstmals zusammenfallen, zeigen das genauer. Der Aufforderung „Fleuch!" folgt eine Konkretisierung. Es werden nun jene Inhalte benannt, die es zu vergessen gilt: nämlich „[d]es Künftigen Traum" (V. 9), der aber – wiederum paradox – als ein „Schattengebilde des Ver-gangenen" (V. 10) bezeichnet wird. Es sind also damit Erinnerungen ge-meint, die zudem als eitel (vgl. V. 10) bezeichnet werden, was im 18. Jahr-hundert durchaus eine negative Formel war, die auf etwas Vergängliches und Nichtswürdiges deutete.

3. Strophe

Das **Spiel mit den Kontrasten**, das schon in den ersten beiden Strophen auffallend war, findet hier in der dritten Strophe eine weitere Steigerung: Dadurch, dass der Zukunftstraum mit der Erinnerung an Vergangenes gleichgesetzt wird, wird das Paradoxon um den Aspekt der Zeitlichkeit er-weitert. Es geht offenbar darum, die Zeitlichkeit des Daseins überhaupt

Rückbezug und Abgrenzung zur 1. / 2. Strophe

aus dem Bewusstsein zu vertreiben – sei es als Vergangenheit, sei es als Zukunft – und sich ganz dem gegenwärtigen **Glück des Augenblicks** hinzugeben.

Auch in dieser letzten Strophe vermischt sich mit dem Bild der Natur unmittelbar etwas Seelisches, nämlich das **Vergessen**, das mit der mythologischen Anspielung an den antiken Fluss der Lethe gemeint ist. Matthisson bleibt bis zum Schluss im Mythologischen und verwendet die antike Bezeichnung „Psyche" anstatt des deutschen Ausdrucks „Seele". Durch das Vergessen ist das **Gegenwartsglück offenbar vollendet** „und Psyche / Schauert vor Wonne" (V. 11 f.).

Sprechersituation

Die Sprechersituation der dritten Strophe ähnelt der der ersten Strophe, indem eine Aufforderung von einem **unbekannten lyrischen Subjekt** ausgesprochen wird. Der Ton dieser Aufforderung ist allerdings wesentlich intensiver geworden. Es bleibt dabei offen, an wen die Aufforderung sich richtet: an den Sprecher selbst, an den „Fremdling" oder jeden anderen, der sich in einem derartigen Naturraum einfindet – alles ist denkbar. Ein lyrisches Ich, das von seinen subjektiven Empfindungen spricht, ist nicht zu erkennen; die Befindlichkeit des Menschen schlechthin wird durch Natur versinnbildlicht. Auch die antike Mythologie des Schlussbildes hat **nichts Individuelles** an sich. Der Tropfen der Lethe, der zu den Wonneschauern der Seele führt, gilt ganz allgemein und kein besonderes lyrisches Ich tritt dabei in Erscheinung.

Bezug zur Überschrift

Von der Natur selbst ist zum Schluss fast nicht mehr die Rede. Es bedarf „[e]ine[s] Tropfen[s] der Lethe nur" (V. 11), um das zeitenthobene Gegenwartsglück ganz zu genießen. Hier klingt das **Thema des Quellwassers** an, das schon im Titel „Vaucluse", der direkt auf die Quelle („Fontaine de Vaucluse") verweist, gegeben ist. In der ersten Strophe findet man dieses Thema in den „**Sommergluten**" wieder, die der Maitag wie ein Gewässer versprüht. Und vom Wasser ist explizit in der zweiten Strophe die Rede, wenn die „**Bilder** […] **aus der Gewässer klarem Dunkel**" (V. 5 f.) steigen.

Bedeutung der Jahreszeit

In der ersten Strophe zeigt die Erwähnung des Maitags die **Jahreszeit Frühling** an. Der idyllische Ort an einer Quelle wird mit menschlicher Empfindsamkeit so ausgestattet, dass das Naturbild die **Folie** für eine etwas melancholische (1. Strophe) und besinnliche / kontemplative (2. Strophe) sowie augenblickserfüllte (3. Strophe) seelische Stimmung abgibt. Menschliche und natürliche Bewegung stehen in reizvollem Kontrast zur metrischen Strenge der Odenform. Es entfaltet sich in dem Gedicht „Vaucluse" eine Situation, in der sich Mensch und Natur, dem Ideal des 18. Jahrhunderts gemäß, ganz in harmonischem Einklang befinden.

Epochenbezug

Das Gedicht mit dem Titel „Im Sommer" von Sarah Kirsch wurde 1977 veröffentlicht und entstammt der Zeit, in der die Dichterin noch in der DDR (Ostberlin) lebte.

**Interpretation von S. Kirsch: Im Sommer**

Es besteht ebenfalls aus drei Strophen, die hier aus je fünf Versen gebildet werden, denen **keine strenge Bauform** zugrunde liegt. Die Verse sind von unterschiedlicher Länge, reimlos und meist durch Zeilensprung miteinander verbunden. Die Sprache ist einfach, gut verständlich und wie in vielen modernen Gedichten der Prosa angenähert.

Formbetrachtung

Auch dieses Gedicht handelt von einer idyllischen Welt in ländlicher Umgebung. Allerdings ist die spätsommerliche Idylle nicht frei von äußeren

Thema

Bedrohungen und Unsicherheiten, die sich (durchgängig) in jeder einzelnen Strophe bemerkbar machen.

Die erste Strophe setzt mit einer eher düsteren Stimmung landschaftlicher **Einöde** ein. Man kann sich hier die großflächige Felderwirtschaft der landwirtschaftlichen Produktionsgenossenschaften in der ehemaligen DDR gut vorstellen. Doch schon im zweiten Vers, der dieses Bild noch um den anonymen Maschinenbetrieb erweitert, bewirkt die vorangestellte Präposition „Trotz" eine Abschwächung dieser etwas unwirtlichen Atmosphäre. Die Erwähnung der „Dörfer" (V. 3) und der „Katzen" (V. 4) **belebt die Szene** um Mensch und Tier; die „Buchsbaumgärten" (V. 4) stehen für den abgegrenzten und zweckfreien Naturraum, der **Geborgenheit** vermittelt. Er befindet sich im **Kontrast zur Weite der öden Felder** in der großindustriell betriebenen Landwirtschaft. Mit den Dörfern belebt sich die Szene auch grammatisch: Die Syntax wird vollständig, während die Beschreibung der industriellen Welt elliptisch verknappt ist.

In dieser ersten Strophe steht also der traditionellen Lebensordnung des Dorfes, in dem Mensch und Natur in **friedlicher Eintracht** leben, unübersehbar die Welt der großindustriellen Landwirtschaft gegenüber. Die dörfliche Idylle ist weniger ein Flucht- und Erholungsraum als eine **an den Rand gedrängte** und in ihrer Existenz bedrohte, aber friedliche Welt.

1. Strophe

Wie man dort lebt, davon handelt die zweite Strophe: Man bewegt sich im **Zyklus der Jahreszeiten**, liest aus den Sternschnuppen des Augusthimmels ein Glücksversprechen und geht im September zur Jagd. Graugans und Storch sieht man hier „[n]och" (V. 8) spazieren und fliegen, als wären sie nicht längst aus ihren heimischen Lebensräumen vertrieben. Doch zeigt sich die Idylle trotz des Lebens im Rhythmus der Natur als **bedroht** durch die verräterische Einfügung des Adverbs „noch". Denn damit wird zugleich von der **Vergänglichkeit und der Gefährdung der Natur** gesprochen. Es wird ein Bewusstsein von der **Vernichtung der Arten** deutlich, das aus dem Erleben der Natur nicht mehr wegzudenken ist. Ähnlich wirkt der Hinweis auf die „unvergiftete[n] Wiesen" (V. 9). Sie sind zwar *noch* unvergiftet, aber gerade diese Aussage zeigt, dass der Zustand der Wiesen **nichts Selbstverständliches** mehr ist, denn die hier verneinte Wirklichkeit ist woanders Realität, wo die Wiesen eben schon vergiftet sind.

Am Ende dieser Strophe wendet sich der Blick wie anfangs in die Vertikale zum Himmel. Das Bild von den Wolken, die wie Berge über die Wälder fliegen (vgl. V. 9 f.), vermittelt den Eindruck einer **außerordentlichen Naturschönheit**. Es hat ebenso wie dasjenige der Sternschnuppen nichts Bedrohliches oder Vergängliches an sich. Im Gegenteil: Berge sind von unzerstörbarer Festigkeit und Dauerhaftigkeit. Aber diesem Bild ist die Interjektion „Ach" (V. 9) vorangestellt, durch die sich ein lyrisches Ich erstmals unmittelbar bemerkbar macht. Das bedeutet, dass diesem Natureindruck **Wehmut und Melancholie** beigemischt wird. Denn trotz des Vergleichs der dahineilenden Wolken mit den dauerhaften Bergen teilt sich hier doch auch der **Eindruck des Flüchtigen** mit, der sich an die Schilderung der bedrohten Idylle in den vorigen Versen unmittelbar anschließt. Die Interjektion „Ach" wirkt dann wie der Ausdruck von Trauer und **Sehnsucht nach einer unzerstörten Natur**.

2. Strophe

Blickrichtung / Perspektive

Wirkung auf den Leser

In der letzten Strophe finden sich **farbige, herbstlich anmutende Bilder:** Pflaumen sind eine Frucht des weit fortgeschrittenen Sommers und der herbstlichen Jahreszeit. Das eigene „Gesicht" (V. 14) in den „Pflaumen-

3. Strophe

muskesseln" (V. 13) steht hier ganz allgemein für **das Menschliche**. Die
Beschreibung der dörflichen Idylle und ihrer Randexistenz im sich bedrohlich erweiternden Raum der Industrie konzentriert sich hier zuletzt ganz
auf den Menschen selbst, der sich selbst **in der Natur wiederzuerkennen**
vermag. In diesem Sinne ist „die Welt in Ordnung" (V. 12), nichts Zerstö-
rerisches ist in Sicht. Und doch gibt es auch hier wieder eine Einschrän-
kung **in Form der Bedingung**, die täglichen Nachrichten aus der Welt zu
ignorieren. Nur „[w]enn man hier keine Zeitung hält" (V. 11), kann diese
dörfliche, friedliche Ordnung unhinterfragt bleiben. Die Bedrohung ist
also auch in diesem Schlussbild wieder da, denn die Nichtbeachtung der
aktuellen politischen und gesellschaftlichen Veränderungen, von denen die
Zeitungen berichten, kann schließlich niemandem dazu verhelfen, sie
unwirksam zu machen. Sie kann allenfalls bewirken, die Schönheit der
vergänglichen Idylle nochmals voll auszukosten.

Von dieser **Ambivalenz** zwischen idyllischer Schönheit und äußerer Bedrohung spricht auch der letzte Vers: „Feuerrot leuchten die Felder"
(V. 15). Die Betonung liegt hier durch die Stellung am Versanfang auf
dem Adjektiv „feuerrot". Darin ist einerseits die von der Sonne und den
Farben des Herbstes durchglühte Natur enthalten, andererseits aber auch
ein Anklang an die zerstörerische Kraft des Elements Feuer.

Ambivalenz<br>der Bildlichkeit

In allen drei Strophen des Gedichts „Im Sommer" von Sarah Kirsch wird
ein idyllisches Leben im Einklang mit der Natur aufgezeichnet und festgehalten. Es wird aber deutlich, dass es **keine ungestörte Idylle** mehr geben
kann. Denn die Auswüchse der landwirtschaftlichen Produktion (1. Strophe), die verbreitete Vergiftung der Felder und Vernichtung einheimischer
Tierarten (2. Strophe) und die unaufhaltsamen gesellschaftlichen Entwicklungen, von denen die Zeitungen künden (3. Strophe), zeigen, dass die
**Bedrohung** dieses harmonischen Einklangs **allgegenwärtig** ist. Doch
indem Sarah Kirsch die Schönheit dieser bedrohten Welt im Gedicht ver-
gegenwärtigt, hält sie die Erinnerung an das „**noch Unvergiftete**" wach.
Der Mensch, der sich in der Natur wiederfindet, existiert noch und er
möchte auch nicht aufhören, die Natur so zu erhalten und zu gestalten,
dass er sich in ihr **wiedererkennt**.

Zusammen-<br>fassung: Idylle<br>zwischen<br>Bedrohung und<br>Schönheit

Obwohl die beiden Gedichte hinsichtlich ihrer Entstehungszeit sehr weit
auseinanderliegen, herrscht eine **Gemeinsamkeit bezüglich des Naturbil-
des** vor: Natur wird verstanden als ein **Ort der Zuflucht und der Geborgenheit** sowie als Raum für die Selbstentfaltung des Menschlichen.
Allerdings besteht zwischen den **örtlichen Gegebenheiten** ein Gegensatz,
denn die Wahl des südfranzösischen „Vaucluse" zeigt eine gewisse Exklu-
sivität des Ortes an: Das erwachende Naturgefühl des 18. Jahrhunderts be-
traf zunächst überwiegend das gehobene und gebildete städtische Bürgertum, das die Natur aus der Distanz der Muße betrachten konnte. Bei
Sarah Kirsch hingegen handelt es sich um irgendein Dorf in der ehemaligen DDR. Das zeigt, dass im 20. Jahrhundert die Bedrohung der Idylle
allgegenwärtig ist.

**Gedicht-
vergleich**<br><br>Gemeinsamkeiten<br>und Unterschiede<br>allgemein

Die exklusive Ortswahl bei Matthisson spiegelt sich auch in der strengen,
strophisch gegliederten Form. Bei Kirsch hingegen ist die Sprache eher
alltäglich und der Prosa angenähert.

Bei der **Ausgestaltung der idyllischen Situation** sind erstaunlich viele Gemeinsamkeiten in den beiden Gedichten enthalten:
Im Zentrum der jeweils ersten Strophe steht die Beschreibung der jeweiligen Örtlichkeit – bei Matthisson ist es der **südliche Ölbaum**, der den schattigen Raum an der Quelle der Sorgue repräsentiert, bei Kirsch sind es die Buchsbaumgärten, die die **dörfliche Idylle** von der hässlichen äußeren Umgebung abgrenzen.
In der zweiten Strophe beider Gedichte wird das menschliche Dasein in diesen Räumen jeweils näher spezifiziert und beschrieben. Bei Matthisson vermischen sich **Inneres und Äußeres**, verschmilzt die „Stille des Herzens" mit den optischen und akustischen Eindrücken der friedlichen Umgebung zu einer Einheit. Bei Kirsch gelingt es dem Menschen in der hier beschriebenen Jahreszeit des Sommers und des frühen Herbstes, ganz im **Einklang mit der Natur** zu leben.
In der jeweils dritten Strophe ist auf verschiedene Weise davon die Rede, dass eine **gewisse Ignoranz** nötig ist, um diesen Moment des Einklangs von Mensch und Natur voll auskosten zu können. Bei Matthisson ist es der Wassertropfen des Letheflusses, der das Vergessen und Ausblenden störender Erinnerungen bewirken soll. Bei Kirsch sind es die politischen Nachrichten aus der Zeitung, die zu ignorieren sind, um in den vollen Genuss des glücklichen Augenblicks zu kommen.

Gemeinsamkeiten von Strophe zu Strophe

Es besteht jedoch auch ein **grundlegender Gegensatz** zwischen den beiden Texten aus dem 18. und dem 20. Jahrhundert: In der dörflichen Idylle bei Kirsch ist die bedrohte Natur des späten 20. Jahrhunderts allgegenwärtig. Die Idylle ist an den Rand gedrängt, aber in dieser **Randexistenz** behauptet sie sich gegen die andrängende Zerstörung von außen.
Im Gedicht von Matthisson ist die Jahreszeit der in seiner südlichen Hitze schon fast sommerlich anmutende Frühling. Der Frühling als die Zeit des Aufbruchs war in der Naturdichtung des 18. Jahrhunderts die bevorzugte Jahreszeit, denn er entsprach dem **aufkeimenden Naturgefühl** dieser Epoche. Die Naturbilder bei Matthisson sind überall eng mit dem Ausdruck seelischer Empfindungen verbunden. Die Einheit von Mensch und Natur beruht hier auf dem **harmonischen Zusammenspiel** von äußeren Naturbewegungen und innerer, seelischer Befindlichkeit.

Unterschiede von Strophe zu Strophe

In beiden Gedichten herrscht eine **melancholische Grundstimmung** vor. Während sie bei Kirsch auf dem Bewusstsein der äußeren Naturbedrohung beruht, ist sie bei Matthisson ganz allgemein als Zeichen einer aufkommenden Empfindsamkeit zu verstehen.

Schluss

**Aufgabe:**

– Interpretieren Sie den Textauszug im Kontext der vorangegangenen Handlung.
– Büchners „Dantons Tod", Frischs „Homo faber" und Stamms „Agnes": Untersuchen Sie in
  einer vergleichenden Betrachtung die Bedeutung, die Lucile für Camille, Sabeth für Faber
  und Agnes für den Ich-Erzähler hat.

[Bitte beachten Sie, dass der Schwerpunkt der Gewichtung auf der zweiten Teilaufgabe liegt.]

**Georg Büchner: Dantons Tod. 2. Akt, 3. Szene (Auszug)**

CAMILLE: Was sagst du Lucile?
LUCILE: Nichts, ich seh dich so gern sprechen.
CAMILLE: Hörst mich auch?
LUCILE: Ei freilich.
5  CAMILLE: Hab ich Recht? Weißt du auch, was ich gesagt habe?
LUCILE: Nein wahrhaftig nicht.
*(Danton kömmt zurück.)*
CAMILLE: Was hast du?
DANTON: Der Wohlfahrtsausschuss hat meine Verhaftung beschlossen. Man hat mich ge-
10  warnt und mir einen Zufluchtsort angeboten. Sie wollen meinen Kopf, meinetwegen. Ich
bin der Hudeleien überdrüssig. Mögen sie ihn nehmen. Was liegt daran? Ich werde mit
Mut zu sterben wissen, das ist leichter, als zu leben.
CAMILLE: Danton, noch ist's Zeit.
DANTON: Unmöglich, – aber ich hätte nicht gedacht.
15  CAMILLE: Deine Trägheit!
DANTON: Ich bin nicht träg, aber müde. Meine Sohlen brennen mich.
CAMILLE: Wo gehst du hin?
DANTON: Ja, wer das wüsste!
CAMILLE: Im Ernst, wohin?
20  DANTON: Spazieren, mein Junge, spazieren! *(Er geht.)*
LUCILE: Ach Camille!
CAMILLE: Sei ruhig, lieb Kind.
LUCILE: Wenn ich denke, dass sie dies Haupt! Mein Camille! das ist Unsinn, gelt, ich bin
wahnsinnig?
25  CAMILLE: Sei ruhig, Danton und ich sind nicht Eins.
LUCILE: Die Erde ist weit und es sind viel Dinge drauf, warum denn grade das eine? Wer
sollte mir's nehmen? Das wäre arg. Was wollten sie auch damit anfangen?
CAMILLE: Ich wiederhole dir, du kannst ruhig sein. Gestern sprach ich mit Robespierre, er
war freundlich. Wir sind ein wenig gespannt, das ist wahr, verschiedne Ansichten, sonst
30  nichts!
LUCILE: Such ihn auf.
CAMILLE: Wir saßen auf einer Schulbank. Er war immer finster, und einsam. Ich allein
suchte ihn auf und machte ihn zuweilen lachen. Er hat mir immer große Anhänglichkeit
gezeigt. Ich gehe.
35  LUCILE: So schnell, mein Freund? Geh! Komm! Nur das *(sie küsst ihn)* und das! Geh! Geh!
*(Camille ab.)*
LUCILE: Das ist eine böse Zeit. Es geht einmal so. Wer kann da drüber hinaus? Man muss
sich fassen.

Ach Scheiden, ach Scheiden, ach Scheiden
40 Wer hat sich das Scheiden erdacht?
Wie kommt mir gerad das in Kopf? Das ist nicht gut, dass es den Weg so von selbst findet.
Wie er hinaus ist, war mir's als könnte er nicht mehr umkehren und müsse immer weiter
weg von mir, immer weiter.
Wie das Zimmer so leer ist, die Fenster stehn offen, als hätte ein Toter drin gelegen. Ich
45 halt es da oben nicht aus. *(Sie geht.)*

*Georg Büchner: Dantons Tod. Stuttgart: Reclam Verlag 2008, S. 38 ff.*

---

## Lösungsvorschlag in Grundzügen

### Hinweise und Tipps

### Einleitung
Bedenken Sie, eine Einleitung zu formulieren, die dem gesamten Aufsatz gerecht wird und sich auch auf den vergleichenden zweiten Teil, der ja den Schwerpunkt bildet, bezieht.

### Teilaufgabe 1
Der **kontextuelle Einbezug** der vorangegangenen Handlung kann natürlich zunächst als Block erfolgen. Dabei besteht allerdings die Gefahr, dass die relativ komplexen Geschehnisse des Schauspiels Szene für Szene fast im Stile einer Nacherzählung wiedergegeben werden. Sinnvoller ist es, nur in den unmittelbar vorausgegangenen Kontext einzuführen, d. h. im gegebenen Fall kurz auf das Gespräch zwischen Danton und Camille Bezug zu nehmen, mit dessen Ende die Textvorlage ihren Ausgang nimmt. Andere wichtige vorausgegangene Aspekte können Sie dann hinzufügen, wenn diese im Verlauf der Interpretation für das Verständnis der vorgegebenen Textstelle wichtig werden (z. B. der Wohlfahrtsausschuss, Dantons zögerliches Verhalten, der Antagonismus zwischen ihm und Robespierre und der Beschluss des Letzteren, auch Camille zu opfern). Sodann ist es wichtig, sich noch einmal vor Augen zu führen, dass der Basisoperator „Interpretieren" die Analyse des Textes miteinschließt, d. h., dass Sie die **sprachliche und dramatische Gestaltung** des Textes (z. B. Regieanweisungen, Ausrufe, Ellipsen, Wiederholungen etc.) **funktional in die Deutung einarbeiten** sollen. Unverzichtbar sind **Textbelege**, sei es durch direkte oder indirekte Zitate mit Verweis auf die Zeile der Textvorlage bzw. auf die Seite (ggf. auch Akt und Szene) der jeweiligen Lektüre.

### Teilaufgabe 2
Wichtig ist es, sich für die zweite Teilaufgabe genügend Zeit zu nehmen; zum einen bildet sie den **Schwerpunkt**, zum anderen ist hier ein Vergleich zwischen drei (!) Lektüren anzustellen. Dabei sollte die Aufgabenstellung genau gelesen werden: Wenn es gilt, die Bedeutung der Frau für den Mann zu untersuchen, dann heißt dies, dass **der Mann jeweils im Zentrum der Untersuchung** steht, er ist es ja, dem die Frau etwas bedeutet bzw. nicht bedeutet. Der Vergleich kann grundsätzlich blockweise oder auch aspektorientiert parallel erfolgen. Im vorliegenden Aufsatz werden die Liebesbeziehungen nacheinander in der Reihenfolge des Erscheinungsjahres der Lektüre behandelt. Diese Vorgehensweise erscheint angemessener, um der Komplexität des Themas gerecht zu werden.
Selbstverständlich können in einer vergleichenden Betrachtung nicht alle Aspekte erschöpfend zur Sprache kommen; wichtig ist eine **aussagekräftige und differenzierte Gegenüberstellung unter dem vorgegebenen Blickwinkel**. Eine detaillierte Textarbeit steht nicht im Fokus, wohl aber können – wie hier der Fall – zentrale Aussagen durch Belegangaben gesichert werden.

Die **Liebe in Paarbeziehungen** ist ein die Weltliteratur beherrschendes Thema über alle Zeiten hinweg. Auch in den drei vorgegebenen Werken spielt die Liebe in ihren verschiedenen Ausformungen eine zentrale Rolle. In Georg Büchners Drama „Dantons Tod" von 1835 sind es gleich zwei Liebesbeziehungen – die des Titelhelden zu Julie und die seines Freundes Camille zu Lucile –, die einen starken Kontrast zu den blutigen politischen Ereignissen der Französischen Revolution bilden. Der Protagonist in dem Roman „Homo faber" von Max Frisch aus dem Jahre 1957 vermengt dagegen zwei Arten der Liebe, indem er zunächst nicht erkennen will, dass die junge Geliebte Sabeth seine eigene Tochter ist. Und auch in der 1998 erschienenen Prosalektüre „Agnes" von Peter Stamm werden zwei Ebenen miteinander vermischt: zum einen die Liebesgeschichte, wie sie sich im Roman ereignet, und zum anderen die Liebesgeschichte, die das männliche Ich darin entwirft und niederschreibt. Im folgenden Aufsatz sollen nun die Besonderheiten dieser Liebesbeziehungen unter der konkreten Fragestellung, welche Bedeutung Lucile für Camille, Sabeth für Faber und Agnes für den Ich-Erzähler haben, genauer untersucht werden. Dass die Analyse dieser Paare ihren Ausgangspunkt nicht von der Hauptfigur Danton, sondern von dessen Freund Camille her nimmt, hat ihren Grund in der vorgegebenen Textstelle, die zunächst entsprechend der Aufgabenstellung einer Interpretation unterzogen wird.

Einleitung

Die dem Drama „Dantons Tod" entnommene Textvorlage aus dem zweiten Akt beinhaltet einen **Dialog des Ehepaares Camille und Lucile Desmoulins**, nachdem der Titelheld vorübergehend den Raum verlassen hat. Direkt zuvor hatten sich die beiden Freunde in dieser Szene in ein Gespräch über die Kunst und ihr Verhältnis zur Wirklichkeit vertieft (vgl. II, 3). Camille kritisiert darin die Menschen, dass sie die Schönheit der Schöpfung, die er selbst leidenschaftlich als „glühend, brausend und leuchtend" (S. 38) beschreibt, nicht genügend wahrnehmen und sich stattdessen an der vorgegaukelten Welt des Theaters und der Romane erfreuen würden. Erst als Danton herausgerufen wird, scheint er seine Frau zu bemerken und möchte ihre Meinung zu dem Thema wissen. Doch Lucile scheint weder etwas dazu sagen zu wollen (vgl. Z. 2) noch hat sie den Inhalt seiner Rede wirklich verfolgt (vgl. Z. 6). Man gewinnt zunächst den Eindruck, dass sich in der kurzen Aufeinanderfolge von Rede und Gegenrede nicht gerade ein tieferes Verständnis der Eheleute füreinander, sondern eher eine gewisse Unachtsamkeit, vielleicht sogar Desinteresse widerspiegelt. Doch das Gegenteil scheint bei genauerer Betrachtung der Fall zu sein. **Lucile fühlt sich zu ihrem Ehemann hingezogen**, sie **hängt** förmlich **an seinen Lippen** (vgl. Z. 2: „ich seh dich so gern sprechen") und bestätigt damit seine Rede von der Schönheit des Augenblicks in der Schöpfung viel eindringlicher, als wenn sie deren Inhalt theoretisch begriffen hätte. Wie wichtig Camille für Lucile ist, wird auch in der Folge dieses Dialoges deutlich.

**Teilaufgabe 1**
Zusammenhang der Textstelle

Luciles Liebe zu Camille

Vorerst aber werden die beiden durch die **Rückkehr Dantons** und die Nachricht unterbrochen, dass im Wohlfahrtsausschuss, also in der zentralen Schaltstelle der Revolution, die **Verhaftung des Titelhelden** beschlossen worden ist. Für den Leser kommt diese Entscheidung nicht überraschend. Schon zu Beginn des Dramas wird deutlich, dass Danton mit seinen Anhängern unter den revolutionären Gruppen eine gemäßigte Haltung vertritt und sich gegen ein weiteres Blutvergießen wendet. Eine Gegenposition dazu bildet der einflussreiche **Robespierre**, der in seiner Rede im Jakobiner-

Drohende Verhaftung des Titelhelden

klub (vgl. I, 3) das Volk davon überzeugt, dass die revolutionären Ziele von Freiheit und Gleichheit nur durch eine Politik des Schreckens durchzusetzen seien. Die gegensätzlichen Anschauungen erfahren noch eine Zuspitzung, als die Widersacher am Ende des ersten Aktes aufeinandertreffen: Während Robespierre das Handeln nach einem **radikalen Tugendbegriff** ausrichten will, steht Danton als Epikureer umgekehrt für das **Lustprinzip**, indem er davon ausgeht, dass alle Menschen letztlich nur nach Genuss streben, und wenn es nur der Genuss sei, sich für besonders tugendhaft zu halten (vgl. I, 6, S. 25). Damit hat er bei Robespierre genau den wunden Punkt getroffen und sich gleichzeitig zu dessen schlimmstem Feind gemacht, der vernichtet werden muss.

Die **Reaktion** in dem vorgegebenen Textausschnitt **auf Dantons bevorstehende Verhaftung** fällt sehr unterschiedlich aus. Der Betroffene selbst wirkt zunächst gefasst, beinahe gleichgültig und spielt seine drohende Enthauptung herunter: „Sie wollen meinen Kopf, meinetwegen. Ich bin der Hudeleien überdrüssig." (Z. 10 f.) Allerdings erscheint sein furchtloser Entschluss, „mit Mut zu sterben" (Z. 11 f.), vor dem Hintergrund seiner späteren panischen Todesangst (vgl. IV, 3) fragwürdig. Auch die im Anschluss schon fast gestammelte Aussage kündet von innerem Aufruhr und Unsicherheit. Dem Mann, der sonst mit Rhetorik und Sprache förmlich spielt, scheinen die Worte zu fehlen, wie der elliptische Satzbau anzeigt (vgl. Z. 14). Offenbar hat Danton nicht mit seiner Festnahme gerechnet (vgl. Z. 14: „ich hätte nicht gedacht") und tatsächlich an seine noch kurz zuvor wie zu einer Beschwörung wiederholte Parole (vgl. II, 1, S. 33: „sie werden's nicht wagen") geglaubt. All dies zeigt eine **widersprüchliche Haltung**, die **charakteristisch für Danton** ist. Todessehnsucht, wie sie sich im Gespräch mit Julie gleich in der ersten Szene andeutet, Fatalismus und Lebensüberdruss, dem schon die tägliche Prozedur des Ankleidens zuwider ist (vgl. II, 1), wechseln mit Lebenserhaltungtrieb und dem Glauben ab, man könne ihn „noch nötig haben" (I, V, S. 24). Die Mischung dieser gegensätzlichen Gefühle bedingt Dantons Passivität und Unentschlossenheit.

**Camille** ist dagegen derjenige, der im vorliegenden Dialog den Titelhelden angesichts der drohenden Verhaftung **zum Handeln antreiben** will und in einem Ausruf dessen Trägheit beklagt (vgl. Z. 13 und 15). Er möchte über die nächsten Schritte Aufschluss erhalten, wird aber nur erneut mit der Ziellosigkeit des Freundes konfrontiert, der anstelle eines Fluchtplanes oder einer politischen Aktion lediglich äußert, spazieren gehen zu wollen (vgl. Z. 20). Tatsächlich wird ihn der Leser in der folgenden Szene auf freiem Feld vorfinden, wo er sich letztlich gegen eine Flucht – aus der Stadt oder auch aus dem Leben – und mit einer erneuten Beschwörungsformel für das Bleiben entscheidet (vgl. II, 4).

Nach Dantons Weggang rückt **Luciles Sorge um ihren Gatten** in den Mittelpunkt. Sie fürchtet, dass auch ihm die Enthauptung droht, kann aber diesen entsetzlichen Gedanken nicht zu Ende aussprechen; allein die bloße Vorstellung, dass man ihr den Kopf des geliebten Mannes wegnehmen könne, macht sie wahnsinnig (vgl. Z. 23 f.). Camille versucht sie mehrfach zu beruhigen (vgl. die sich steigernde dreimalige Nennung des Wortes „ruhig"), indem er sie zunächst wie ein kleines Kind besänftigt (vgl. Z. 22), ihr dann klar macht, dass Dantons Schicksal nicht seines sei (vgl. Z. 25), und schließlich die bedrohliche Lage herunterspielt und darauf verweist, sich noch gestern mit Robespierre freundlich ausgetauscht zu haben (vgl. Z. 28 ff.). Dabei weiß der Leser, dass Camille untertreibt, wenn er von einer leichten Anspannung spricht, **hatte er doch noch vor Kurzem Robespierre in einem Pamphlet als Blutmessias beleidigt** (vgl. I, 6, S. 29). Dass er selbst deshalb bereits auch auf der Todesliste steht (vgl. ebd.), kann oder will er jedoch nicht ahnen, vielmehr betont er die Anhänglichkeit des früheren Schulfreundes und scheint auf die Aufforderung seiner Frau hin breit, ihn sofort aufzusuchen.

Doch der plötzliche Abschied der Eheleute scheint Lucile zu überfordern. **Sie ist hin- und hergerissen zwischen zwei gegenläufigen Haltungen:** Einerseits will sie, dass Camille zu Robespierre geht, andererseits möchte sie die Nähe des geliebten Mannes. Letztlich überwiegt die Einsicht in die Notwendigkeit des Abschiednehmens, der widersprüchlichen Aufforderung (vgl. Z. 35: „Geh! Komm!") folgt zunächst ein Kuss, dann aber das entschiedene Drängen, sich zu trennen (vgl. Z. 35: „Geh! Geh!").

Lucile beim Abschied

Wie emotional diese Szene ist und wie schwer Lucile der Verzicht fällt, zeigt auch **ihr anschließender Monolog nach dem Weggang Camilles.** Mit fast kindlichen Worten (vgl. Z. 37: „Das ist eine böse Zeit.") macht sie die gesellschaftlichen Ereignisse dafür verantwortlich, dass sie sich fügen und ihre eigenen Bedürfnisse zurückstellen muss (vgl. Z. 37 f.: „Man muss sich fassen."). Sie beginnt **ein Volkslied zu singen** und wundert sich, warum ihr gerade diese zwei Zeilen über das Scheiden in den Sinn kommen. Vielleicht handelt es sich um ein Lied mit tragischem Ausgang, denn sie bricht es im Gefühl einer Vorahnung ab: „Das ist nicht gut, dass es den Weg so von selbst findet." (Z. 41) Tatsächlich spannt das Lied mit zwei weiteren einen Bogen über die kommende verhängnisvolle Entwicklung, wenn Camille in Gefangenschaft das Liebeslied seiner Frau hört (vgl. IV, 4, S. 76), bis hin zum Ende des Dramas, als Lucile am Richtplatz, wo ihr Camille und die anderen Dantonisten von der Guillotine geköpft wurden, den Gesang vom Schnitter, dem Sensenmann, anstimmt: „Viel hunderttausend ungezählt, // Was nur unter die Sichel fällt." (IV, 9, S. 84) Anders als die Männer, die wie Danton und Camille die Situation aufgrund der eigenen vermeintlichen politischen Größe oder wegen eines freundschaftlichen Kontaktes verharmlosen wollen, **ahnt Lucile im vorliegenden Monolog den Gang der Dinge im Unterbewusstsein voraus.** In einer durch das anaphorische „Wie" dreifach gesteigerten Vision kündigt sich ihr die Katastrophe intuitiv an: zunächst im Lied vom Scheiden (vgl. Z. 39 f.), dann in der Vorstellung von einer Trennung ohne Wiederkehr (vgl. Z. 42 f.) und schließlich im unerträglichen Bild vom Totenzimmer (vgl. Z. 44 f.).

Luciles Vorahnungen

**In Büchners Stück spielen die Frauen eine besondere Rolle**, da sie nicht der „männlichen" Welt der Politik und der Revolution angehören. Sie handeln weniger auf der gesellschaftlichen Bühne und sind eher in der privaten **Sphäre des Gefühls, der Sinnlichkeit und der Liebe** zu Hause. Dies lässt sich an der Grisette Marion ebenso wie an den Ehefrauen Julie und Lucile zeigen. Letztere hat für ihren Mann eine große Bedeutung, denn auch Camille ist in seinen von der griechischen Antike geprägten Anschauungen sehr sinnlich ausgerichtet. Der Genuss ist für ihn ein hervorstechendes Merkmal, das auch sein politisches Denken prägt. Selbst die eigene Hinrichtung vergleicht er noch mit einem klassischen Gastmahl (vgl. IV, 7, S. 81). **Das ästhetische Ideal der Schönheit ist die Richtschnur seines**

Teilaufgabe 2

Lucile verkörpert Camilles Schönheitsideal

**Handelns, und der Inbegriff der Schönheit ist für ihn in seinem Leben Lucile**. Als er gefangengenommen wird, kreisen seine Gedanken und Träume ständig um seine Frau und er macht sich Sorgen um sie. Als das Revolutionstribunal den Verdacht äußert, einige Frauen würden ein Komplott zur Befreiung der Angeklagten schmieden, schreit er seine Angst heraus, dass man seine Lucile ermorden wolle (vgl. III, 9, S. 68/ 69). Zugleich aber glaubt er, dass sie in ihrer vollkommenen Schönheit unantastbar sei: „Sie können die Hände nicht an sie legen. Das Licht der Schönheit, das von ihrem süßen Leib sich ausgießt ist unlöschbar. Unmöglich! Sieh die Erde würde nicht wagen sie zu verschütten, sie würde sich um sie wölben [...]" (IV, 3, S. 72).

Ebenso wenig ist es für Lucile vorstellbar, dass die Erde ihren innig geliebten Camille nicht mehr existieren ließe (vgl. IV, 8, S. 82). Wie bedingungslos sich dieses Liebespaar in der Art zu fühlen und zu denken entspricht, zeigt sich auch darin, dass nicht nur Lucile aus lauter verzweifelter Liebe zu Camille verrückt wird, sondern dieser darüber selbst wahnsinnig zu werden scheint: „Was sie aus dem Wahnsinn ein reizendes Ding gemacht hat. Warum muss ich jetzt fort? Wir hätten zusammen mit ihm gelacht, es gewiegt und geküsst." (IV, 5, S. 78) Diese **Einigkeit zwischen den beiden Liebenden** findet ihre Vollendung darin, dass sich Lucile an dem Ort, an dem Camille enthauptet wurde, **selbst zum Tod verurteilt**, indem sie laut und vernehmlich „Es lebe der König!" (IV, 9, S. 84) ruft. Damit teilt sie ihr Schicksal mit Julie, die auch nach der Hinrichtung ihres Gatten Danton den Freitod aus Liebe wählt (vgl. IV, 6) – wohl wissend, dass er nicht ohne sie sterben will (vgl. IV, 2), weil er nur bei seiner Frau Ruhe findet (vgl. I, 1, S. 5 f.; III, 7, S. 67).

Vereinigung der beiden Liebenden im Tod

**Auch Max Frischs Roman „Homo faber" behandelt die großen Themen Tod und Liebe**. Der darin enthaltene zweiteilige Bericht des Ingenieurs Walter Faber schildert nicht nur, wie seine junge Geliebte Elisabeth, genannt Sabeth, bei einem Aufenthalt in Griechenland stirbt, sondern lässt auch Vermutungen über den Tod des Verfassers aufkommen, da seine Aufzeichnungen in einem Krankenhaus jäh abbrechen. **Die Bedeutung, die Sabeth für den Protagonisten hat, ist allerdings recht komplex**, da sich herausstellt, dass sie seine Tochter ist, was er jedoch während ihrer Liebesbeziehung zunächst nicht wahrhaben will.

„Homo faber"

Sabeth – Geliebte und Tochter

Der Leser lernt **Walter Faber** als einen Mann kennen, der als **Techniker** alles um sich herum sehr **rational** erfasst. Für ihn zählen nur messbare Fakten, die Welt erscheint ihm berechenbar. Obwohl sein Reisebericht einen schicksalhaften Verlauf annimmt, hält er alles für Zufall, an eine Vorhersehung glaubt er nicht (vgl. S. 22). Gefühle unterdrückt er, sie passen nicht zu seiner Vorstellung von einem werktätigen Mann – einem „homo faber" – und werden wie alles Unerklärliche, Romantische und Künstlerische der Welt der Frau zugewiesen (vgl. z. B. S. 47 und S. 90 ff.).

Walter Faber – der rationale Techniker

**Liebesbeziehungen sind für ihn daher schwierig:** Seine **Jugendliebe Hanna**, an die er sich während seiner Aufzeichnungen immer wieder erinnert, verließ ihn, weil für ihn damals die berufliche Karriere wichtiger als Heirat und Familie war, und das Verhältnis zu der **Amerikanerin Ivy**, die er gar nicht wirklich kennt und versteht, beendet er schon zu Beginn seines Berichts mit einem Brief. Sein einseitiges rationalistisches Weltbild beginnt allerdings aufzubrechen, als er **Sabeth auf einer Schiffsreise von**

Probleme in Liebesbeziehungen

**Amerika nach Europa begegnet.** Obwohl der wesentlich ältere Mann – Faber begeht an Bord seinen fünfzigsten Geburtstag – sein Interesse für die 20-jährige Frau herunterspielt und eher wie ein Vater für sie zu sorgen scheint, fühlt er sich doch mehr von ihrer Jugendlichkeit angezogen, als er zugibt, und macht ihr völlig überraschend noch auf dem Schiff einen Heiratsantrag, den sie aber nicht weiter in Betracht zieht. Auch nach der Landung in Frankreich sucht er beharrlich den Kontakt, mit dem Erfolg, dass sie zusammen mit dem Auto eine Kulturreise durch Italien und Griechenland unternehmen und ein Verhältnis miteinander beginnen. War Fabers Denken als Ingenieur bisher auf Zukunft und Fortschritt ausgerichtet, so kommt er jetzt über seine Liebe zu Sabeth mit ganz anderen Sichtweisen, nämlich mit der Vergangenheit, in Berührung und wird mit der Geschichte des Abendlands konfrontiert. **Faber beginnt sich für die Schönheit der Kunst, der Sprache und der Natur zu interessieren**; man könnte fast sagen, dass er durch Sabeth in den **Genuss der Schönheit des Lebens** kommt, beinahe so wie es in Büchners Drama Camille durch Lucile erfahren hat. Besonders deutlich wird diese Wandlung, als Faber, der sich früher vor der Natur eher ekelte (vgl. seine Beschreibungen von den blühenden Verwesung im südamerikanischen Dschungel, S. 49 ff.), nun mit Sabeth einen Sonnenaufgang auf Akrokorinth erlebt und gemeinsam mit ihr versucht, das Wunder dieses Naturschauspiels in Worte zu fassen (vgl. S. 150 f.). Auf diesen Höhepunkt des gemeinsamen Glücks folgt dann der tragische Unfall, als Sabeth nach einem Schlangenbiss vor dem nackten Faber zurückschreckt und die Böschung herunterfällt.

Faber kommt durch Sabeth in den Genuss der Schönheit des Lebens

Aber die **Reise in die Antike ist auch eine Reise zu sich selbst, zur eigenen Vergangenheit**. Sabeth erinnert den Protagonisten an seine Jugendliebe Hanna (vgl. S. 94: „Ihr Hanna-Mädchen-Gesicht!"), die damals ein Kind von ihm erwartete, das nicht in sein rationales Lebenskonzept passte. Es entsteht der Eindruck, als würde er nun **mit Sabeth die einstige Liebe zu Hanna wieder aufleben lassen** und seine Fehler von damals durch ein Mehr an Emotion und Fürsorglichkeit wiedergutmachen wollen. Vielleicht sind aber auch seine Empfindungen für die junge Frau deshalb so intensiv, weil sich darin nicht gekannte Vatergefühle mischen. Doch die Tatsache, dass Sabeth seine Tochter ist, will er bis zu ihrem Tod nicht wirklich wahrhaben.

Fabers Reise in die eigene Vergangenheit

Zusammenfassend lässt sich **Sabeths Bedeutung** für Faber als **die einer Wegbereiterin** umschreiben. Sie leitet ihn aus seiner einseitigen Techniker-Existenz heraus in eine Welt, in der neben der Kunst und der Natur auch Gefühle und Liebe ihren Platz haben. Und sie führt ihn auf ihrer gemeinsamen Reise in die Vergangenheit zu ihrer Mutter, seiner früheren Liebe.

Sabeth als Wegbereiterin

Der zweite Teil des Berichts macht deutlich, dass aber erst **Sabeths Tod** den Protagonisten dazu bringt, **seine Schuld zu begreifen** und zu erkennen, dass er **im doppelten Sinne sein Kind ignoriert und der Mutter vorenthalten hat:** zum einen, als er Hanna damals indirekt zum Schwangerschaftsabbruch drängte, und zum anderen, als er die Tochter mit der Geliebten verwechselte und Inzest beging. Diese Erkenntnis lässt ihn am Ende kurz vor seinem mutmaßlichen Tod erstmalig von „unserem Kind" (vgl. S. 203) und nicht mehr allein von Hannas Kind sprechen.

Fabers Schuld

Über die Liebe zu Sabeth und durch ihren Tod werden Walter Faber die Augen geöffnet; **er ist nicht mehr mit Blindheit geschlagen** und kann die Realität sehen, wie sie ist. Wie Camille Desmoulins will er vor dem Sterben „dem Leben noch die letzten Blicke aus seinen hübschen Augen stehlen, [...] will die Augen offen haben" (IV, 3, S. 73), und so macht er in Cuba einen Zwischenstopp: „Vier Tage nichts als Schauen –" (S. 172). In dieser Lust, Augenblicke der Wirklichkeit einzufangen, unterscheiden sich die beiden Männer von dem Protagonisten der dritten Lektüre, dem Ich-Erzähler aus **Peter Stamms Roman „Agnes"**. Dabei hat Letzterer gerade mit Faber einige Gemeinsamkeiten. Beiden fehlen Heimat und Familie, beide leben in Hochhäusern und reisen durch die Weltgeschichte, der eine als Ingenieur, der andere als Sachbuchautor. Und **beide nehmen in ihren Liebesbeziehungen**, der eine mit Hanna, der andere mit Agnes, **nicht die Möglichkeit wahr, Wurzeln zu schlagen, zu heiraten und Väter zu werden.** Faber verändert sich allerdings später durch Sabeth und übernimmt Verantwortung, der Ich-Erzähler in „Agnes" scheint dagegen in einer Affäre mit Louise das unverbindliche Leben fortzusetzen. Welche Bedeutung hat dann aber Agnes für ihn?

Gemeinsamkeiten zwischen Faber und Ich-Erzähler

Als er die äußerlich unauffällige **Physik-Doktorandin** in einer Bibliothek in Chicago kennenlernt, spielt der Ich-Erzähler ähnlich wie Walter Faber seine Gefühle für die wesentlich jüngere Frau zunächst herunter: „Ich kann nicht behaupten, ich hätte mich schon da in sie verliebt [...]" (S. 14). Dabei deutet alles darauf hin, er beschäftigt sich dauernd mit Agnes, er kann nicht mehr in Ruhe arbeiten, solange sie ihm gegenübersitzt, und spürt die eigene innere Leere. Aber er hat nach „einige[n] gescheiterte[n] Beziehungen" gelernt, „solchen Gefühlen auszuweichen, bevor sie zu einer Bedrohung" werden (S. 14 f.). **Die Faszination, die von Agnes' intellektueller und zugleich unbefangener Art ausgeht**, scheint jedoch stärker als die Beziehungsangst zu sein – sie werden ein Paar. Nähe und Vertrautheit nehmen zu, und auf Agnes' Wunsch hin besinnt sich der Sachbuchautor seiner schriftstellerischen Qualitäten und beginnt, über seine Geliebte eine fiktive Geschichte zu schreiben. Doch **in die wachsende Liebe mischen sich** in der Wirklichkeit **zusehends negative Gefühle**; die Gegenwart der Geliebten berauscht und ängstigt den Ich-Erzähler zugleich (vgl. S. 59), er spürt eine demütigende Abhängigkeit und es kommt ihm vor, als ob die Liebe wie etwas Fremdes von ihm Besitz ergriffe (vgl. S. 61). Zugleich bietet ihm das **Schreiben an Agnes' Geschichte die Möglichkeit, sich von diesem Gefühl der Abhängigkeit zu befreien.** Als die geschriebene Fiktion die Schwelle der Gegenwart überschritten hat, gibt dem Autor dies die Illusion, den weiteren Verlauf der „Liebesgeschichte" selbst zu bestimmen: „Jetzt war Agnes mein Geschöpf." (S. 62)

Agnes und ihre Faszination für den Ich-Erzähler

Die Geschichte in der Geschichte: Schreiben als Befreiung

Der Ich-Erzähler gibt also mit einer selbst verfassten Geschichte vor, wie die Beziehung in Zukunft verlaufen soll, **seine Vorstellungen sind der Maßstab, dem sich Agnes gerne unterzuordnen scheint** (vgl. das Beispiel mit dem blauen Kleid, S. 63 f.).

Doch das Spiel mit der Fiktion wird von **Agnes' Schwangerschaft** unterbrochen, **die dem Ich-Erzähler nicht ins Konzept passt.** Folglich will er nichts davon wissen: „‚Agnes wird nicht schwanger', sagte ich. ‚Das war nicht ... Du liebst mich nicht. Nicht wirklich.'" (S. 89) **Was Liebe ist, diktieren die Wunschbilder des männlichen Ich, durch deren Macht die Wirklichkeit immer mehr in den Hintergrund gedrängt wird.** Agnes

Liebe und die Macht der männlichen Wunschbilder

erleidet im weiteren Verlauf des Romans eine Fehlgeburt und verdrängt ihr Unglück in der Familienidylle, die der Ich-Erzähler in der fiktiven Geschichte erfindet. Was der Protagonist also in der Realität nicht fertigbringt, nämlich auf Agnes' Befindlichkeit einzugehen und Verantwortung zu übernehmen, das schafft er mit seinem fiktiven Entwurf, in dem er sich als Familienvater darstellt und das erfundene Kind mit Leben füllt. Am Ende aber **siegt seine Angst vor einer engen Bindung**. In der Erzählwirklichkeit lässt er sich auf einen **Seitensprung mit Louise** ein, in der fiktiven Welt aber folgt er seiner Erkenntnis, dass Glück keine guten Geschichten mache (vgl. S. 68), und **lässt Agnes am Schluss der Geschichte sterben**. Dabei bleibt offen, ob Agnes wirklich dem Skript folgt und sich in den kalten Schnee legt.

Die **Bedeutung der Frauen** in den drei Werken **für die männlichen Protagonisten ist sehr unterschiedlich**. **Camille und Lucile sind ein ideales Liebespaar**. Beide hegen tiefe Gefühle füreinander und sind sehr um das Wohl des anderen besorgt. Wie sehr sie sich ergänzen, wird besonders darin deutlich, dass Lucile in ihrer Schönheit das ästhetische Denken ihres Mannes regelrecht verkörpert. **Von einer solchen Entsprechung kann bei den anderen beiden Liebesbeziehungen nicht die Rede sein.** Hier ist das Verhältnis nicht ausgewogen, die **Partnerin wird in ihrer eigenen Wirklichkeit ausgeblendet**. **Walter Faber** beginnt eine Liebesbeziehung mit Sabeth und will wider besseres Wissen nicht wahrhaben, dass sie seine Tochter ist. Dennoch führt sie ihn aus seiner einseitigen rationalistischen Weltsicht heraus. Aber erst ihr Tod bewirkt, dass Faber seine Blindheit und Schuld erkennt. **Der Ich-Erzähler in Stamms Roman vollzieht dagegen keine Wandlung**. Die Begegnung mit Agnes ermöglicht ihm die Aussicht auf ein gemeinsames Liebes- und Familienglück. Doch diese Bindung macht ihm Angst, er sucht Zuflucht in der Fiktion und tauscht die bedrohlich reale Agnes immer mehr gegen eine Agnes ein, die er in der gemeinsamen Geschichte erfindet. Am Ende bleibt er der namenlose Ich-Erzähler, der Agnes regelrecht aus seinem Leben „herauserzählt" hat.

Unterschiedliche Bedeutung der Frauen

Ideales Liebespaar vs. unausgewogene Liebesbeziehungen

**Aufgabe:**
Interpretieren und vergleichen Sie die beiden Gedichte.

**Paul Fleming** (1609–1640): **Zur Zeit seiner Verstoßung** (entstanden um 1637)

Ein Kaufmann, der sein Gut nur einem Schiffe traut,
Ist hochgefährlich dran, indem es bald kann kommen,
Daß ihm auf einen Stoß sein ganzes wird genommen.
Der fehlt, der allzuviel auf ein Gelücke traut.

5 Gedenk ich nun an mich, so schauret mir die Haut:
Mein Schiff, das ist entzwei, mein Gut ist weggeschwommen.
Nichts mehr, das ist mein Rest; das machet kurze Summen.
Ich habe Müh und Angst, ein andrer meine Braut.

Ich Unglückseliger! mein Herze wird zerrissen,
10 Mein Sinn ist ohne sich; mein Geist zeucht[1] von mir aus.
Mein Alles wird nun Nichts. Was wird doch endlich draus?

Wär eins doch übrig noch, so wollt ich alles missen.
Mein teuerster Verlust, der bin selbselbsten ich.
Nun bin ich ohne sie; nun bin ich ohne mich.

*Aus: Paul Fleming: Gedichte. Auswahl v. J. Pfeifer. Stuttgart: Reclam Verlag 1980, S. 73*

**Worterklärung**
1 zeucht ... aus – altertümlich für: zieht ... aus

**Heinrich Heine** (1797–1856): **Ich wollte bei dir weilen** (entstanden um 1824)

Ich wollte bei dir weilen
Und an deiner Seite ruhn;
Du mußtest von mir eilen;
Du hattest viel zu tun.

5 Ich sagte, daß meine Seele
Dir gänzlich ergeben sei;
Du lachtest aus voller Kehle,
Und machtest 'nen Knicks dabei.

Du hast noch mehr gesteigert
10 Mir meinen Liebesverdruß,
Und hast mir sogar verweigert
Am Ende den Abschiedskuß.

Glaub nicht, daß ich mich erschieße,
Wie schlimm auch die Sachen stehn!
15 Das alles, meine Süße,
Ist mir schon einmal geschehn.

*Aus: Heinrich Heine: Sämtliche Gedichte in zeitlicher Folge. Hg. v. Klaus Briegleb. Frankfurt/M., Leipzig: Insel Verlag 1993, S. 176 f.*

# Lösungsvorschlag in Grundzügen

## Hinweise und Tipps

✎ Stellen Sie in einem Basissatz – bzw. einigen wenigen Sätzen – die beiden Gedichte mit Angabe von Autor, Titel und Entstehungszeit vor und benennen Sie das **gemeinsame Thema**.
✎ Verfassen Sie **zunächst zwei getrennte Interpretationen**. Analysieren Sie jeweils den **formalen Aufbau** und stellen Sie, wenn möglich, schon eine **Beziehung zum Gesamtinhalt** her.
✎ Interpretieren Sie dann tendenziell **am Text entlang**, also Strophe für Strophe; **verknüpfen Sie formale Beobachtungen** (z. B. von Stilmitteln) **mit Inhaltsbeschreibungen**. Achten Sie auf einen prägnanten Schluss der jeweiligen Interpretation.
✎ Um Wiederholungen zu vermeiden, heben Sie zuletzt nur die **wesentlichen Vergleichspunkte** hervor. Der Schlussteil kann einen **persönlichen Kommentar** enthalten. Eine Einordnung ins Gesamtwerk des jeweiligen Autors bzw. eine Epochenzuordnung ist **nicht notwendig, aber sinnvoll, sofern Sie dabei immer den Bezug zum konkreten Inhalt der Gedichte wahren**.

In den Gedichten „Zur Zeit seiner Verstoßung", verfasst um 1637 von Paul Fleming, und Heinrich Heines „Ich wollte bei dir weilen", entstanden um 1824, spricht **jeweils ein lyrisches Ich, das von seiner Geliebten verlassen wurde**. Die Reaktionen darauf fallen jedoch unterschiedlich aus.

Einleitung: gemeinsames Thema

Paul Flemings Gedicht ist ein **Sonett** aus Alexandrinern, also sechshebigen jambischen Versen, die fast durchgängig eine deutliche Mittelzäsur zeigen. Das Reimschema ist abba abba cdd cee. Die b- und c-Zeilen haben klingende, die anderen stumpfe Kadenzen. Vers 7 endet statt mit einem Reimwort mit einer Assonanz („Summen").
Im ersten Quartett führt ein Bild zur Problematik hin, die im zweiten Quartett **exponiert** wird; **der letzte Vers des zweiten Terzetts fasst sie pointiert zusammen**. Allein durch die strenge Form wirkt das Gedicht sehr stilisiert.

„Zur Zeit seiner Verstoßung": Form

Das Bild im ersten Quartett ist das eines Kaufmanns, der seine gesamten Güter einem einzigen Schiff „traut", d. h. anvertraut; **er riskiert, sie im Unglücksfall „auf einen Stoß" (V. 3) zu verlieren**. Das Wort „Stoß" erhält durch die unmittelbar folgende Zäsur besonderen Nachdruck. In Vers 4 folgt eine **abstrahierende Sentenz**: „Der fehlt, der allzuviel auf sein Gelücke traut." Die allgemeine Gültigkeit des Satzes erscheint pronnonciert durch die Synkope auf dem ersten Wort „der" (im Sinne von „jeder, der").

Bild im ersten Quartett

Im zweiten Quartett tritt ein **lyrisches Ich** in Erscheinung und stellt den **Bezug zu seiner persönlichen Situation** her, die offenbar so desolat ist, dass sie einen Schauer auf seiner Haut hervorruft (vgl. V. 5). Dabei verharrt es zunächst auf der Bildebene und betont das Wort „Schiff" durch Anfügung des Pronomens „das": „Mein Schiff, das ist entzwei" (V. 6). Dazu parallel und durch die Anapher „mein" zusätzlich markant steht im zweiten Teil des Verses „mein Gut ist weggeschwommen" (V. 6). „Nichts mehr, das ist mein Rest" (V. 7): Hier wird das Wort „nichts" durch die Position am Anfang und auch durch die Synkope hervorgehoben. Die Feststellung „das machet kurze Summen", wiederum klar abgetrennt im zweiten Versteil und durch die Anapher „das" betont, scheint eigentlich überflüssig; sie verstärkt aber die Bitterkeit des Tonfalls. Erst am Schluss der Strophe verrät das lyrische Ich in einem einsilbigen Wort, worum es eigentlich geht:

Bezug zum persönlichen Verlust

„Ich habe Müh und Angst, ein andrer meine **Braut**." Die Antithese wirkt nicht nur durch die Mittelzäsur, sondern auch durch das Zeugma pointiert; es handelt sich ja um zwei unterschiedliche Formen des „Habens". Mit der Braut hat man eine lebende Person bei sich, mit „Müh und Angst" trägt man negative Gefühle mit sich herum. Gemeint ist wohl, dass dem lyrischen Ich sein Dasein zur Last fällt und dass es sich ängstigt im Sinne von „beengt fühlt", indem es keinen Ausweg aus seinem Leid sieht.

Auf die Enthüllung, verlassen worden zu sein, folgt zu Beginn des ersten Terzetts ein prägnanter elliptischer Ausruf: „Ich Unglückseliger!" (V. 9) Die Formulierung „mein Herze wird zerrissen" scheint heute abgegriffen und war es vielleicht schon zur Entstehungszeit des Gedichts. Die bildliche Aussage wird jedoch präzisiert in der – ein weiteres Mal durch Anapher und Parallelismus markierten – Doppelung: „Mein Sinn ist ohne sich; mein Geist zeucht von mir aus." (V. 10) Sie besagt, dass das lyrische Ich **mit der Geliebten auch seine Identität verliert**. Sein Leben war offensichtlich so stark auf sie konzentriert, dass nach ihrem Fortgang nur eine große Leere zurückbleibt. **Sie war sein „Alles" (V. 11), vergleichbar der gesamten Habe des Kaufmanns**, der nach dem Untergang des einzigen Frachtschiffs mittellos dasteht. „Mein Alles wird nun Nichts": Die Anapher „mein" setzt sich fort und verstärkt die Emotionalität; nicht umsonst wird das Wort „nichts" aus Vers 7 wiederholt, welches die Lebensbilanz betont. Es schließt sich die rhetorische Frage an, wie es dem lyrischen Ich langfristig („endlich", V. 11) ergehen werde.

Selbstverlust

Diese Frage bleibt ohne Andeutung einer Antwort. Das zweite Terzett **variiert mehrfach das Thema des Selbstverlustes, der letztlich das zentrale Problem darstellt**. Jeder andere Verlust ließe sich bewältigen (vgl. V. 12), aber wenn sich das Ich „selbselbsten" (V. 13) abhandenkommt, erscheint alles sinnlos. Dabei fällt auf, dass das Problem keineswegs, wie in vielen anderen Barockgedichten, auf die Gefährdung der unsterblichen Seele ausgedehnt wird. Das lyrische Ich wendet sich in seiner Verzweiflung nicht an Gott, eine transzendente Sinngebung bleibt völlig ausgeblendet, die Thematik rein innerweltlich. Doch auch auf eine mögliche Rettung und Heilung im irdischen Leben kommt das lyrische Ich nicht zu sprechen. **Die Gleichung „Nun bin ich ohne sie; nun bin ich ohne mich" (V. 14)**, einprägsam durch die Variation nur des letzten Wortes, **wird moralisch und philosophisch nicht infrage gestellt.**

Sinnverlust nicht hinterfragt

Heinrich Heines Gedicht „Ich wollte bei dir weilen" besteht aus vier Strophen mit jeweils vier Versen. Diese sind kreuzweise gereimt, wobei der erste und dritte Vers eine klingende, der zweite und vierte eine stumpfe Kadenz hat. Jeder Vers weist drei Hebungen, jedoch unterschiedlich viele Senkungen auf; das Metrum ist teils jambisch, teils anapästisch. (Die Verse 2, 5, 6, 7, 8, 10, 11, 12, 13, 14 und 16 haben jeweils einen Anapäst; z. B. stehen am Ende von Vers 16 zwei Senkungen und eine Hebung: „Ist mir schon einmal geschehn".) Durch den **aufgelockerten Rhythmus** wirkt das Gedicht spontan und eher ungezwungen als streng. Dazu passt, dass nur wenige und einfache Stilfiguren zu finden sind.

„Ich wollte bei dir weilen": Form

Der titelgebende erste Vers steht parallel und antithetisch zum dritten: „Du mußtest von mir eilen." **Das lyrische Ich ist** im ersten Verspaar **durch Passivität gekennzeichnet** („weilen", „ruhn"), **das lyrische Du** im zweiten **durch Betriebsamkeit** („eilen", „tun"). Das lyrische Ich will etwas, das

Gegensätzlichkeit von Ich und Du

lyrische Du „muss", in welchem Sinne auch immer, seinem eigenen Willen folgen. Hier kann man schon erkennen, wessen Bedürfnis sich durchsetzen wird.

Auch die zweite Strophe ist von Gegensätzlichkeit geprägt. Zu Beginn steht eine Liebeserklärung, jedoch eine indirekte: „Ich sagte, daß meine Seele / Dir gänzlich ergeben sei" (V. 5/6). Das lyrische Ich zitiert seine eigenen Worte aus der Vergangenheit. Damit schafft es eine gewisse **Distanz zu sich selbst und zu seinem Pathos**, das aus dem erhabenen Ausdruck „Seele" und der Hyperbel „gänzlich ergeben" klingt. **Vollends distanziert reagiert das lyrische Du**, indem es lauthals lacht. Offensichtlich hält es das Geständnis für übertrieben und unecht, für eine galante Redensart, und antwortet in adäquater Weise mit einem koketten und förmlichen Knicks. Dessen Flüchtigkeit und scherzhafter Charakter erscheinen noch verstärkt durch die Abkürzung des Artikels („'nen Knicks", V. 8). Man fragt sich: Mangelt es dem lyrischen Du an Fantasie und Einfühlungsvermögen? Oder bagatellisiert es das einseitige Geständnis des lyrischen Ich bewusst, um sich und ihm eine explizite Absage zu ersparen? Dann würde es sich zum Lachen nur zwingen. Oder nimmt es die Gefühle des lyrischen Ich nicht ernst, weil sie nicht wirklich ernst zu nehmen sind? Die Rede ist von „Liebesverdruß" (V. 10). Die Bedeutung des Wortes „Verdruss" lässt sich schwer einschätzen, da es heute nur noch ironisch gebraucht wird. Aber dass jemand „verdrossen" oder „verdrießlich" ist, muss noch nicht auf existenzielle Verzweiflung hindeuten. Andererseits scheint zwischen den jeweiligen Gefühlen der beiden doch eine Diskrepanz zu bestehen, denn sie kommen bei diesem Austausch hin so schlecht miteinander zurecht, dass das lyrische Du das Ich nicht einmal mehr zum Abschied küssen will (vgl. V. 11/12). Wahrscheinlich **sieht sich das Ich zumindest verletzt** und zeigt seine Missstimmung offen, was wiederum beim Du auf Ablehnung stößt.

Wie tief sind die Gefühle?

Jedenfalls reagiert das Ich in der letzten Strophe mit **ironischem Trotz:** „Glaub nicht, daß ich mich erschieße" (V. 13). Seit dem Erscheinen von Goethes „Die Leiden des jungen Werthers" ist diese Form des Selbstmords aus Liebeskummer sozusagen klassisch. Es gibt aber keinen Anhaltspunkt dafür, dass die Angeredete etwas dergleichen in Erwägung zieht oder ziehen sollte. Der Zusatz „Wie schlimm auch die Sachen stehn" (V. 14) zeigt, dass das Ich tatsächlich zu einem gewissen Grade leidet, klingt jedoch durch den Ausdruck „die Sachen" auch wieder etwas oberflächlich. Ebenfalls muss die Apostrophe „meine Süße" in Vers 15 als Ironie verstanden werden. Das Gedicht findet seinen Höhepunkt in der Feststellung, dass die Erfahrung für das lyrische Ich nicht neu sei (vgl. V. 15/16). Die Botschaft ist: Ich bin schon einmal über eine Geliebte hinweggekommen, **ich werde auch über dich hinwegkommen**. Du bist nicht die einzige Frau auf der Welt.

Trotzreaktion des lyrischen Ich

Die **ironische Brechung romantischer Gefühle** in schlichtem, ansatzweise saloppem Stil ist **typisch für die Gedichte von Heinrich Heine.**

In „Ich wollte bei dir weilen" scheitert die Beziehung eines **mäßig Verliebten** und er versucht damit fertig zu werden, in Paul Flemings „Zur Zeit seiner Verstoßung" – sei die Verstoßung fiktiv oder real – **scheint das lyrische Ich am Verlust seiner Geliebten zugrunde zu gehen**. Es ist eine Tatsache, dass ein solches Ereignis zunächst auch starke Selbstentfremdung nach sich zieht. Dennoch erscheint mir das Gedicht seltsam **kalt**

Vergleich

**durch die rhetorisch kunstvollen Variationen** über eben dieses Thema. **Das Ich steht im Vordergrund**; über die „Braut", die in der dritten Person steht, erfährt man nichts, außer dass sie – warum auch immer – mit einem anderen Mann zusammen ist.

Heines Gedicht wendet sich an ein Du, das immerhin mit seinen forschen Reaktionen menschliche Züge erhält. **Die Ich-Aussagen wirken persönlicher und aufrichtiger**, obwohl oder gerade weil die Tiefe der Liebe zweifelhaft bleibt. Auch die trotzige Herabwürdigung der begehrten Person finde ich verständlich. Die Widersprüchlichkeit der Gefühle erhält in einer **einfachen, jedoch stilistisch gebrochenen Sprache** auf interessante Weise Ausdruck.

**Aufgabe:**

Interpretieren Sie den Text.

### Franz Kafka (1883–1924): **Ein altes Blatt**

Es ist, als wäre viel vernachlässigt worden in der Verteidigung unseres Vaterlandes. Wir
haben uns bisher nicht darum gekümmert und sind unserer Arbeit nachgegangen; die Ereignisse der letzten Zeit machen uns aber Sorgen.

Ich habe eine Schusterwerkstatt auf dem Platz vor dem kaiserlichen Palast. Kaum öffne
5 ich in der Morgendämmerung meinen Laden, sehe ich schon die Eingänge aller hier ein-
laufenden Gassen von Bewaffneten besetzt. Es sind aber nicht unsere Soldaten, sondern
offenbar Nomaden aus dem Norden. Auf eine mir unbegreifliche Weise sind sie bis in die
Hauptstadt gedrungen, die doch sehr weit von der Grenze entfernt ist. Jedenfalls sind sie
also da; es scheint, daß jeden Morgen mehr werden.

10 Ihrer Natur entsprechend lagern sie unter freiem Himmel, denn Wohnhäuser verabscheu-
en sie. Sie beschäftigen sich mit dem Schärfen der Schwerter, dem Zuspitzen der Pfeile,
mit Übungen zu Pferde. Aus diesem stillen, immer ängstlich rein gehaltenen Platz haben
sie einen wahren Stall gemacht. Wir versuchen zwar manchmal aus unseren Geschäften
hervorzulaufen und wenigstens den ärgsten Unrat wegzuschaffen, aber es geschieht im-
15 mer seltener, denn die Anstrengung ist nutzlos und bringt uns überdies in die Gefahr, unter die wilden Pferde zu kommen oder von den Peitschen verletzt zu werden.

Sprechen kann man mit den Nomaden nicht. Unsere Sprache kennen sie nicht, ja sie haben kaum eine eigene. Unter einander verständigen sie sich ähnlich wie Dohlen. Immer
wieder hört man diesen Schrei der Dohlen. Unsere Lebensweise, unsere Einrichtungen
20 sind ihnen ebenso unbegreiflich wie gleichgültig. Infolgedessen zeigen sie sich auch gegen jede Zeichensprache ablehnend. Du magst dir die Kiefer verrenken und die Hände aus
den Gelenken winden, sie haben dich doch nicht verstanden und werden dich nie verstehen. Oft machen sie Grimassen; dann dreht sich das Weiß ihrer Augen und Schaum schwillt
aus ihrem Munde, doch wollen sie damit weder etwas sagen noch auch erschrecken; sie
25 tun es, weil es so ihre Art ist. Was sie brauchen, nehmen sie. Man kann nicht sagen, daß
sie Gewalt anwenden. Vor ihrem Zugriff tritt man beiseite und überläßt ihnen alles.

Auch von meinen Vorräten haben sie manches gute Stück genommen. Ich kann aber darüber nicht klagen, wenn ich zum Beispiel zusehe, wie es dem Fleischer gegenüber geht.
Kaum bringt er seine Waren ein, ist ihm schon alles entrissen und wird von den Nomaden
30 verschlungen. Auch ihre Pferde fressen Fleisch; oft liegt ein Reiter neben seinem Pferd
und beide nähren sich vom gleichen Fleischstück, jeder an einem Ende. Der Fleischhauer
ist ängstlich und wagt es nicht, mit den Fleischlieferungen aufzuhören. Wir verstehen das
aber, schießen Geld zusammen und unterstützen ihn. Bekämen die Nomaden kein Fleisch,
wer weiß, was ihnen zu tun einfiele; wer weiß allerdings, was ihnen einfallen wird, selbst
35 wenn sie täglich Fleisch bekommen.

Letzthin dachte der Fleischer, er könne sich wenigstens die Mühe des Schlachtens sparen,
und brachte am Morgen einen lebendigen Ochsen. Das darf er nicht mehr wiederholen.
Ich lag wohl eine Stunde ganz hinten in meiner Werkstatt platt auf dem Boden und alle
meine Kleider, Decken und Polster hatte ich über mir aufgehäuft, nur um das Gebrüll des
40 Ochsen nicht zu hören, den von allen Seiten die Nomaden ansprangen, um mit den Zähnen Stücke aus seinem warmen Fleisch zu reißen. Schon lange war es still, ehe ich mich
auszugehen getraute; wie Trinker um ein Weinfaß lagen sie müde um die Reste des Ochsen.

Gerade damals glaubte ich den Kaiser selbst in einem Fenster des Palastes gesehen zu haben; niemals sonst kommt er in diese äußeren Gemächer, immer nur lebt er in dem innersten Garten; diesmal aber stand er, so schien es mir wenigstens, an einem der Fenster und blickte mit gesenktem Kopf auf das Treiben vor seinem Schloß.

"Wie wird es werden?" fragen wir uns alle. "Wie lange werden wir diese Last und Qual ertragen? Der kaiserliche Palast hat die Nomaden angelockt, versteht es aber nicht, sie wieder zu vertreiben. Das Tor bleibt verschlossen; die Wache, früher immer festlich ein- und ausmarschierend, hält sich hinter vergitterten Fenstern. Uns Handwerkern und Geschäftsleuten ist die Rettung des Vaterlandes anvertraut; wir sind aber einer solchen Aufgabe nicht gewachsen; haben uns doch auch nie gerühmt, dessen fähig zu sein. Ein Mißverständnis ist es, und wir gehen daran zugrunde."

*Aus: Franz Kafka: Ein Landarzt und andere Drucke zu Lebzeiten. Hg. v. H.-G. Koch.*
*Frankfurt/M.: Fischer Taschenbuchverlag 1994, S. 208 ff.*

---

## Lösungsvorschlag in Grundzügen

### Hinweise und Tipps

Wer bereits ein Werk von **Franz Kafka,** einen Roman oder eine Erzählung, kennt, wird sich mit dieser Aufgabe leichter tun, denn die **Grundkonstellation** im Text „Ein altes Blatt" weist viele Ähnlichkeiten mit Kafkas übriger Prosa auf.

Der Prager Autor beschreibt meist eine undurchschaubare Welt, in der sich ein auf sich allein gestellter, hilfloser Protagonist zurechtzufinden sucht und trotz aller Bemühungen am Ende scheitert. Die Helden der Geschichten werden dabei durch überraschende, unerwartete Vorkommnisse aus ihrem vertrauten Alltag gerissen und müssen nun auf die neue Situation reagieren, wobei sie sich häufig überfordert fühlen, zumal sie in selbstquälerischer Auseinandersetzung immer wieder nach ihrer eigenen Schuld fragen. Strategische Fehler, eine falsche Lagebeurteilung, Nachlässigkeiten und unverständliche Versäumnisse tragen häufig dazu bei, dass die Protagonisten nicht mehr aus ihrer verworrenen Lage herausfinden und schließlich resignieren oder gar zu Tode kommen, ohne dass sie zu einer Klärung der vielen rätselhaften Umstände gelangt wären.

In vielen seiner kleineren Prosawerke verwendet Kafka die Form einer **Parabel.** Diese gleichnishafte Erzählung versucht dem Leser auf lehrhafte Weise eine allgemeine Erkenntnis zu vermitteln. Am Ende steht im Gegensatz zum Gleichnis jedoch kein klares Fazit mit einer allgemein gültigen Wahrheit, sondern die Geschichte bleibt offen, sodass der Leser bei der Deutung der dargestellten Ereignisse erheblich gefordert ist.

Sowohl die Gedankenwelt Kafkas als auch die Parabelform spielen für die Interpretation des Textes „Ein altes Blatt" eine wichtige Rolle. Diese beiden Bereiche sollten deshalb auch in der **Einleitung** erwähnt werden. Die Aufgabe selbst („Interpretieren Sie den Text.") beginnen Sie am besten mit einer **Inhaltswiedergabe** von Kafkas Parabel. Dabei fassen Sie die wesentlichen Handlungsschritte der Geschichte in eigenen Worten und in der Zeitform des Präsens zusammen. Die Textwiedergabe bildet die Grundlage für die anschließende **Interpretation,** die Sie in die drei Bestandteile Form, Sprache und Inhalt aufteilen können. Bei der Analyse der Form sehen Sie auf die Struktur des Textes, indem Sie die typischen Elemente einer Parabel (unmittelbarer Beginn, linearer Verlauf, gleichnishafte Handlung) an diesem Kafka-Text aufzeigen. Eine zentrale Rolle sollte auch die Funktion des Erzählers spielen, weil dieser von Anfang bis Schluss präsent ist und die erstaunlichen Vorgänge in seiner Heimat aus persönlicher Sicht (mit eigenen Wertungen) schildert. Die Untersuchung von Kafkas

Sprache konzentriert sich wiederum auf charakteristische Stilmittel einer Parabel (einfacher Satzbau, Gegenüberstellungen: sie – wir, deutliche Hervorhebungen). Für die Deutung des Inhalts bietet sich – entsprechend der Struktur dieser Parabel – die Konzentration auf die gegensätzlichen Gruppen an (Nomaden – Einheimische), insbesondere auf ihr jeweiliges Verhalten und ihre Mentalität. Die Bewohner des Kaiserreichs sind dabei nach dem handelnden Bürgertum (Schuster, Fleischer) und dem passiven Hofstaat (Kaiser und seine Wache) zu unterscheiden. Im Mittelpunkt der Deutung steht der Konflikt zwischen einer zivilisierten Gesellschaft und einem barbarischen Reitervolk und damit die Frage nach Macht und Ohnmacht.

Wie können Sie nun **methodisch** vorgehen?

- Lesen Sie den Text zunächst einmal gründlich durch und versuchen Sie dabei, die Intention des Autors (und die typischen Merkmale einer Parabel) zu erfassen.
- Bei der zweiten und dritten Lektüre kennzeichnen Sie die inhaltlichen, formalen und sprachlichen Besonderheiten, indem Sie entsprechende Stichwörter herausschreiben oder markante Textstellen unterstreichen.
- Erstellen Sie nun eine Gliederung für Ihre Interpretation, der Sie anschließend die von Ihnen erfassten Textstellen zuordnen.
- Verfassen Sie jetzt Ihren Aufsatz, wobei Sie entsprechend Ihrem Aufbauschema vorgehen und Ihre Ausführungen in sinnvolle Abschnitte unterteilen. Bei der sprachlichen Gestaltung sollten Sie auf verbindende Überleitungen achten und vor allem Abwechslung bei Ihren Formulierungen anstreben.

Die Menschen haben sich in ihrem Alltag eingerichtet, das Leben geht seinen gewohnten Gang. Plötzlich werden sie durch eine unangenehme Überraschung aufgeschreckt, die ihre Lage grundlegend verändert.
Diese Ausgangssituation findet man oft in den Werken des Prager Schriftstellers **Franz Kafka** (1883–1924), sowohl in seinen berühmten Romanen „Der Prozess" oder „Das Schloss" als auch in seinen viel gelesenen Erzählungen „Die Verwandlung" und „Das Urteil" sowie in seinen zahlreichen kleineren Prosatexten.
Auch Kafkas **Parabel** „Ein altes Blatt" thematisiert den Einbruch des Unheimlichen in ein wohlgeordnetes Alltagsleben, mit dem die Bürger des Landes nicht umgehen können.

*(Randbemerkung: Einleitung)*

Der Erzähler, ein Schuhmacher, dessen Geschäft sich vor dem Kaiserpalast auf dem Hauptplatz befindet, gibt sich sehr besorgt, weil mitten in der Nacht fremde Soldaten aus dem Norden seine Hauptstadt besetzt haben. Offenbar hat es schwere Versäumnisse bei der Landesverteidigung gegeben, denn die „Nomaden" sind sehr schnell von der weit entfernten Grenze in das Landesinnere vorgedrungen.
Unter den Stadtbewohnern lösen die Fremden Entsetzen und Abscheu aus, weil sie mit ihren rohen Umgangsformen den stets sauber gehaltenen Platz verwüsten. Die Nomaden nächtigen im Freien und beschäftigen sich tagsüber mit der Pflege ihrer primitiven Waffen und machen Übungen mit ihren wilden Pferden.
Es gelingt den verängstigten Einwohnern nicht, mit den Eindringlingen Kontakt aufzunehmen, denn diese verhalten sich völlig gleichgültig oder ablehnend, außerdem verstehen sie die Landessprache nicht. Rücksichtslos holen sich die Soldaten von den Bürgern alles, was sie zu ihrer Versorgung brauchen. Auch der Erzähler wird mehrfach zum Opfer dieses barbarischen Vorgehens. Am schlimmsten ergeht es jedoch dem Fleischer, dessen Waren regelmäßig geplündert und sowohl von den Nomaden selbst als auch von ihren Pferden verzehrt werden. Eines Tages, als der Fleischer auf eine

*(Randbemerkung: Hauptteil / Textwiedergabe)*

Schlachtung verzichtet und einen lebenden Ochsen abliefert, reißen die Nomaden mit roher Gewalt Fleischstücke aus dem Tier, das dabei so entsetzlich schreit, dass der Erzähler sich im hintersten Winkel seiner Werkstatt mit Kleidern bedecken und die Ohren zuhalten muss. Der Fleischer wird ermahnt, so etwas nie mehr zu tun, aber er wird von den Bürgern wenigstens finanziell für seine Verluste entschädigt.
Ängstlich fragen sich die Einheimischen, wie es weitergehen wird. Der Schuster glaubt, dass er vor Kurzem den Kaiser am Fenster seines Palastes gesehen hat. Der Herrscher habe jedoch gesenkten Hauptes das Geschehen vor seinem Schloss beobachtet. Auch von der Wache, die früher immer wieder aufmarschiert ist, ist nicht mehr viel zu sehen. Dem Erzähler ist deshalb bewusst, dass er als Handwerker zusammen mit anderen Selbstständigen sein Vaterland retten müsste, aber dazu fühlt sich keiner in der Lage. So warten sie nur auf ihren baldigen Untergang.

Grundaussage

Die Parabel zeigt die **Konfrontation** zwischen einem barbarischen Reitervolk aus dem nicht genauer lokalisierten „Norden" (Z. 7) und einer zivilisierten Gesellschaft. Die scheinbar gut organisierte Monarchie offenbart sich als keinesfalls gefestigtes Staatswesen, das auf das Vordringen der Nomaden völlig hilflos reagiert und deshalb auch kein Konzept für die Lösung dieses politischen Konflikts hat. Während sich die fremden Soldaten als neue Herren über das unterworfene Land aufspielen, verharren die Besiegten in einer **totalen Passivität**. Niemand ergreift die Initiative zu einer Selbstbefreiung. Zwar bleibt das Ende offen, dennoch scheint es keine Hoffnung auf einen Ausweg zu geben.
Franz Kafka verdeutlicht in dieser Geschichte, die 1917 (also gegen Ende des Ersten Weltkriegs) in dem Erzählband „Ein Landarzt" veröffentlicht wurde, wie die in der Menschheit stets vorhandene **Gewalt** die **kulturellen Leistungen** bedrohen und zerstören kann. Die Berichte aus dem Ersten Weltkrieg haben den damals 34-jährigen Autor, der selbst nicht an der Front war, vermutlich überzeugt, dass die Barbarei sogar jederzeit inmitten der Zivilisation ausbrechen und mit ungeheurer Kraft mühsam erworbene Errungenschaften zunichtemachen kann.

Interpretation
Form: Aufbau
der Parabel

Die Parabel wird aus der Sicht eines an dem Geschehen beteiligten **Ich-Erzählers** geschildert, der sich gleich zu Beginn als Schuster vorstellt. Dabei wird die Handlung (Nomadeneinfall) von den jeweiligen Beurteilungen des Schuhmachers am Anfang und am Ende des Textes eingerahmt. Die ersten zwei Sätze (Z. 1–3) enthalten Vermutungen über den unerwarteten Erfolg der Besatzer, wobei der Erzähler sich und seinen Mitbürgern eine Teilschuld an der verhängnisvollen Lage einräumt. Mit den beiden Schlusssätzen (Z. 50–53) wendet sich der Schuhmacher der Zukunft zu, die allerdings für sein Land düster erscheint.
Die Handlung der Parabel, die chronologisch erzählt wird, setzt mit der Invasion der Nomaden am frühen Morgen ein und endet mehrere Tage später mit einer noch stärkeren Präsenz der Besatzer, der die Bürger nichts entgegenzusetzen haben. Den grausigen Höhepunkt bildet die Zerfleischung des Ochsen, wodurch die gewaltige Bedrohung durch die unzivilisierten Soldaten verdeutlicht wird. Ob die Invasoren bald das Land verlassen werden, bleibt ungewiss. Der Erzähler betrachtet die Lage als hoffnungslos.

Titel

Der **Titel** der Parabel („Ein altes Blatt") scheint auf einen weit zurückliegenden Vorfall zu verweisen, der weder zeitlich noch lokal näher eingeordnet wird. Wie ein Chronist wirkt der Erzähler, der aus seiner Sicht das einstige Geschehen nicht nur beschreibt, sondern auch beurteilt. Dabei scheint das „Blatt" nur ein Teil einer längeren Geschichte (des Landes?) zu sein.

Die ganze **Verunsicherung** der unterworfenen Bewohner kommt auch in den Gedanken des Erzählers zum Vorschein. In seinen Eingangs- und Ausgangsbetrachtungen werden Spekulationen („Es ist, als wäre viel vernachlässigt worden", Z. 1) und Ängste („die Ereignisse der letzten Zeit machen uns aber Sorgen", Z. 2 f. – „wir gehen daran zugrunde", Z. 53) in den Vordergrund gestellt. Gleichzeitig sieht sich der Schuster auch zu klaren, eindeutigen Erkenntnissen fähig, wenn er das Verhalten des Bürgertums schonungslos analysiert und dessen **Unfähigkeit** sowohl in der Vergangenheit als auch in der Zukunft aufzeigt: „Wir haben uns bisher nicht darum gekümmert" (Z. 1 f.) – „wir sind aber einer solchen Aufgabe nicht gewachsen" (Z. 51 f.).

Der Schuster gehört zu der wohlhabenden Schicht von „Handwerkern und Geschäftsleuten" (Z. 50 f.), die in dieser Krisensituation zu ihrer **gesellschaftlichen Verantwortung** stehen müsste, wozu sie aber bereits wegen ihres in der Vergangenheit bekundeten **Desinteresses** am Staatswesen nicht mehr in der Lage ist. Von seiner „Schusterwerkstatt" (Z. 4), die sich auf dem zentralen Platz der Hauptstadt befindet, sieht der Erzähler direkt auf den „kaiserlichen Palast" (Z. 4). Das heißt, er berichtet vom Mittelpunkt seines Landes aus, allerdings in untergeordneter sozialer Stellung. Dabei geht er jedoch nicht objektiv vor. Als Opfer der skrupellosen Plünderer („Auch von meinen Vorräten haben sie manches gute Stück genommen.", Z. 27) neigt er zu Übertreibungen, denn die „Nomaden aus dem Norden" (Z. 7) werden als völlig unzivilisierte, unzugängliche Rohlinge beschrieben, die keinerlei menschliche Regungen zeigen. Deshalb hält er es auch für sinnlos, mit ihnen in Kontakt zu treten: „sie haben dich doch nicht verstanden und werden dich nie verstehen." (Z. 22 f.) Mit **wachsendem Schaudern** werden die Untaten der Fremden erzählt, die aus dem Blickwinkel des Kaisers in dem abwertenden Begriff „das Treiben vor seinem Schloß" (Z. 46) zusammengefasst werden.

Trotz seines persönlichen Schadens, den ihm die Barbaren zugefügt haben, kann der Erzähler seinen Verlust richtig einschätzen. Er weiß, dass er im Vergleich mit dem völlig ausgeraubten Fleischer noch gut davongekommen ist („Ich kann aber darüber nicht klagen", Z. 27 f.). Mit den anderen Handwerkern und Geschäftsleuten schließt er sich zu einer **Solidargemeinschaft** zusammen, die die Verluste des Fleischers als gemeinsames Opfer sieht und dafür aufzukommen versucht. Doch der Erzähler gibt sich letzten Endes keinen Illusionen über die Zukunft hin, denn er weiß, dass sein ganzes Land von nun an dem fremden Reitervolk vollständig ausgeliefert ist.

Das Kaiserreich, dem der Schuster als treuer Untertan angehört, wird als eine **friedliche Klassengesellschaft** beschrieben, die einerseits von dem Kaiser und seiner Palastwache und andererseits von den Geschäftsleuten getragen wird. Arbeiter und Bauern kommen in der Parabel jedoch nicht vor. Der Schuster als Repräsentant des **Bürgertums** sieht nur seinesgleichen. Zu dem Monarchen, der ganz in seiner Nähe residiert, hat er keine Beziehung. Deshalb bleibt auch am Ende unverständlich, warum den Handwerkern „die Rettung des Vaterlandes anvertraut" (Z. 51) sein soll. Offenbar wird dem resignativ dreinblickenden Kaiser (vgl. Z. 45 f.) eine

solche Befreiungstat nicht (mehr) zugetraut. Der Erzähler beurteilt aber auch die seiner Klasse auferlegte Mission äußerst skeptisch und spricht von einem „Mißverständnis" (Z. 52 f.), weil das Bürgertum mit der Verteidigung des Landes völlig überfordert ist.
Der **Kaiser** kann seinen Bürgern keinen Optimismus vermitteln. Mit allen seinen Gesten und Anordnungen scheint er nur die Hoffnungslosigkeit zu verstärken. Die einst so prächtige Wache verlässt schon gar nicht mehr das Schloss. Noch besorgniserregender ist es, dass der Kaiser, der sonst immer nur „in dem innersten Garten" (Z. 44 f.) lebt, zum ersten Mal in die „äußeren Gemächer" (Z. 44) seines Schlosses kommt und von dort stumm auf den Platz schaut. Allerdings ist sich der Schuster nicht sicher, ob er den Monarchen wirklich erblickt hat. Aber dem Herrscher wird letzten Endes die **Schuld** an der ausweglosen Lage zugeschoben: „Der kaiserliche Palast hat die Nomaden angelockt, versteht es aber nicht, sie wieder zu vertreiben." (Z. 48 f.)

Das **friedliche, geordnete Leben des Bürgertums** wird dem barbarischen Treiben der Nomaden direkt gegenübergestellt. Dennoch kommt es nicht zu einer Konfrontation, weil sich die noch in der **Schockstarre** verharrenden Bewohner der völlig unerwarteten Invasion aus dem Norden hilflos ausgesetzt fühlen. Weil sie weder von ihrem Kaiser noch von ihrer Armee eine Rettung erwarten können, setzen sie auf ihre **kultivierten Umgangsformen** und versuchen die Barbaren mit ihrer **bereitwilligen Kooperation** milde zu stimmen. So liefern sie regelmäßig große Fleischrationen, wenn sich die Nomaden ihre Beute nicht schon zuvor aus dem Metzgerladen geholt haben. Der „ängstlich[e]" (Z. 32) Fleischhauer steht stellvertretend für alle Bürger, die keinen Mut zur Selbstverteidigung aufbringen, sondern vielmehr ihr Heil in der **Anpassung und Nachgiebigkeit** gegenüber den Besatzern suchen: „Vor ihrem Zugriff tritt man beiseite und überläßt ihnen alles." (Z. 26)
Die Passivität der Bürger hat ihre Ursache vermutlich in ihrem **schlechten Gewissen**, denn gleich zu Beginn der Parabel weist der Erzähler selbstkritisch auf die Gleichgültigkeit gegenüber den Fragen der Landesverteidigung hin. Aus **Bequemlichkeit** sind die Untertanen nur ihrer „Arbeit nachgegangen" (Z. 2), ohne sich um politische Angelegenheiten zu kümmern, und haben deshalb zu den militärischen Versäumnissen des Landes geschwiegen. Was die Bürger vor allem irritiert, ist die Ungewissheit bezüglich ihrer Zukunft, zumal sie von ihrem Kaiser keine Hilfe erwarten können und die Nomaden in immer größerer Zahl in ihr Land eindringen. Mit ihrem kooperationsbereiten, zurückhaltenden Gebaren sichern sie sich nur eine **momentane Sicherheit**, die jederzeit ins Gegenteil umschlagen kann. Der gegenwärtige Zustand wird von allen als „Last und Qual" (Z. 47) empfunden, aber etwas anderes als ein unrühmliches Ende erwartet keiner der Bürger.

Mit der überraschenden Besetzung der Hauptstadt haben die Nomaden aus dem Norden die Bewohner des Kaiserreichs über Nacht aus ihrer vertrauten Umgebung gerissen. Als der Schuster sein Geschäft „in der Morgendämmerung" (Z. 5) öffnet, sind bereits alle Gassen von den Eindringlingen besetzt. Diese stoßen die zivilisierten Stadtbewohner mit ihren **unkultivierten Umgangsformen** vor den Kopf. Das wilde Reitervolk zieht nicht in die Häuser der Hauptstadt ein, sondern kampiert im Freien, wo es sich

mit der Reinigung seiner Waffen und mit seinen Pferden beschäftigt. Der gepflegte Hauptplatz ist bald in eine Müllhalde verwandelt. Gemeinsamkeiten zwischen Besatzern und Besetzten gibt es nicht, denn die Soldaten interessieren sich weder für die „Sprache" (Z. 17) noch für die „Lebensweise" (Z. 19) und die „Einrichtungen" (Z. 19) der Besiegten. Dafür holen sie sich von ihnen, was sie zu ihrer Versorgung brauchen, ohne dabei gewaltsam vorzugehen: „Man kann nicht sagen, daß sie Gewalt anwenden." (Z. 25 f.) Doch ihre **derben Sitten** und ihre **stetig wachsende Anzahl** schüchtern die Bürger zunehmend ein, sodass der Erzähler die Invasoren schließlich **dämonisiert**. Eine Sprache als Kulturleistung spricht er ihnen ab und sieht in ihrer Verständigung nur eine animalische Form („ähnlich wie Dohlen", Z. 18). Bei ihren Grimassen „dreht sich das Weiß ihrer Augen und Schaum schwillt aus ihrem Munde" (Z. 23 f.).
Das größte Entsetzen breitet sich bei den Bürgern aus, als die Barbaren einen lebendigen Ochsen in Stücke reißen und das Fleisch trotz des lauten Tiergebrülls ungerührt verzehren. Schon vor diesem grausigen Höhepunkt werden die Einheimischen durch eine unglaubliche Beobachtung verstört: „Auch ihre Pferde fressen Fleisch" (Z. 30). Während die Bürger in Anbetracht der veränderten Lage ihr Verhalten umstellen, geben sich die Nomaden völlig **authentisch**: Sie leben ohne Hemmungen ihre Bedürfnisse aus und verhalten sich naturnah: „sie tun es, weil es so ihre Art ist." (Z. 24 f.) Dabei scheinen sie sich auf einen längeren Aufenthalt in der Hauptstadt ihres Gegners einzurichten. Von ihren weiteren Plänen erfährt der Leser jedoch nichts.

Gegenüber der urwüchsigen Gewalt der Nomaden bleiben die Bürger des Kaiserreichs wie gelähmt. Mit dem Einbruch einer anonymen (primitiven?) Macht in ihren so friedlichen, geordneten und geregelten Alltag kommen sie nicht zurecht. Gegen die Akte der Barbarei gibt es keine wirkungsvolle Strategie. Auch Anpassung und Passivität helfen nur vorübergehend, eine Lösung zur endgültigen Beseitigung der permanenten Gewalt scheint es nicht zu geben.
Kafkas Parabel verdeutlicht, wie hoch entwickelte Zivilisationen ständig durch Barbarei und Gewalt gefährdet sind, was sich in der Geschichte schon häufig zugetragen hat – man denke z. B. an das Dritte Reich, den Stalinismus, die Kulturrevolution in China oder die Roten Khmer in Kambodscha.

Fazit

Die schauderhaften Vorgänge bei dem Nomadeneinfall in das Kaiserreich werden vom Erzähler in einem weitgehend sachlichen **Chronistenstil** beschrieben. Mit vorwiegend **parataktischem Satzbau** und relativ **einfachem Wortschatz** wird die Handlung sehr anschaulich geschildert.

**Sprache**
Stil

Dabei bestätigt der Schuster viele Einzelheiten aus seiner persönlichen Sicht. Sowohl die Invasion der Nomaden als auch ihr barbarisches Vorgehen sowie das Verhalten des Kaisers werden aus der **Ich-Perspektive** dargestellt. Um die Gegensätze zwischen den Bürgern und ihren Unterwerfern zu betonen, verwendet der Erzähler die **Personalpronomen „wir" und „sie"** bzw. die **Possessivpronomen „unsere" und „ihre"**. Während die Bürger der Monarchie als Individuen (Schuster, Fleischer, Kaiser) oder soziales Gruppen (Handwerker und Geschäftsleute) bestehen, werden die Invasoren als eine wilde, unkultivierte Einheit wahrgenommen, die als „Nomaden aus dem Norden" oder als „Bewaffnete" (vgl. Z. 6 f.) bezeichnet werden. Auch ihre Pferde bilden eine ununterscheidbare anonyme Masse.

Pronomen

Die Taten bzw. Untaten der Besatzer werden in **Aufzählungen** („Sie be- schäftigen sich mit dem Schärfen der Schwerter, dem Zuspitzen der Pfeile, mit Übungen zu Pferde.", Z. 11 f.) verdeutlicht und darüber hinaus mit **Adverbien** („oft", Z. 23, 30; „immer wieder", Z. 18 f.; „kaum ... schon", Z. 4 f.) und **Negationen** („nicht", Z. 17, 22; „nie", Z. 22; „weder ... noch", Z. 24) versehen, sodass ihre dominante Anwesenheit sowie ihre irritierende Andersartigkeit eindringlich zum Ausdruck kommen.

Als Repräsentant des verunsicherten Bürgertums geht der Erzähler bei seinen Einschätzungen und Wertungen vorsichtig und differenziert vor. Viele Wahrnehmungen werden durch **Konjunktive** („Es ist, als wäre ...", Z. 1; „Bekämen die Nomaden kein Fleisch ...", Z. 33) und einschränkende **Adverbien** („offenbar", Z. 7; „immer seltener", Z. 14 f.) relativiert.

Auf das ungewöhnliche Verhalten des Kaisers, der in dieser außerordentlich bedrohlichen Lage des Reiches seine Gewohnheiten fundamental verändert, wird in Form einer **Antithese** zwischen „niemals sonst/immer nur" und „diesmal" (vgl. Z. 44 f.) hingewiesen.

Am Ende der Parabel fassen zwei **offene Fragen** („Wie wird es werden?", Z. 47 – „Wie lange werden wir diese Last und Qual ertragen?", Z. 47 f.) die Zukunftsängste aller Bürger zusammen. Im Gegensatz zu seiner sonstigen Skepsis scheint der Erzähler jedoch die **Antwort** auf diese Fragen zu kennen: Da von nirgendwoher Hilfe zu erwarten ist, bleibt seiner Meinung nach nur der Untergang des Landes: „wir gehen daran zugrunde." (Z. 53) Würde sich dieses **apodiktische Urteil** bestätigen, hätte eine barbarische Reiterhorde eine kultivierte Gesellschaft völlig unterworfen.

## Aufgabe:

Bearbeiten Sie die folgenden Aufgaben auf der Grundlage des vorgelegten Dossiers:
– Verfassen Sie Abstracts zu den **Materialien 1–4**.
– Schreiben Sie einen Essay mit dem Titel „**Macht Musik**".

## Material 1:

### Musik und Menschheitsgeschichte

Warum fing der Mensch so früh an, Musik zu machen? Evolutionsbiologisch ging es immer um den Überlebensvorteil, den die Musik aber zumindest bei vordergründiger Betrachtung nicht bietet. Selbst mit Steinzeitmalerei konnte man, bevor sie zu einer Kunstform wurde, Dinge markieren und Stammesangehörige auf etwas aufmerksam machen.
5 Das Schreiben schon in seiner Anfangsform vor etwa 6 000 Jahren in Mesopotamien als Keilschrift zeigt diesen Kommunikationsaspekt, der ein Selektionsvorteil sein konnte, noch viel deutlicher. Aber die Musik? Sie sicherte weder das Überleben der Sippe oder der Kinder noch erleichterte sie die Ernährung, während man mit einer Zeichnung eben darauf hinweisen konnte, wo die guten Jagdgründe lagen oder die Bäume mit den meisten
10 Früchten standen – und mit der Schrift erst recht. Musik scheint nutzlos zu sein, auch wenn Charles Darwin meinte, musizierende Frühmenschen hätten Vorteile bei der Partnerwahl gehabt. Doch warum hätten Frauen singende Männer attraktiv finden sollen? Ein singender Mann konnte weder schneller laufen, noch von einem Raubtier verfolgt wurde, noch konnte er mit mehr Aussicht auf Erfolg mit ihm kämpfen, wenn es die Kinder
15 bedrohte. Und umgekehrt konnten singende Frauen wohl auch keine besseren Mahlzeiten zubereiten als die nicht singenden. Zwar machten sie sicherlich die Erfahrung, dass die Kinder sich gern mit den primitiven Vorläufern der Wiegenlieder in den Schlaf singen ließen, aber auch das war kein Selektionsvorteil, es sei denn, man mutmaßt, dass schreiende Kinder in der Nacht Raubtiere anlockten. Der Gesang selbst hätte in diesem Sinne aller-
20 dings ebenfalls fatale Folgen haben können.
Die Gründe für das zweckfreie Musikmachen scheinen sich streng naturwissenschaftlichen Erklärungen zu entziehen.

*Aus: Thomas Richter: Warum man im Auto nicht Wagner hören sollte. Musik und Gehirn, Stuttgart: Philipp Reclam Verlag 2012, S. 29*

## Material 2:

### Julia Urbanek – Die Macht der Musik

Wie der Alltag – zumindest 24 Stunden lang – ohne Musik aussehen würde, erprobt seit fünf Jahren der No-Music-Day. Nach London und Sao Paulo war heuer die Kulturhauptstadt Linz der Austragungsort für dieses akustische Experiment, das der britische Musiker Bill Drummond ins Leben gerufen hat. Er wollte in einer Zeit, da uns oft sehr beliebige
5 Musik vom Radiowecker bis zu den Sounds in der Cocktailbar durch den Alltag begleitet, die Abwesenheit von Musik zelebrieren. Und so geschah es auch am 21. November 2009 in Linz: Radios konzentrierten sich auf das gesprochene Wort, Kirchen hielten Messen ohne Musik, in Restaurants und Szenelokalen blieben die Lautsprecher still, Supermärkte

stellten das Hintergrundgedudel ab. Ein „akustisches Fasten" wurde abgehalten, um am
10 folgenden Tag die Musik wieder mit anderen Ohren zu hören. […]
Ohren kann man nicht verschließen. Die Hintergrundmusik in Geschäften macht sich zu
Nutze, dass wir über unser Gehör zutiefst emotional berührbar sind. Die Ohren sind eines
unserer Sinnesorgane, die wir nicht verschließen können – im Gegensatz zu den Augen,
wenn wir etwas nicht sehen wollen, oder unserem Mund, wenn wir etwas nicht essen wol-
15 len. Die Ohren sind allzeit geöffnet für alle akustischen Eindrücke von außen, und über
diesen Körpereingang gelangt man zu den tiefsten und ältesten Schichten unseres Gehirns.
Das kann bedeuten, dass wir von Propagandamusik, Nationalhymnen, Filmmusik oder
eben Hintergrundmusik emotional beeinflusst werden. Je nach Lautstärke, Geschwindigkeit, Tonart und persönlichem Geschmack belebt uns die Musik, beruhigt, macht uns
20 fröhlich oder besinnlich, ruft alte Erinnerungen in uns wach.

*Quelle: Wiener Zeitung Online vom 17. 12. 2009, zitiert nach:*
*http:/www.wienerzeitung.at/themen_channel/wz_reflexionen/vermessungen/65190_Die-*
*Macht-der-Musik.html (abgerufen am 11. 10. 2013)*

**Material 3:**

### Umsatz mit Musik

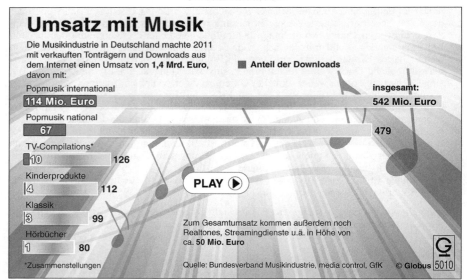

*Quelle: picture-alliance / dpa-infografik*

**Material 4:**

## Interview mit dem Hirnforscher Manfred Spitzer

**Herr Professor Spitzer, Sie machen gerne selbst Musik. Was geschieht in Ihrem Gehirn, wenn Sie das Instrument beiseite legen und nur zuhören?**
5 Musik beansprucht das ganze Gehirn, ein Musikzentrum im eigentlichen Sinn gibt es nicht. Melodie, Rhythmus, emotionale Dinge oder auch Erinnerungen sorgen dafür, dass Musik im ganzen
10 Hirn wahrgenommen wird. Weil Musik rhythmisch ist und die Motorik anwirft, wirkt sie sich sowohl auf die Gefühle als auch den Körper aus.

**Nehmen Musikexperten und musika-**
15 **lische Anfänger Musik anders auf?**
Ja. Der Anfänger nimmt Musik eher ganzheitlich auf. Der sagt „Wow" und ist ganz platt. Das sind eher Gefühle, die da zum Ausdruck kommen. Das
20 passiert vor allem in der rechten Gehirnhälfte. Der Experte kann alles ganz genau einordnen, analysieren und zerlegen. Das macht er vor allem mit der linken Gehirnhälfte.

25 **Kann man dieses „Wow"-Gefühl mit den lustvollen Gefühlen vergleichen, wenn wir Schokolade essen oder verliebt sind?**
Das kommt darauf an, was wir uns an-
30 hören. Das Belohnungssystem schüttet Glückshormone nur aus, wenn wir Musik hören, die uns gefällt. Interessanterweise schaltet das Lieblingslied einerseits das Belohnungssys-
35 tem an und gleichzeitig das System, das für Angst verantwortlich ist, ab. Also Glück rauf, Angst runter. Nichts anderes löst diese beiden Effekte gleichzeitig aus.

40 **Nicht einmal Drogen, die ja sehr intensiv auf das Belohnungssystem wirken?**
Nein. Manche Substanzen wie Beruhigungsmittel schalten nur das Angstzentrum ab. Andere fahren das Glück rauf,
45 wie Kokain. Aber mir ist keine Substanz bekannt, die beides gleichzeitig macht. Deshalb ist Musik für die Menschen auch so wichtig. 2001 haben in den USA die Leute mehr Geld für Mu-
50 sik als für Medikamente ausgegeben. Das bedeutet ja was.

**Kann man Musik als die harmloseste aller Süchte ansehen?**
Das würde ich so nicht sagen. Bei einer
55 Abhängigkeit ist das Belohnungssystem gestört. Das Lernen und die Motivation funktionieren dann nicht mehr richtig. Musik nimmt im Gehirn teilweise den gleichen Weg wie die Sucht, ist aber die
60 gesunde Variante.

*Quelle: Frankfurter Rundschau Online vom 12. 3. 2009, zitiert nach: http://www.fronline. de/wissenschaft/hirnforscher-spitzer-im-interview--glueck-rauf--angst-runter-,1472788, 3218138.html (abgerufen am 11. 10. 2013); das Interview führte Johannes Schmidt*

**Material 5:**

## Was ist ein Singalong?

Der Begriff Singalong gehört in unseren Nachbarländern längst zum Repertoire musikalisch interessierter Menschen. In England füllen Singalongs die Londoner Royal Albert Hall und in den Niederlanden die großen Kirchen von Amsterdam und Den Haag. Doch was genau ist ein Singalong? Bei einem Singalong werden große Chorwerke mit professionellen Musikern und
5 Solisten besetzt, den Chor jedoch stellen ausschließlich die Besucher der Veranstaltung. Und das mit Begeisterung! Denn wer kennt es nicht, das Gefühl in einem Konzert mitsingen zu wollen, wenn die Chöre und Arien ertönen: Nicht nur Zuhören, sondern mitten drin sein im musikalischen Geschehen, das ist der Sinn und Zweck eines Singalong! Jeder einzelne Besucher, als Teil des Singalong-Chores, gestaltet mit den Musikern und den
10 Solisten unter der Leitung eines erfahrenen Dirigenten das Konzert und hat somit aktiven An-

teil am Gelingen der Aufführung. Es ist ein unvergessliches Erlebnis, die Chöre und die Arien inmitten eines ungewöhnlich großen und enthusiastischen Chores mitzusingen. Einzige Bedingung zur Teilnahme an einem solchen Konzert-Ereignis ist die Eintrittskarte und ein Klavierauszug des Stückes, das zur Aufführung kommt. Der Kirchenraum ist der Stimmenaufteilung des Chores entsprechend eingeteilt; das Orchester, die Solisten und der Dirigent befinden sich vor dem Singalong-Chor.

15

*Quelle: Thomas Hanelt, http://www.motettenchor-frankfurt.de/singalong (abgerufen am 10. 10. 2013)*

---

## Lösungsvorschlag in Grundzügen

### Hinweise und Tipps

In einem **Essay** machen Sie sich Gedanken über ein Thema, das in gesellschaftlicher Hinsicht bedeutsam ist oder sein kann. In diesem Fall verlangt die Aufgabenstellung von Ihnen, dass Sie ausführlich über das Thema „Macht Musik" nachdenken. In der Prüfungsaufgabe erhalten Sie als Grundlage ein Dossier, bestehend aus fünf Materialien, in denen jeweils bestimmte Aspekte des Themas zum Ausdruck kommen.
Bei genauer Betrachtung ist das Thema als Wortspiel formuliert, denn es kann zweierlei bedeuten:
– (Die) Macht (der) Musik (Hauptthema)
– Macht Musik! (Aufforderung, Nebenthema)
Von Bedeutung ist zunächst das eigentliche Thema. Dass Sie aber auch das Nebenthema bedenken sollten, zeigt schon eines der Materialien: In Material 5 („Was ist ein Singalong?") geht es nämlich um das aktive Musik-Machen – im Gegensatz zum passiven Hören.
Vom Grundsatz her ist ein Essay argumentativ angelegt. Sie sollten sich also fragen, inwiefern man über das Thema „Macht Musik" unterschiedlicher Meinung sein kann. Das gelingt Ihnen am besten, wenn Sie die Themenformulierung in eine Frage umwandeln. In diesem Fall können Sie diese beiden Fragen stellen:
– Ist Musik eine Macht?
– Sollte man (selbst aktiv) Musik machen?
Um das (Haupt-)Thema genau zu verstehen, müssen Sie als Erstes die genaue Bedeutung der zentralen Begriffe erschließen. Hier gibt es nur ein Wort, über dessen Bedeutung Sie sich klar werden müssen: „Macht". (Das Wort „Musik" dürfte jedem von vornherein klar sein.) Unter Macht versteht man ein Ungleichgewicht der Kräfte zwischen zwei Personen oder Interessengruppen, mit der Folge, dass die erste Person oder Interessengruppe mehr Einfluss hat als die zweite; daher kann sie sich die zweite Person (oder Interessengruppe) gefügig machen. Wenn es um die Frage geht, ob die Musik eine Macht darstellt, dann ist die Musik personifiziert. Sie müssen also darüber nachdenken, ob die Musik so viel Kraft und Einfluss hat, dass sie die Menschen dazu bewegen kann, etwas zu tun, was sie vielleicht gar nicht tun wollen.

### Zum Vorgehen:
– Als Erstes sollen Sie die wesentlichen Aussagen der Ihnen vorliegenden Materialien in Form von **Abstracts** zusammenfassen. Sie müssen also, ähnlich wie in einer Inhaltsangabe, die wesentlichen Aussagen eines jeden Textes (bzw. des Diagramms) mit wenigen Sätzen „auf den Punkt" bringen, und zwar im **Präsens**. Anders als bei einer Inhaltsangabe entfällt aber ein einleitender Satz, in dem Sie Textsorte, Titel und Verfasser nennen. Sie beginnen gleich mit der Hauptaussage und fügen dann zur **Erläuterung** noch einige wenige Sätze

hinzu. Denken Sie daran, Meinungsäußerungen in **indirekter Rede** wiederzugeben. Das ist deshalb nötig, weil Sie keine Tatsachen anführen, sondern darstellen, was jemand denkt oder gesagt hat.

*Hinweis:* Das Präsens verwenden Sie für Aussagen von allgemeiner Gültigkeit. Bei einem Bericht, in dem über Dinge informiert wird, die bereits geschehen sind, stellen Sie die Ereignisse, über die im Nachhinein berichtet wird, im Präteritum dar.

– Durch das Verfassen der Abstracts haben Sie sich bereits einen ersten **Überblick** über die **Hauptgesichtspunkte** zum Thema verschafft. Das ist Ihre Ideengrundlage. Diese sollten Sie noch durch eigene Einfälle erweitern. Es empfiehlt sich deshalb, als Nächstes eine **Stoffsammlung** zu erstellen. Am besten schreiben Sie die Hauptaussage der einzelnen Materialien auf ein Extrablatt, notieren stichwortartig die wichtigsten Informationen und ergänzen jeweils Ihre eigenen Gedanken dazu. Dabei können Sie auch Ihr Erfahrungswissen heranziehen.

– Überlegen Sie nun, zu welchem **Ergebnis** Sie am Ende Ihres Essays gelangen wollen. Sind Sie der Meinung, dass Musik tatsächlich eine Macht darstellt? Oder halten Sie diese Vorstellung für falsch? Passend zu Ihrem Schreibziel legen Sie nun die einzelnen Schritte Ihres „Gedankenspaziergangs" fest. Am besten nummerieren Sie die Eintragungen in Ihrer Stichwortsammlung und übertragen sie dann in Ihren **Schreibplan.**

– Nun geht es darum, für die **Einleitung** einen interessanten Einstieg zu finden. Gut geeignet ist dafür ein typisches Beispiel (oder auch mehrere Beispiele) – hier: zu einer Situation, in der Musik gespielt wird. Eine mögliche Alternative wären ein paar allgemeine Aussagen zum Thema. (Die sollten Sie dann allerdings ein bisschen provokant formulieren, um die Neugier des Lesers zu wecken, und das gelingt Ihnen nicht, wenn Ihr Essay wie ein braver Schulaufsatz wirkt.) Experimentieren Sie mit Ihrer Einleitung zunächst auf einem Extrablatt. Die beste Version übertragen Sie anschließend in Ihre Reinschrift.

– Beim Ausformulieren des **Hauptteils** orientieren Sie sich an Ihrem Schreibplan. Vergessen Sie nicht, zur Veranschaulichung passende Beispiele anzuführen, und denken Sie auch daran, hin und wieder besondere Formulierungen einzusetzen, um Ihren Text interessant zu gestalten (z. B. rhetorische Fragen, Sprachbilder, Zitate, besondere Ausdrücke).

– Beim Ausformulieren Ihres **Schlussabsatzes** verfahren Sie genauso wie beim Formulieren der Einleitung. Denken Sie daran, dass Ihr Essay nicht nur interessant anfangen sollte. Um den Leser nachhaltig zu beeindrucken, muss er auch interessant aufhören!

### Lösungsvorschlag für die Abstracts

**Zu Material 1** (Thomas Richter: Musik und Menschheitsgeschichte)

Der Verfasser geht der Frage nach, ob es eine Erklärung für die Entstehung der Musik gibt. Er gelangt zu dem Ergebnis, dass Musik von Beginn an zweckfrei gewesen ist, und begründet das damit, dass die Menschen, evolutionsbiologisch gesehen, mit Musik kein erkennbares Ziel verfolgt hätten. Anders als Höhlenzeichnungen, die dazu dienen konnten, die Mitmenschen auf wichtige Dinge aufmerksam zu machen, z. B. auf Nahrungsquellen, habe das Musik-Machen keine Vorteile mit sich gebracht.

**Zu Material 2** (Julia Urbanek – Die Macht der Musik)

Die Verfasserin informiert über den sogenannten „No-Music-Day", der am 21. 11. 2009 in Linz abgehalten wurde. Linz war in dem Jahr Kulturhauptstadt und damit – nach London und Sao Paulo – Austragungsort für diese Veranstaltung. An diesem Tag wurde überall auf die Ausstrahlung von Musik verzichtet, auch im Radio und in Kirchen. Ziel der Aktion war es, die Wahrnehmung für Musik wieder zu schärfen. Die Idee geht zurück auf den britischen Musiker Bill Drummond. In dem Zusammenhang verweist die Verfasserin darauf, dass wir unsere Ohren nicht verschließen können: Was wir hören, dringt in die tiefsten Schichten unseres Gehirns ein und weckt in uns ganz unterschiedliche Emotionen.

## Zu Material 3 (Umsatz mit Musik)

Das Diagramm zeigt, dass die Musikindustrie mit den verkauften Tonträgern und Downloads aus dem Internet ein großes Geschäft macht. Im Jahr 2012 betrug der Umsatz insgesamt 1,4 Milliarden Euro, und zwar allein in Deutschland. Hinzuzuzählen sind noch 50 Millionen Euro für weitere Dienste (z. B. für das Herunterladen von Klingeltönen auf Handys). Die größten Einnahmen stammen aus dem Verkauf von Popmusik: Rund 1 Milliarde Euro wurde daraus erzielt, und zwar überwiegend mit dem Verkauf von Tonträgern. Die Einnahmen aus Downloads aus dem Internet fielen mit rund 180 Millionen Euro vergleichsweise gering aus.

## Zu Material 4 (Interview mit dem Hirnforscher Manfred Spitzer)

In einem Interview mit der Frankfurter Rundschau erklärt der Hirnforscher Manfred Spitzer, wie Musik das Gehirn eines Menschen beeinflusst. Laut Spitzer ist das Besondere an der Wirkung von Musik, dass sie das ganze Gehirn beansprucht, da es kein spezielles „Musikzentrum" gibt. Die Folge des Musikhörens sei eine Ausschüttung von Glückshormonen; zugleich wirke Musik beruhigend auf das Angstzentrum. Für den Hirnforscher gibt es nichts anderes – auch keine Droge –, das in dieser Weise das ganze Hirn bewegt. Voraussetzung für die Ausschüttung von Glückshormonen sei allerdings, dass den Betroffenen die Musik gefalle.

## Zu Material 5 (Was ist ein Singalong?)

In dem Text geht es um eine besondere Art von Musikveranstaltung: Dabei nehmen die Besucher unter Leitung eines Dirigenten zusammen mit professionellen Musikern aktiv an einer Konzertveranstaltung teil. Sie empfinden dieses Mitsingen in einem großen Chor als ganz besonderes Erlebnis. Singalongs gibt es schon in verschiedenen Städten, z. B. in London, Amsterdam und Den Haag. Die Veranstaltungen finden dort in ehrwürdigen Gebäuden statt, z. B. in großen Kirchen oder in der Royal Albert Hall.

### Lösungsvorschlag für den Essay

**Macht Musik**

**Musik ist** für uns **allgegenwärtig** geworden: Egal, ob wir einen Supermarkt, ein Kaufhaus, ein Restaurant oder einen Fahrstuhl betreten – überall werden wir mit Musik beschallt. Oft können wir nicht einmal eine öffentliche Toilette aufsuchen, ohne von harmonischen Klängen eingehüllt zu werden. Es sind vor allem Geschäftsleute, die ihre Kunden mit Musik beschallen. Ist das nun **Service oder Kalkül**?

Für den Hirnforscher Manfred Spitzer ist Musik geradezu ein Zaubermittel. Seine Begründung: Da es kein „Musikzentrum im eigentlichen Sinn" gibt, beansprucht Musik das ganze Gehirn. Vor allem zwei Gefühle sind dabei betroffen: Glück und Angst. Spitzer bringt den Einfluss von Musik auf eine einfache Formel: „**Glück rauf, Angst runter.**" Nicht einmal Dro-

*Einleitung:*
*Einstieg über*
*Beispiele aus*
*dem Alltag*

*Fragestellung zu*
*einem Aspekt*

*Bezug zu*
*Material 4*

gen hätten eine solche Wirkung, denn sie könnten nur jeweils eines leisten: Entweder beruhigen sie einen Menschen – oder sie beglücken ihn.

Geschäftsleute nutzen die Musik, um Einfluss auf uns zu nehmen. Wie sich die Beschallung mit Musik auf uns auswirkt, ist klar, zumindest wenn man die Erkenntnisse der Hirnforschung bedenkt: Wir fühlen uns entspannt, weil Musik uns beruhigt, und zugleich steigt unser Wohlbefinden. Vielleicht sagt uns eine innere Stimme: „Das möchte ich haben! Eigentlich kann ich mir das zwar nicht leisten, aber was soll's? Dann spare ich eben im nächsten Monat!" Die Vernunft verstummt, die Freude wächst. *(Rückbezug auf Beispiel)*

**Sind wir** also bei genauer Betrachtung **Opfer von Musik?** Übt sie Macht auf uns aus? *(Themenfrage)*

Sicher nicht! Eher verhält es sich umgekehrt: **Die Musik** ist ein Opfer, denn sie **wird missbraucht,** um für gute Stimmung zu sorgen. *(These)*

Aber wie kann Musik so eingesetzt werden, dass man überhaupt von einem Missbrauch sprechen kann? Bei der Suche nach einer Antwort auf diese Frage bietet es sich an, einen Blick in unsere früheste Vergangenheit zu werfen. In seinem Buch „Warum man im Auto nicht Wagner hören sollte" befasst sich Thomas Richter u. a. mit der Entstehung der Musik in der frühen Menschheitsgeschichte. Seiner Meinung nach ist **Musik** – anders als die bildende Kunst – evolutionsbiologisch gesehen **vollkommen zweckfrei.** Während die Höhlenmenschen mit ihren Zeichnungen an den Wänden anderen wichtige Hinweise hinterlassen konnten, z. B. über gute Nahrungsquellen, sei ein unmittelbarer Nutzen von Musik nicht zu erkennen. Deshalb spricht der Autor der Musik einen Nutzen ab. *(Problematisierung)* *(Bezug zu Material 1)* *(Musik als zweckfrei)*

Wenn Musik aber tatsächlich keinen Nutzen hat, wie kann dann ein angemessener oder unangemessener Gebrauch vorliegen? Ist es überhaupt möglich, Musik missbräuchlich einzusetzen? Grundsätzlich lässt sich keine kulturelle Errungenschaft für sich allein bewerten. Alles, was der Mensch geschaffen hat, kann positiven oder negativen Zwecken dienen. Man denke nur an die Schrift: Sie kann genutzt werden, um Kunstwerke zu schaffen und um das Wissen der Menschheit für die Nachkommen festzuhalten – oder aber, um Propaganda für gefährliche Ideen zu machen. Entscheidend ist nicht die Schöpfung selbst, sondern ihr Gebrauch durch Menschen. *(Neue Fragestellung: angemessener bzw. unangemessener Gebrauch von Musik möglich?)* *(Allgemeine Aussagen über Kultur und Kunst)*

Worin also liegt der mögliche Nutzen oder der mögliche Schaden, der durch den Einsatz von Musik entstehen kann? Zunächst einmal ist ein **Leben ohne Musik nicht denkbar;** zumindest können wir es uns nicht vorstellen. Es genügt, darüber nachzudenken, wie oft und bei welchen Gelegenheiten Musik verwendet wird. Dafür ein paar Beispiele: Musik dient der Beruhigung, z. B. dann, wenn eine Mutter ihrem Kind ein Wiegenlied vorsingt, damit es besser einschlafen kann. Bei Beerdigungen sorgt sie für den feierlichen Rahmen und hilft den Anwesenden, ihrem Gefühl der Trauer Ausdruck zu verleihen. Und auf Tanzveranstaltungen motiviert sie die Anwesenden, sich im Takt dazu zu bewegen. Dem reinen Genuss von Musikliebhabern dient sie bei Konzerten. In jedem Fall hat Musik immer auch eine soziale Funktion: Sie stiftet unter den Anwesenden ein Gefühl der Gemeinschaft. *(Neue Fragestellung: möglicher Nutzen oder Schaden von Musik?)* *(Kernthese: Leben ohne Musik nicht denkbar)* *(Beispiele für Einsatz von Musik (Bezug zu Material 1))*

Aber die soziale Funktion von Musik kann missbraucht werden, z. B. von totalitären Regimen. Begleitet von Marschmusik werden Soldaten in den Krieg geschickt. Das Mädchen-Orchester in Auschwitz spielte auf, um Selektionen einen feierlichen Anstrich zu verleihen. Neonazis setzen ihre Musik ein, um Jugendliche für ihr menschenverachtendes Weltbild zu gewinnen. In all diesen Fällen liegt eindeutig ein Missbrauch vor: Mithilfe von Musik werden Menschen dazu gezwungen oder verleitet, etwas zu tun, gegen das sie sich kaum wehren können.

*These: Missbrauch der sozialen Funktion von Musik möglich*

*Beispiele*

Gemessen daran ist die Beschallung mit Musik in Kaufhäusern, Fahrstühlen oder auf öffentlichen Toiletten bedeutungslos, denn sie dient der Stimmungsaufhellung und **richtet keinen Schaden an**, der nicht abzuwehren wäre. Ob ich, durch beschwingte Hintergrundmusik in gute Laune versetzt, ein Gerät kaufe, das ich in Wirklichkeit gar nicht brauche, ist letztlich allein meine Entscheidung.

*Rückbezug auf Beispiele aus der Einleitung und Relativierung*

Wenn wir Tag für Tag der Berieselung mit Musik ausgesetzt sind, sind nicht wirklich wir die Leidtragenden, sondern es ist **die Musik selbst, die Schaden nimmt**. Was im Überfluss vorhanden ist, hat nämlich keinen Wert. Musik, in Dauerschleife ausgestrahlt, erleidet einen Wertverlust. Nicht ohne Grund gibt es deshalb schon eine Gegenbewegung: den bewussten Verzicht auf Musik – zumindest für eine gewisse Zeit. Ins Leben gerufen hat den „No-Music-Day" der britische Musiker Bill Drummond. Einen Tag lang war z. B. in der österreichischen Stadt Linz im Jahr 2009 keine Musik zu hören, weder im Radio noch in Gaststätten noch in Supermärkten noch in Restaurants noch in Kirchen. Durch ein solches „akustisches Fasten" sollte bewirkt werden, dass Musik wieder bewusster wahrgenommen wird und damit eine Aufwertung erfährt.

*Dauerberieselung führt zur Entwertung von Musik*

*Bezug zu Material 2 Gegenbewegung „No-Music-Day"*

Nun mag ein kurzzeitiger Verzicht auf musikalische Hintergrundgeräusche uns zwar vor Augen führen, wie gedankenlos wir uns an allen anderen Tagen von harmonischen Klängen berieseln lassen. Zu einer grundsätzlichen Änderung in unserer Wahrnehmung wird es dadurch aber kaum kommen. Schon am Tag darauf werden wir uns wieder beschallen lassen, oft sogar ganz freiwillig. Die mobilen Wiedergabegeräte wie der iPod ermöglichen es uns, auf all unseren Wegen Musik zu hören, sei es auf der Fahrt zur Arbeit, beim Joggen oder beim Radfahren.

*Überlegungen zu langfristigen Wirkungen eines „No-Music-Days"*

Durch die Art von Musik, die wir hören, grenzen wir uns aber auch von anderen ab. Das ist indirekt auch eine Art von Machtausübung. Gerade Jugendliche kennen das: Entscheidend für das Gefühl der Verbundenheit mit Gleichaltrigen ist oftmals die Vorliebe für eine bestimmte Musikrichtung, z. B. Punk oder Hip-Hop. „Sage mir, welche Musik du hörst, und ich entscheide, ob du mein Freund sein kannst." So direkt wird das niemand aussprechen, und doch entsteht unter Jugendlichen oft Freundschaft durch die gemeinsame Vorliebe für eine bestimmte Musikrichtung. Dadurch kommt es letztlich auch zu Diskriminierung, denn andere Musik hört, wird abgelehnt. Das gilt auch unter Erwachsenen: Freunde von Opern und klassischen Konzerten schauen vielleicht auf Menschen, die sich für Popsongs oder Heimatlieder begeistern, abfällig herab – und umgekehrt. **Musik kann also sowohl verbinden als auch trennen.**

*Abgrenzung durch Musik möglich*

Eines ist allerdings klar: Die Musik ist nicht verantwortlich für ein Freund-Feind-Denken. Aber sie kann uns dazu bewegen, andere auszugrenzen oder uns zu ihnen hingezogen zu fühlen.

Der Wunsch nach Verbundenheit ist aber wohl größer als das Streben nach Abgrenzung, wie Veranstaltungen namens „Singalong" zeigen. Als verbindendes Element kann Musik eine wichtige Rolle spielen und sie wird auch dafür geschätzt.

Bezug zu Material 5

Jedenfalls ist Musik aus unserem Leben nicht wegzudenken. Allerdings erfreut sich Unterhaltungsmusik einer größeren Beliebtheit als klassische Musik, wie ein Blick auf die Verkaufszahlen zeigt. **Mit Unterhaltungsmusik wird das meiste Geld verdient:** Fast zwei Drittel des Umsatzes (gut eine Milliarde Euro) entfielen im Jahr 2011 auf Popmusik, während klassische Musik mit rund 100 Millionen Euro eine eher untergeordnete Rolle spielte. Die meisten Menschen scheinen vor allem ihre Lieblingshits hören zu wollen – solange sie aktuell sind. Das wiederum dürfte im Interesse der Musikindustrie sein: Kurzlebige Titel, oft verkauft, spülen mehr Geld in die Kassen als Klassiker, die von nur wenigen gekauft werden.

Bezug zu Material 3

Musik als Geschäft

kein Schaden für die Käufer

Die Frage, ob **Musik eine Macht** darstellt, ist **von vornherein verfehlt.** Es kommt immer auf die Menschen an, die Musik nutzen. Wir können uns den Klängen und Melodien, die im Alltag auf uns einströmen, kaum entziehen, da der Hörsinn sich so wenig abschalten lässt wie das Atmen. Aber wir können der Musik eine Bedeutung beimessen: durch aktive Teilhabe. Denjenigen, die die positiven Effekte von Musik nutzen möchten, kann nur geraten werden: Macht Musik! Lasst euch nicht einlullen, sondern werdet aktiv! Dann habt ihr es selbst in der Hand und könnt darüber entscheiden, wo die Musik spielt.

**Schluss:**
Frage nach der Macht von Musik verfehlt

Einbeziehen des Nebenthemas: Anspielung auf Redewendung

**Aufgabe:**
– Arbeiten Sie die Aussagen der Autorin heraus; berücksichtigen Sie dabei, wie sie den Text gestaltet hat.
– Setzen Sie sich kritisch mit den Argumenten der Autorin auseinander.
– Erörtern Sie, über den Text hinausgehend, inwieweit heutzutage Selbstverwirklichung im Arbeitsleben möglich ist.

[Schwerpunkt Texterörterung]

Evelyn Finger

# Ich habe auch Spaß!

### Das kapitalismuskritische Mantra der Stunde lautet:
### Arbeitet weniger, macht mal richtig frei! Doch der Feierabend wird überschätzt

Am liebsten hätte ich diesen Artikel an der Ostsee geschrieben. Ich erledige meine Arbeit nämlich gern in der Freizeit, auch wenn die Apostel der Work-
5 Life-Balance uns davor warnen, die beiden Welten zu vermischen: den mühsamen Broterwerb und das süße Nichtstun, die profane Ökonomie und den heiligen Feierabend, das Dienstliche und
10 das Private, die Pflicht und das Spiel. Mit anderen Worten: Arbeit darf keinen Spaß machen. Das ist umso merkwürdiger, als das Maß an entfremdeter Arbeit abnimmt. Viele Menschen haben
15 heute einen erfüllenden Beruf. Trotzdem predigen uns teure Berater, dass die Arbeit nicht das Leben sei. Wir mögen das bitte trennen. Ordnung muss sein! Diese Berater hatten anscheinend
20 noch nie einen richtig wilden und glücklichen Arbeitstag. Und in dem legendären Aufsatz von Friedrich Engels[1] über den *Anteil der Arbeit an der Menschwerdung des Affen* haben sie
25 auch lange nicht mehr geblättert. Engels fand, dass erst die Arbeit den Menschen zum Menschen mache. Sie sei unendlich mehr als nur ein Mittel der Ausbeutung und eine Quelle des
30 Reichtums – Lebensnotwendigkeit und Ausdruck unseres Menschseins. Jeder, der sich schon einmal ganz in eine anstrengende Tätigkeit vertiefte und dabei alles um sich herum vergaß, kann das
35 bestätigen. Arbeit ist befreiend. Arbeit ist beglückend. Oder mit Goethe: „Des echten Mannes wahre Feier ist die Tat." Man braucht aber keine Klassiker, um die neueste Ideologie der Arbeitswelt –
40 die Verherrlichung der Freizeit – zu widerlegen. Was wäre denn so schlimm daran, diesen Artikel am Wochenende zu schreiben? Dann säße die Autorin jetzt nicht wie eine biedere Büromaus
45 im Hamburger Pressehaus der *ZEIT*, sondern wie ein freier Mensch in ihrer holsteinischen Ferienhütte. Dort ist der Himmel heller als in der Stadt, geht der Blick aus dem Arbeitszimmer in die Wei-
50 te. Wenn man das Fenster öffnet, riecht man das Meer. Und die zufriedenen Bauern, deren knatternde Traktoren den Takt des Werktages vorgeben, strafen die urbane Work-Life-Balance-Religion
55 Lügen.
Einst war Tätigsein das Ideal, nun wird es ersetzt durch sein Gegenteil: Untätigsein, Zerstreuung, Amüsement. Während alle Welt um Arbeitsplätze kon-
60 kurriert, ist die Arbeit selbst in Misskredit geraten. Ja: Das hat triftige Gründe. Außer dem steigenden Leistungsdruck, außer der Überforderung durch ständige elektronische Erreichbarkeit, außer
65 Angst vor Jobverlust gibt es auch noch den modischen Zwang zur guten Laune.

Die *ZEIT*-Autoren Amrai Coen und Thomas Fischermann haben in der vergangenen Ausgabe dieser Zeitung beschrieben, wie Teamchefs ihre Mitarbeiter mit Motivationsspielen quälen. Gemeinsames Angeln, gemeinsames Kegeln, gemeinsames Panzerfahren. Und wer nicht mitmacht, gilt als Spielverderber. Tatsächlich ermöglicht die Pervertierung der Teamidee neue Formen von Herrschaft am Arbeitsplatz und darüber hinaus. Die Autoren klagen: „Vorbei die Zeit, als Arbeit Arbeit und Freizeit Freizeit war."
Doch das ist die falsche Klage. Die Autoren stimmen in das irrige Mantra ein, dass unser Heil in der Trennung von Arbeit und Freizeit liege. Wenn das Glück aber erst nach Dienstschluss beginnt: Genügt es uns? Und was, wenn das Fitnesstraining sich als öde erweist und die Liebsten uns zum Feierabend mürrisch empfangen? Die Bevölkerung leidet unter Freizeitstress, und das Privatleben ist oft derart mit Erwartungen überfrachtet, dass es misslingen muss. In der angeblich heilen Welt jenseits der Arbeit stehen sich unsere widerstreitenden Wünsche im Weg: nach Selbstverwirklichung, aber auch Liebe; nach Ruhe, aber auch Event. Vielleicht würde es helfen, der Freizeit weniger Wert beizumessen und mal wieder genüsslich zu arbeiten – anstatt hektisch die After-Work-Party zu planen, damit der Tag ein Erfolg war.
Unsere Freizeitbedürfnisse sind ja oft repressive Bedürfnisse. „In der Freizeit bündeln sich die Gegenbilder der Arbeit: die Muße, das Feiern, das Spiel", schreibt der Philosoph Dieter Thomä. „Es ergeht das Verdikt, dass die Zeit, die man mit Arbeit zubringt, nichts anderes als Unfreizeit, also Unfreiheit sei.

Doch die Freizeit ist gar nicht so unbeschwert, wie es scheint." Sie stelle sich oft selber als leer heraus, sodass wir Beschäftigungen erfinden müssten, um sie totzuschlagen.
Warum darf Arbeit keinen Spaß machen? Weil die Menschen aus dem Paradies in die Wirklichkeit des Broterwerbs vertrieben wurden? Weil ein gewisses Arbeitsethos und eine gewisse Lustfeindlichkeit Tradition sind? Der lustvolle und lustige Mensch, für den die Arbeit ein Spiel ist, scheint auch in der modernen Wirtschaft Ängste auszulösen. Denn wer glücklich ist, ist frei und unkontrollierbar. Vielleicht kommt daher die neue Chefmode, sich demonstrativ um die Work-Life-Balance seiner Mitarbeiter zu sorgen. Befahl der Chef früher, man solle Dampf machen, ergeht jetzt der Ratschlag: Machen Sie mal Urlaub!
Komisch, dass der Rat oft von Leuten kommt, die sich selber innerlich schon in den Urlaub verabschiedet haben. Die keine Lust mehr haben, arbeitend die Welt zu verändern. Aber dafür Angst vor Konkurrenz. [...] Und seit der amerikanische Soziologe Richard Sennett seinen Bestseller *Der flexible Mensch* schrieb, fürchten wir uns vor plötzlicher unverschuldeter Arbeitslosigkeit. Doch die ist nicht nur aus ökonomischen Gründen fürchterlich. Verlust von Arbeit ist Verlust von Sinn. Ohne sie kann ein Mensch verkümmern. Deshalb sollte man arbeiten, solange es noch Spaß macht. Und wenn die Lebensberater einem einreden wollen, dass man sich jetzt unbedingt aktiv ausruhen müsse – dann sagt man: Nein danke, ich arbeite lieber. Und ausruhen kann ich mich, wenn ich tot bin.

*Aus: DIE ZEIT Nr. 45 vom 31. 10. 2012, S. 33*

**Worterklärung**
1 Friedrich Engels (1820–1895): Mitbegründer des Marxismus

# Lösungsvorschlag in Grundzügen

## Hinweise und Tipps

Die **Aufgabenstellung** setzt sich, wie es für eine Texterörterung typisch ist, aus zwei größeren Teilen zusammen. Zum einen geht es um eine Analyse des Kommentars der Autorin, und zum anderen kommt es auf eine Erörterung des in dem Text dargestellten Themas an. Die drei einzelnen Aufgaben erfordern allerdings auch eine weitere Differenzierung.

– Sie beginnen Ihren Aufsatz mit einer **Einleitung**, die zunächst das Thema des Zeitungsartikels nennt. Dabei können Sie sich am Titel sowie am Untertitel orientieren. Sie sollten jedoch eigenständige Formulierungen gebrauchen. Anschließend fassen Sie die wichtigsten Daten zum Text (Name der Autorin, Titel und Textsorte) und zur Quelle (Name der Zeitung, Tag der Veröffentlichung) zusammen.

– Der **Hauptteil** fängt mit einer **Textwiedergabe** an, mit der Sie die wichtigsten Argumente der Autorin in eigenen Worten und in der Zeitstufe Präsens zusammenstellen. Verdeutlichen Sie dabei, dass es sich um die Behauptungen der Verfasserin und nicht um Ihre eigenen Thesen handelt, indem Sie regelmäßige Hervorhebungen („Die Autorin meint, dass ...", „Nach Ansicht der Journalistin", usw.) und Konjunktive verwenden.
Die erste Aufgabe verlangt darüber hinaus eine Untersuchung der Vorgehensweise der Autorin. Erläutern Sie also, welche formalen und sprachlichen Mittel in dem Kommentar vorkommen und wie die Autorin bei ihrer Darstellung argumentiert.

– Die zweite Aufgabe erfordert eine **persönliche Stellungnahme** zu den Ansichten der Verfasserin. Beschreiben Sie, welchen Thesen Sie zustimmen und welche Sie ablehnen. Begründen Sie jeweils Ihr Urteil.

– Bei der dritten Aufgabe handelt es sich um eine **selbstständige Erörterung** des Themas, welche Möglichkeiten zu einer Selbstverwirklichung im Arbeitsleben heutzutage bestehen. Am besten greifen Sie dabei einige Aspekte aus dem Kommentar auf und führen diese weiter aus. Zusätzlich sollten Sie Ideen vorstellen, die im Text nicht erwähnt sind, aber die Bandbreite der Thematik erweitern. Als sinnvoll erscheint jeweils eine Abwägung von Pro- und Kontra-Argumenten, wobei Sie jedoch am Ende klar Stellung beziehen sollten.

– Mit einem inhaltlich ausgewogenen **Fazit**, das Ihre gut begründete Position zu dem Thema „Selbstverwirklichung im Arbeitsleben" enthält, können Sie Ihre Ausführungen abrunden.

Für das **methodische Vorgehen** ist zu empfehlen, zunächst den Artikel der Autorin gründlich durchzulesen und ihre Argumentation genau zu erfassen, weil dies die Grundlage für Ihre spätere Stellungnahme sowie Ihre abschließende Erörterung bildet.

– Die erste Lektüre des Kommentars dient dazu, das **Anliegen** der Verfasserin und ihren **Argumentationsgang** zu verstehen. Beim zweiten und dritten Lesen markieren Sie wichtige Stellen im Text, schreiben Sie kurze Anmerkungen an den Rand oder notieren Sie Stichwörter auf ein Konzeptblatt.
Sortieren Sie die aus dem Kommentar herausgefilterten Informationen nach den drei Bereichen wesentliche Daten (für die Einleitung), wichtigste Thesen (für die Textwiedergabe) und charakteristische Gestaltungsformen (für die Analyse des Textes: zweiter Teil der ersten Aufgabe), und verfassen Sie anschließend den Anfang Ihres Aufsatzes.

– Bei einem erneuten Lesen unterstreichen Sie die Argumente der Autorin, die Sie selbst befürworten (z. B. in blauer oder grüner Farbe), und stellen Sie die Behauptungen heraus, die Sie persönlich kritisieren (z. B. in Rot). Sie können auch auf einem Konzeptblatt diese positiven und negativen Beispiele anordnen, die Sie anschließend in eine sinnvolle Reihenfolge bringen und dann ausformulieren, indem Sie jeweils ausführen, warum die verschiedenen Argumente Sie überzeugen oder nicht. Bei dieser **Stellungnahme** sollte Ihre eigene Haltung deutlich werden, die Sie in Abgrenzung zur Argumentation der Verfasserin („meiner Meinung nach", „Wie ich glaube", „im Gegensatz zur Autorin", usw.) hervorheben.

- Für die abschließende **Erörterung** des Themas überlegen Sie sich, wie man sich heutzutage im Berufsleben selbst verwirklichen kann. Gehen Sie dabei von eigenen Wünschen und Vorstellungen aus, beziehen Sie aber auch Beispiele aus Ihrem Bekannten- und Freundeskreis ein. Mögliche Erfolge und Misserfolge sollten gleichermaßen berücksichtigt werden, indem Sie die Vielfalt, aber auch die Komplexität des heutigen Arbeitsmarktes in einem zunehmend globalisierten Wettbewerb thematisieren.
- Formulieren Sie am Ende Ihrer Ausführungen eine **Schlussfolgerung**, mit der Sie aus den positiven und negativen Fallbeispielen Ihre persönlichen Erkenntnisse ziehen.
- Achten Sie beim Verfassen Ihres Aufsatzes auf eine insgesamt **zusammenhängende Darstellung**, indem Sie die verschiedenen Teilbereiche (Abschnitte!) durch elegante Überleitungen miteinander verbinden. Benutzen Sie einen eigenständigen Sprachstil, der sich besonders von den Formulierungen der Autorin abhebt.

„Erst die Arbeit, dann das Vergnügen!" So lautet ein viel zitiertes Sprichwort. Beruf und Freizeit sind in unserer Gesellschaft zwei streng getrennte Lebensbereiche, die offenbar wenig miteinander zu tun haben. Dass dies nicht unbedingt so sein muss, demonstriert die Journalistin Evelyn Finger in ihrem gesellschaftskritischen **Kommentar** „Ich habe auch Spaß!", der am 31. Oktober 2012 in der Ausgabe Nr. 45 der Wochenzeitung „Die Zeit" erschienen ist. *Einleitung*

In ihrer Argumentation geht Evelyn Finger von ihrer **persönlichen Situation** aus: Ihren Zeitungsartikel hätte sie gerne in ihrer Freizeit an der Ostsee verfasst, denn sie befürwortet die strikte Trennung zwischen Arbeit und Erholung nicht. Entgegen den vielen Beratern, die für ein pflichtbewusstes nüchternes Arbeitsethos plädieren, setzt sie sich für eine erfüllende berufliche Tätigkeit ein, die auch Spaß machen darf. *Textwiedergabe*
Die Autorin hält den neuen Kult um die Freizeit für völlig übertrieben. Sie sieht darin eine unangemessene Reaktion auf die zunehmenden Anforderungen im Beruf, wobei die Berufstätigen auch noch ständig erreichbar sein müssten.
Durch die Trennung von Arbeit und Erholung werden – laut Evelyn Finger – die Hoffnungen auf eine entspannende, glückliche Freizeit überstrapaziert, sodass Enttäuschungen vorprogrammiert seien. Freizeitstress auf der einen Seite und Frustrationen auf der anderen Seite seien die Folgen dieser überzogenen Erwartungen an ein unbeschwertes Privatleben nach Feierabend.
Die Journalistin tritt für ein Gegenmodell ein, bei dem **Arbeit und Spaß miteinander versöhnt** sind. Doch sie erkennt auch die Probleme, die von einer solchen Lösung ausgehen, denn ausgeglichene Mitarbeiter würden von vielen Chefs als Bedrohung gesehen, weil die Vorgesetzten solche Mitarbeiter schlechter unter Kontrolle halten könnten.
In der zunehmenden Angst vor Arbeitslosigkeit erkennt die Autorin eine weitere Ursache für die neue rigide Arbeitsmoral. Ihrer Meinung nach stellt aber ein Jobverlust nicht nur einen großen wirtschaftlichen Nachteil, sondern vor allem einen Verlust von Lebenssinn dar. Deshalb sollten die Menschen arbeiten, solange es ihre Kräfte erlauben und sie bei ihrer Tätigkeit Freude erleben.

Mit Zuspitzungen, Übertreibungen und anschaulichen Konfrontationen gestaltet die Autorin ihren Text sehr lebendig und abwechslungsreich. Von vornherein wird deutlich, dass sie die neuen sozio-ökonomischen Tendenzen zu einer Aufwertung der Freizeitgestaltung völlig ablehnt und eine trag- *Textgestaltung* fähige Zukunft für unsere Lebensweise eher in einer neuen Verbindung von sinnvoller Berufstätigkeit und unbeschwerter Lebensfreude sieht.

**Eigene Erfahrungen** verdeutlichen, dass die Autorin ihre journalistische Tätigkeit auch „in ihrer holsteinischen Ferienhütte" (Z. 46 f.) an der Ostsee ausüben könnte, anstatt „im Hamburger Pressehaus der ZEIT" (Z. 45) zu sitzen. Mit dieser Landidylle zeigt sie den **Kontrast** zu der öden, langweiligen Arbeitswelt in der Stadt auf und beschreibt damit gleichzeitig **Alternativen** zu herkömmlichen Lebens- und Arbeitsformen.

*Gegensatz im eigenen Leben*

Durch **Zitate** des Marxisten Friedrich Engels (Z. 21 ff.), des Dichters Goethe (Z. 36 f.), des Philosophen Dieter Thomä (Z. 104 ff.) und des amerikanischen Soziologen Richard Sennett (Z. 138 ff.) weist E. Finger darauf hin, dass berühmte Persönlichkeiten aus Vergangenheit und Gegenwart eine ähnliche Position vertreten haben.

*Zitate*

Ihre eigene Haltung unterstreicht die Journalistin, indem sie immer wieder schroffe **Antagonismen** zu den von ihr kritisierten „Berater[n]" (Z. 16) herausarbeitet. Gleich zu Beginn bildet sie markante Gegensatzpaare („den mühsamen Broterwerb und das süße Nichtstun", „profane Ökonomie" – „den heiligen Feierabend", „das Dienstliche und das Private", „die Pflicht und das Spiel", Z. 6 ff.), die ihre deutliche Ablehnung der neuen „Ideologie der Arbeitswelt" (Z. 39) auf den Punkt bringen. An ihrem eigenen Beispiel zeigt sie, dass sie entweder als „biedere Büromaus" (Z. 44) oder „wie ein freier Mensch" (Z. 46) ihre Arbeit ausführen könne. Ihr eindeutiges Fazit lautet, dass sie ein lebenslanges „Tätigsein" gegenüber dem propagierten „Untätigsein" (Z. 56 ff.) bevorzuge.

*Gegensätze im Berufsleben*

Viele **Aufzählungen** führen dem Leser vor Augen, dass das empfohlene Freizeitverhalten („Untätigsein, Zerstreuung, Amüsement", Z. 57 f.) der selbsternannten Arbeitsgurus nur zu falschen, widersprüchlichen Erwartungen (Selbstverwirklichung, Liebe, Ruhe, Event – vgl. Z. 96 f.) verleite und letzten Endes neue Ängste (Leistungsdruck, Überforderung, Angst vor Jobverlust – vgl. Z. 62 ff.) auslöse.

*Konkrete Beispiele*

Mit **Spott** und **Ironie** werden die falschen Versprechen und Illusionen der neuen „Lebensberater" (Z. 148) und „Apostel" (Z. 4) vorgeführt: Rigide Sentenzen („Arbeit darf keinen Spaß machen.", Z. 11 f.) sowie ein kategorischer Imperativ („Ordnung muss sein!", Z. 18 f.) veranschaulichen deren freudloses Credo. Diese fast religiösen Lebensweisheiten, die uns „teure Berater" (Z. 16) neuerdings täglich „predigen" (Z. 16), sowie die ihnen gehorchenden Teamchefs, die ihre Mitarbeiter „mit Motivationsspielen quälen" (Z. 71), stellen die „angeblich heile[] Welt jenseits der Arbeit" (Z. 93 f.) infrage. Mit dieser Distanzierung entlarvt die Autorin die neue Heilslehre, die sich mit **Anglizismen und Neologismen** („die urbane Work-Life-Balance-Religion", Z. 54; „After-Work-Party", Z. 101) zwar modern gibt, aber alles in allem zu gewaltigen Fehlentwicklungen in der modernen Arbeitswelt führt. Mehrere **rhetorische Fragen** wie „Genügt es uns?" (Z. 86) oder „Warum darf Arbeit keinen Spaß machen?" (Z. 116 f.) verstärken noch die Fragwürdigkeit der neuen Methoden, mit denen ein kritisch denkender Mensch nicht einverstanden sein kann. Evelyn Finger zufolge muss das „irrige Mantra" (Z. 82), das nur „die Verherrlichung der Freizeit" (Z. 40) zum Ziel hat, bekämpft werden, damit sich wieder eine lustvolle Arbeitsmoral durchsetzen kann.

*Ironische Distanz*

Wie man sich den neuen Zwängen eines verordneten Freizeitverhaltens entziehen kann, zeigt die Verfasserin am Ende ihres Kommentars, indem sie die Allgemeinheit für sich vereinnahmt und diese in **direkter Rede** ihren starken Willen bekunden lässt: „Nein danke, ich arbeite lieber." (Z. 151 f.)

Gegenposition

Als Ziel ihres erträumten Arbeitsethos, das Mühe und Freude vereint, wünscht sich E. Finger einen Menschen, der regelmäßig „einen richtig wilden und glücklichen Arbeitstag" (Z. 20 f.) erleben kann und deshalb „frei und unkontrollierbar" (Z. 125 f.) gegenüber seinen Vorgesetzten auftreten und sich somit in seinem Beruf selbst verwirklichen kann.

Ideal

Der **Titel** des Kommentars („Ich habe auch Spaß!") weist bereits vor den Ausführungen der Journalistin darauf hin, dass Arbeiten und Freude kein Widerspruch sein müssen. In dem etwas längeren **Untertitel** fasst die Autorin ihre Kritik an der neuen Arbeitsideologie in drei kurzen Sätzen zusammen.

Erläuterung des Titels

Evelyn Finger beschreibt in vereinfachter Form ein **Arbeitsideal**, das es in einigen Bereichen bereits früher gegeben hat und auch heute noch existiert, das aber auch von vielen Menschen aus unterschiedlichsten Gründen nicht zu verwirklichen ist. Ein Berufsleben, das Anstrengung und Freude miteinander verbindet und dadurch zu einer sinnerfüllten Tätigkeit wird, wird von vielen angestrebt.

Stellungnahme: kritische Auseinandersetzung mit den Argumenten der Autorin

– Bereits vor Jahrhunderten haben Bauern und Handwerker ihre Arbeit zu Hause verrichtet. **Privat- und Berufsleben** waren **eng miteinander verzahnt**; mangelnde Mobilität und ökonomische Zwänge verhinderten eine räumliche Trennung von Wohnen und Arbeiten sowie eine Trennung von Freizeit und Arbeitszeit.
– **„Das Hobby zum Beruf machen."** In diesem Motto äußert sich der Traum vieler Menschen, nach der Ausbildung einem Beruf nachzugehen, der Spaß macht und das Gefühl eines fremd gesteuerten Lebens erst gar nicht aufkommen lässt.
– Viele berufliche Tätigkeiten lassen sich bereits heute von zu Hause aus durchführen. Architekten, Wirtschaftsberater oder Schriftsteller haben oft ein Büro in ihrer Wohnung und können damit in vertrauter Umgebung ihre Zeit individuell einteilen.
– Wer gern reist oder andere Länder sehen möchte, hat heutzutage viele Möglichkeiten, im Tourismus eine geeignete Stelle zu finden, indem er als Reiseleiter, Busfahrer, Animateur, Tauchlehrer oder als Eventmanager tätig ist.
– Im Gegensatz zu den von E. Finger diskreditierten „Motivationsspielen" von Teamchefs mit ihren Mitarbeitern können interne Schulungen und Fortbildungen das Leben der Berufstätigen bereichern, wenn gezielt an Defiziten gearbeitet oder Fähigkeiten systematisch verbessert werden. Wenn gute Fachkräfte diese Veranstaltungen leiten, kann nicht nur Spaß am Lernen entstehen, sondern darüber hinaus das ganze Betriebsklima verbessert werden, sodass alle wieder gerne zur Arbeit gehen und ihre Leistungen steigern, was letzten Endes der ganzen Firma zugutekommt.

Zustimmung

So schön der Traum von einem erfüllten Berufsalltag auch sein mag, muss man doch immer wieder feststellen, dass er für viele nicht realisierbar ist. Vielleicht ist er sogar nicht einmal wünschenswert. Ablehnung

– Um Geld zu verdienen und damit ihre Familien versorgen zu können, nehmen viele eine Stelle an, die nur selten Spaß macht. In manchen gut bezahlten Jobs wird schon gar nicht erwartet, dass die Freude an der täglichen Arbeit im Vordergrund steht. Bei **Akkord- oder Fließbandarbeit** kommt es vor allem darauf an, dass man einen guten Lohn erzielt, um von den Einkünften seine privaten Wünsche erfüllen zu können.

– Viele Tätigkeiten sind so anstrengend, dass die Arbeitnehmer nach einer gewissen Zeit Urlaub brauchen, um sich zu erholen und ihre Arbeitskraft wiederherzustellen. Nicht umsonst hat der Gesetzgeber entsprechende Regelungen vorgesehen. Deshalb müssen auch Überstunden in Form von Freizeit und nicht einfach nur durch Geld ausgeglichen werden.

– Auch eine Berufstätigkeit zu Hause muss kein Idealzustand sein. Durch die **Vermischung von Arbeit und Freizeit** kann die Leistung leiden und damit können die Einkünfte sinken. Vor allem die Konzentration ist gefährdet, wenn die übrigen Familienmitglieder davon ausgehen, dass der Berufstätige ständig zu ihrer Verfügung steht, und die Familie wiederum kann sich gestört fühlen, wenn sie immer wieder zu beruflichen Zwecken eingespannt wird. So können gegenseitige Erwartungen zu erheblichen psychischen Problemen führen. Auch ist das „**Abschalten**" vom Beruf **deutlich erschwert**.

– Eine Trennung von Beruf und Freizeit kann äußerst sinnvoll sein, weil man sich bei der Arbeit auf seine Leistung konzentriert und den Feierabend oder das Wochenende umso mehr genießt, je mehr man bei der Arbeit zustande gebracht hat. So bereichern sich diese beiden Lebensbereiche gegenseitig, indem man während der Arbeitszeit mit seinen Kollegen zusammenarbeitet und zu Hause ganz für seine Familie oder für seine Freunde da ist.

– Trainingsprogramme oder Fortbildungen können abschreckend wirken, wenn sie nur aus psychologischen Spielereien bestehen, die einerseits von den Vorgesetzten aufgezwungen werden, andererseits keine Verbesserungen bei der beruflichen Karriere erbringen. So können berufliche Veranstaltungen außerhalb des Betriebs statt zu einem besseren Miteinander eher zu einer größeren Distanz und zu einer Fremdbestimmung führen.

Ist heutzutage eine Selbstverwirklichung im Arbeitsleben möglich? Erörterung

Da sich das Arbeitsleben in den letzten Jahrzehnten grundsätzlich gewandelt hat und heute eine größere Vielfalt an Arbeitsformen besteht als je zuvor, scheint es auf diese Frage nur eine positive Antwort zu geben. Pro-Argumente

– In den vergangenen Jahren sind viele **neue Berufe** (vor allem im IT- und Kommunikationsbereich) entstanden, sodass Berufseinsteiger eine gute Perspektive vorfinden. Durch Berufsberatung und Weiterbildungen können individuelle Neigungen und Fähigkeiten herausgefunden und konsequent entwickelt werden.

– An fast jedem Arbeitsplatz haben **technische Neuerungen**, insbesondere durch computergesteuerte Vorgänge, für mehr Abwechslung gesorgt, sodass viele Betätigungen mehr Spaß machen und einfacher auszuführen sind als früher.

- In vielen Medien werden **Traumberufe** präsentiert, die einen auf neue Ideen bringen. Informationsquellen, die an diese begehrten Jobs heranführen, sind zahlreich und für alle zugänglich.
- In vielen Unternehmen sind keine Einzelkämpfer mehr gefragt, weil anstehende (Groß-)Projekte nur noch im **Team** entwickelt werden können. Gemeinsames Arbeiten, das Einbringen von Ideen und die Identifizierung mit der eigenen Arbeitsgruppe werden oft als große Bereicherung für die eigene Persönlichkeitsentwicklung empfunden.
- Wer mit seiner momentanen Arbeit unzufrieden ist, kann jederzeit seine Stelle wechseln und einen besseren Job suchen. **Mobilität** und **Flexibilität** sind heutzutage ohnehin häufig propagierte Voraussetzungen, die ein moderner Arbeitnehmer erfüllen muss, um in einem zunehmend globalen Wettbewerb erfolgreich und glücklich zu sein.

Die neue Arbeitswelt sieht nur in der Werbung oder in märchenhaften Erzählungen schön und bunt aus, die Realität spricht oft eine andere Sprache. **Kontra-Argumente**
- Für viele Hochschulabsolventen ist es anfangs schwierig, einen geeigneten Job zu finden. Deshalb nehmen sie zunächst viele **Nachteile** und dazu eine **schlechte Bezahlung** in Kauf, um erst einmal in der Berufswelt Fuß zu fassen.
- Niedrigqualifizierte denken sowieso nicht in erster Linie an Selbstverwirklichung im Beruf. Für sie geht es hauptsächlich um die **Sicherung des Existenzminimums**. Aber auch manche Berufseinsteiger, die als „überqualifiziert" gelten, sind zufrieden, wenn sie eine Tätigkeit finden, bei der sie etwas Geld verdienen können.
- Wer seinen Traumberuf anstrebt, muss oft feststellen, dass die begehrten Positionen bereits vergeben sind. Um auf dem einmal eingeschlagenen Berufsweg voranzukommen, muss man ein **hartes Auswahlverfahren** durchlaufen, viele **Entbehrungen** auf sich nehmen und immer wieder **Rückschläge** verkraften, um dann letzten Endes doch zu resignieren, weil sich das Ziel als Illusion herausstellt.
- Unsere Betriebe stehen heute in einem harten globalen Wettbewerb. Konkurrenz und ein nie nachlassender Preiskampf sorgen dafür, dass die Firmen den Druck an ihre Mitarbeiter weitergeben. Dieser permanente **Leistungszwang** lässt dann nur wenig Spielraum für die erträumte Selbstentfaltung.
- Statt Euphorie und Lebensfreude herrschen auf dem Arbeitsmarkt **Ängste** vor. Dies trifft vor allem die zunehmende Zahl älterer Arbeitnehmer, deren Leistungsfähigkeit nachlässt. Aber auch allgemeine Versagensängste, ein schlechtes Betriebsklima oder die Unfähigkeit, mit einem dauerhaften Leistungsdruck umzugehen, führen dazu, dass psychische Probleme (z. B. Burn-out) in unserer modernen Arbeitswelt stark zunehmen.

Noch nie waren die Chancen so groß wie heute, einen Traumjob zu finden und damit sich im Berufsleben selbst zu verwirklichen. Aber es besteht auch die Gefahr, dass die Erwartungen an eine positive berufliche Zukunft überzogen ausfallen, weil die eigenen Fähigkeiten überschätzt werden oder die Wirklichkeit zu rosig gesehen wird. Deshalb ist ein flexibles Vorgehen zu empfehlen, das auf die Gegebenheiten Rücksicht nimmt, aber auch die lange gehegten Berufswünsche nicht außer Acht lässt. **Fazit**

**Aufgabe:**
– Interpretieren Sie die Textstelle im Kontext der vorangegangenen Handlung.
– Frischs „Homo faber", Büchners „Dantons Tod" und Stamms „Agnes": Erörtern Sie in einer vergleichenden Betrachtung, inwieweit Faber, Danton und der Ich-Erzähler in Peter Stamms „Agnes" scheitern.
[Bitte beachten Sie, dass der Schwerpunkt der Gewichtung auf der zweiten Teilaufgabe liegt.]

**Max Frisch: Homo faber. Ein Bericht (Auszug)**

*The American Way of Life:*
Schon ihre Häßlichkeit, verglichen mit Menschen wie hier: ihre rosige Bratwurst-Haut, gräßlich, sie leben, weil es Penicillin gibt, das ist alles, ihr Getue dabei, als wären sie glücklich, weil Amerikaner, weil ohne Hemmungen, dabei sind sie nur schlaksig und laut
5  – Kerle wie Dick, die ich mir zum Vorbild genommen habe! – wie sie herumstehen, ihre linke Hand in der Hosentasche, ihre Schulter an die Wand gelehnt, ihr Glas in der andern Hand, ungezwungen, die Schutzherren der Menschheit, ihr Schulterklopfen, ihr Optimismus, bis sie besoffen sind, dann Heulkrampf, Ausverkauf der weißen Rasse, ihr Vakuum zwischen den Lenden. Mein Zorn auf mich selbst!
10  (Wenn man nochmals leben könnte.)
Mein Nacht-Brief an Hanna –
Am andern Tag fuhr ich hinaus an den Strand, es war wolkenlos und heiß, Mittag mit schwacher Brandung: die auslaufenden Wellen, dann das Klirren im Kies, jeder Strand erinnert mich an Theodohori.
15  Ich weine.
Das klare Wasser, man sieht den Meeresgrund, ich schwimme mit dem Gesicht im Wasser, damit ich den Meeresgrund sehe; mein eigener Schatten auf dem Meeresgrund: ein violetter Frosch.
Brief an Dick.
20  Was Amerika zu bieten hat: Komfort, die beste Installation der Welt, ready for use, die Welt als amerikanisiertes Vakuum, wo sie hinkommen, alles wird Highway, die Welt als Plakat-Wand zu beiden Seiten, ihre Städte, die keine sind, Illumination, am andern Morgen sieht man die leeren Gerüste, Klimbim, infantil, Reklame für Optimismus als Neon-Tapete vor der Nacht und vor dem Tod –
25  Später mietete ich ein Boot.
Um allein zu sein!
Noch im Badkleid sieht man ihnen an, daß sie Dollar haben; ihre Stimmen (wie an der Via Appia), nicht auszuhalten, ihre Gummi-Stimmen überall, Wohlstand-Plebs.
Brief an Marcel.
30  Marcel hat recht: ihre falsche Gesundheit, ihre falsche Jugendlichkeit, ihre Weiber, die nicht zugeben können, daß sie älter werden, ihre Kosmetik noch an der Leiche, überhaupt ihr pornografisches Verhältnis zum Tod, ihr Präsident, der auf jeder Titelseite lachen muß wie ein rosiges Baby, sonst wählen sie ihn nicht wieder, ihre obszöne Jugendlichkeit –
Ich ruderte weit hinaus.
35  Hitze auf dem Meer –
Sehr allein.

Ich las meine Briefe an Dick und an Marcel und zerriß sie, weil unsachlich; die weißen
Fetzchen auf dem Wasser; mein weißes Brusthaar –
Sehr allein.
40 Später wie ein Schulbub: ich zeichne eine Frau in den heißen Sand und lege mich in diese
Frau, die nichts als Sand ist, und spreche laut zu ihr –
Wildlingin!
Ich wußte nicht, was anfangen mit diesem Tag, mit mir, ein komischer Tag, ich kannte
mich selbst nicht, keine Ahnung, wie er vergangen ist, ein Nachmittag, der geradezu wie
45 Ewigkeit aussah, blau, unerträglich, aber schön, aber endlos – bis ich wieder auf der
Prado-Mauer sitze (abends) mit geschlossenen Augen; ich versuche mir vorzustellen, daß
ich in Habana bin, daß ich auf der Prado-Mauer sitze. Ich kann es mir nicht vorstellen,
Schrecken.
Alle wollen meine Schuhe putzen –
50 Lauter schöne Menschen, ich bewundere sie wie fremde Tiere, ihr weißes Gebiß in der
Dämmerung, ihre braunen Schultern und Arme, ihre Augen – ihr Lachen, weil sie gerne
leben, weil Feierabend, weil sie schön sind.

*Max Frisch: Homo faber. Ein Bericht. Frankfurt/M.: Suhrkamp 1955*

---

## Lösungsvorschlag in Grundzügen

### Hinweise und Tipps

Der Aufgabentyp I bezieht sich auf die Werke, die für den jeweiligen Abiturjahrgang als
Pflichtlektüren vorgeschrieben sind und im Unterricht ausführlich behandelt wurden. Für die-
sen Aufgabentyp sind Sie bestens gerüstet, wenn Sie die Werke mit Interesse gelesen und im
Unterricht mitgearbeitet haben. Durch eine nochmalige Lektüre und die Rekapitulation Ihrer
Unterrichtsmaterialien und -mitschriften vor dem Abitur, eventuell ergänzt durch Lektürehil-
fen, können Sie sich inhaltlich gezielt darauf vorbereiten.

### Teilaufgabe 1

Die **Aufgabenstellung** gliedert sich in **zwei Teile**: Im ersten wird die **Interpretation** eines
Textauszugs – hier aus „Homo faber" – verlangt, im zweiten die vergleichende Betrachtung
der literarischen Werke („Sternchenthemen"). Beide Teilaufgaben sind durch Spiegelstriche
kenntlich gemacht. Sie sollen nicht, wie z. B. die nummerierten Aufgaben in Mathematikklau-
suren, einfach nacheinander abgehandelt werden, sondern ein stimmiges Ganzes ergeben. Die
übliche **Gliederung** in Einleitung, Hauptteil (hier zweiteilig, s. Aufgabenstellung) und Schluss
mit passenden Überleitungen ist also auch hier erforderlich.
Machen Sie sich in einer **Themenanalyse** bewusst, was genau von Ihnen erwartet wird, und beachten Sie hierzu die verwendeten Operatoren. Der **Operator „interpretieren" (erste Teilaufgabe)** wird ergänzt durch den Hinweis auf den **Kontext der vorangegangenen Handlung**.
Es gilt also, die Textstelle in den Handlungsverlauf einzuordnen, nicht jedoch die komplette
(Roman-)Handlung wiederzugeben oder gar nachzuerzählen. Überprüfen Sie beim Schreiben
deshalb immer wieder, ob Sie ein sogenanntes besprechendes Tempus (Präsens, bei Vorzeitigkeit Perfekt) verwenden.
Wie bei allen Interpretationsaufgaben müssen Sie Ihre Erkenntnisse begründen und am Text
durch Zitate belegen. Berücksichtigen Sie in Ihrer Interpretation auch die literarische Gattung
des Texts (hier: Roman), seine Struktur (Aufbau des „Berichts" von Walter Faber in zwei
„Stationen", Verwendung der Tagebuchform, Chronologie der Ereignisse und des Berichts)
und seine sprachliche Gestaltung (z. B. Satzbau, Satzzeichen, Verwendung des Konjunktivs).

**Teilaufgabe 2**

Die **zweite** Teilaufgabe nimmt alle drei Pflichtlektüren unter dem thematischen **Vergleichsaspekt des Scheiterns** der männlichen Protagonisten in den Blick. Denken Sie deshalb zunächst gründlich über die Bedeutung dieses Begriffs nach (evtl. mithilfe eines Wörterbuchs): Synonyme wären etwa Missglücken, Misslingen, Versagen, Fehlschlagen; Antonyme z. B. Gelingen, Gedeihen. Versuchen Sie sodann, die Frage möglichst differenziert für die drei Protagonisten zu beantworten und dabei auf die jeweilige Art und das Ausmaß ihres Scheiterns einzugehen (s. Aufgabenstellung: „inwieweit"). Zu den Vorarbeiten gehört es auch, die Werke nach relevanten Textstellen zu durchsuchen und diese mit Seitenangabe und knappen Stichworten zusammenzustellen, etwa in einer Tabelle oder Mindmap (Hinweis: Bei „Dantons Tod" wird im Folgenden aus der Reclam-Ausgabe zitiert).

Bei der Darstellung Ihrer Untersuchungsergebnisse im Aufsatz verlangt die Aufgabenstellung eine **erörternde Schreibhaltung**. Im Unterschied zur ersten Teilaufgabe wird keine detaillierte Textarbeit erwartet, lediglich zentrale Ergebnisse müssen durch Verweise und/oder Zitate abgesichert werden.

Konzeptionell sind bei der Vergleichsaufgabe mehrere Vorgehensweisen möglich, z. B. eine blockweise Untersuchung der drei Werke, die mit einem pointierten Fazit abgeschlossen wird, oder eine parallelisierende Darstellung der Vergleichsergebnisse, die nach Teilaspekten des Scheiterns geordnet werden (z. B. beruflicher Bereich, menschliche Beziehungen, Weltanschauung usw.). Beim vorliegenden Thema bietet es sich an, auf der Grundlage der Ergebnisse aus der ersten Teilaufgabe mit Walter Faber zu beginnen.

Damit Ihr Aufsatz auch von einem Leser ohne Vorkenntnisse verstanden werden kann, ist es unerlässlich, dass Sie auch die Vergleichswerke knapp vorstellen. Informieren Sie deshalb über Autor, Textgattung, Zeit der Entstehung und Handlung, zentrale Figuren und Themen, soweit dies jeweils für das Verständnis Ihres Aufsatzes nötig ist.

**Lösungsvorschlag in Grundzügen**

„Wenn man nochmals leben könnte." – Fast jeder Mensch macht in seinem Leben Erfahrungen, die ihn zu solchen Überlegungen führen. Habe ich etwas falsch gemacht, Schuld auf mich geladen? Wie kann ich Verfehlungen wiedergutmachen? Könnte ich verpasste Chancen nicht noch einmal bekommen, die Weichen neu stellen?

**Einleitung**

Auch Walter Faber, der Protagonist in Max Frischs Roman „Homo faber. Ein Bericht" (1957), lässt kurz vor seinem Tod wichtige **Stationen seines Lebens** noch einmal Revue passieren und äußert diesen unerfüllbaren Wunsch: „Wenn man nochmals leben könnte" (Z. 10).

**Teilaufgabe 1**
M. Frischs Roman „Homo faber" und der Protagonist Walter Faber

Der **Roman** setzt bei Fabers Abflug vom New Yorker Flughafen La Guardia ein, von wo er im Auftrag der UNESCO zu einer dienstlichen Reise nach Mexiko startet. Der Plan des 50-jährigen Schweizer Ingenieurs, der in New York lebt, geht jedoch nicht auf, denn **entgegen aller Wahrscheinlichkeit und Statistik** kommt es zu einer Notlandung in der Wüste von Tamaulipas, wo er den Bruder seines ehemaligen Studienfreundes Joachim kennenlernt und erfährt, dass dieser **Fabers Jugendliebe Hanna** geheiratet hat. In der Folge häufen sich die **Zufälle, die in Fabers rational-technischem Weltbild nicht vorgesehen** sind. In der Begegnung mit der jungen Elisabeth Piper, die er auf einer Schiffsreise nach Europa kennenlernt, wird aus Zufall Schicksal. Denn aus anfänglicher Freundschaft entwickelt sich eine Liebesbeziehung und gegen alle Berechnungen stellt sich heraus, dass **Sabeth** nicht nur Hannas, sondern auch **sein eigenes Kind** ist. Sabeth er-

Romanhandlung, Motive

leidet einen Unfall mit tödlichen Folgen, ohne zu erfahren, dass ihr Liebhaber ihr Vater war. Die Wiederbegegnung mit Hanna macht Faber seine **Schuld** bewusst. Er begibt sich erneut auf Reisen, um schlussendlich nach Athen zurückzukehren, wo er sich in einem Krankenhaus einer längst fälligen Magenoperation unterzieht.

Von den Ereignissen bis zu Sabeths Tod **berichtet Walter Faber im Rückblick** („1. Station"), wobei er die Chronologie des Geschehens immer wieder in Form von Rückblenden in seine Züricher Studienjahre unterbricht. Der Bericht der „2. Station", in der es im Wesentlichen um die Zeit zwischen Sabeths Tod und seiner Rückkehr nach Athen geht, wird in die handschriftlichen, im Roman am Kursivdruck erkennbaren Tagebuchnotizen eingeschoben. *Erzählstruktur des Romans*

Die vorliegende Textstelle ist **Teil der „2. Station"**. Faber befindet sich in einem Krankenhaus in Athen und berichtet von vier Tagen in Habanna, wo er auf einen Anschlussflug warten muss: „Vier Tage nichts als Schauen – " (S. 172). Seine Lebenseinstellung hat sich durch die Begegnung mit Sabeth und nach deren Tod verändert. Er schließt mit seinem alten Leben ab und entdeckt **neue Lebensprinzipien**, die ihm vorher suspekt waren: Schönheit, Sinnlichkeit, Emotionalität, Spontaneität, all dies sieht er in den Kubanern, die ihm begegnen (vgl. S. 172 ff.). Gleichzeitig rechnet er radikal und zynisch mit dem **„American Way of life"** (vgl. S. 170 und Z. 1 ff., 30 ff.) ab, der so lange sein Leben bestimmt hat. Schon die äußere Erscheinung amerikanischer Menschen, „ihre Häßlichkeit, verglichen mit Menschen wie hier: ihre rosige Bratwurst-Haut, gräßlich" (Z. 2 f.), stößt ihn auf einmal ab, und von Vorbildern wie seinem amerikanischen Freund Dick distanziert er sich (vgl. Z. 5). Das Selbstbild der Amerikaner als „Schutzherren der Menschheit" (Z. 7) entlarvt er als falsch und überheblich, ihr Verhalten als widersprüchlich (vgl. Z. 7 ff.), ihren Lebensstil als steril (vgl. Z. 8 f.). Auch die Errungenschaften amerikanischer Technik faszinieren ihn nicht mehr, sie werden nun in ironischem Ton als oberflächlich und utilitaristisch (vgl. Z. 20 ff.), als „Klimbim, infantil" (Z. 23) und verlogen abgewertet: „Was Amerika zu bieten hat: Komfort, die beste Installation der Welt, ready for use" (Z. 20). Zu diesem **Wandel** passt, dass er auf einmal Verständnis für die vormals als „Künstlerquatsch" abgetane Zivilisationskritik des Musikers Marcel aufbringt, den er auf seiner ersten Reise im Dschungel kennengelernt und damals für seine Maya-Forschungen verachtet hat. Jetzt erkennt er: „Marcel hat recht: ihre falsche Gesundheit, ihre falsche Jugendlichkeit, ihre Weiber, die nicht zugeben können, daß sie älter werden, ihre Kosmetik noch an der Leiche, überhaupt ihr pornografisches Verhältnis zum Tod, […] ihre obszöne Jugendlichkeit" (Z. 30 ff.). *Einordnung der vorgelegten Textstelle* · *Biografische Situation Walter Fabers* · *Kritik an Amerika* · *Wandel des Weltbildes*

Was Faber am „American Way of Life" auszusetzen hat, bekommt im Zuge seines Wandels zunehmend **selbstkritische Töne**. War zu Beginn des Berichtsabschnitts noch von „**Zorn auf Amerika**" (S. 175) die Rede, spricht Faber nun von „**Zorn auf mich selbst!**" (Z. 9), denn viele der kritisierten Eigenschaften und Verhaltensweisen entdeckt Faber auch an sich. Dazu gehören vor allem die Unfähigkeit zum Erleben, die Entfremdung von der Natur und die Verdrängung von Alter, Krankheit und Tod. Erst Hanna hat ihm dies klargemacht, auch wenn er sie immer noch nicht ganz versteht (vgl. S. 169, „Diskussion mit Hanna"). Fabers **Einsicht in seine verfehlte Existenz** führt zum „Entschluß, anders zu leben" (S. 175) und zum *Kritik wird zur Selbstkritik*

Wunsch „Wenn man nochmals leben könnte" – unerfüllbar und deshalb im Irrealis und im Text eingeklammert (Z. 10).

Fabers Abkehr von Amerika und dem „American Way of Life" geht mit einer **Hinwendung zu Kuba als Gegenwelt** einher. Am „andern Tag" (Z. 12), so berichtet er, fährt er an den Strand, mietet ein Boot, rudert weit hinaus aufs Meer, zeichnet „wie ein Schulbub" (Z. 40) eine Frau in den Sand und legt sich in sie hinein, vertrödelt den Nachmittag und setzt sich schließlich auf die Prado-Mauer, von wo er die flanierenden Menschen bewundert (vgl. Z. 45 ff.). All diese Verhaltensweisen sind **Versuche einer Neuorientierung**. Faber vergisst die Zeit (vgl. Z. 44), er öffnet sich dem Augenblick und der Schönheit der Welt. Dabei holt ihn jedoch immer wieder der schmerzliche Gedanke an Sabeths Tod ein („Ich weine", Z. 15). So erinnert ihn der kubanische Strand an Theodohori (vgl. Z. 13 f.), wo Sabeth von der Schlange gebissen wurde und gestürzt ist, und von Sabeths Vergleichsspiel inspiriert, beschreibt er den Meeresgrund in metaphorischer Weise („ein violetter Frosch", Z. 17 f.). Dass er sich nach Sabeth sehnt, wird auch durch sein Schulbuben-Spiel deutlich: Er legt sich in die gezeichnete Frau im heißen Sand, spricht laut zu ihr und bezeichnet sie in einer kreativen Wortschöpfung als „Wildlingin" (Z. 42). Sein Verhalten kann als symbolischer Hinweis auf **erotische Vereinigungsfantasien** gedeutet werden, die im Gegensatz zu seinem früheren Empfinden von Sexualität („absurd", vgl. S. 93, 100) stehen.

*Kuba als Gegenwelt zu Amerika*

In der Realität ist er jedoch **ganz allein**, wie er wiederholt betont (vgl. Z. 36, 39), ein Zustand, den er ganz bewusst herbeiführt (vgl. finaler Infinitivsatz „Um allein zu sein!", Z. 26). Gleichzeitig verspürt er offensichtlich ein **Mitteilungsbedürfnis**, denn er schreibt Briefe an Hanna, Dick und Marcel (vgl. Z. 11, 19, 29), von denen er die an Dick und Marcel wieder zerreißt, „weil unsachlich" (Z. 37). Dieser Rückfall in seine alte Orientierung verrät, dass sein neues Selbstkonzept noch nicht völlig gefestigt ist, was sich auch in seiner Entdeckung äußert: „ich kannte mich selbst nicht" (Z. 43 f.).

*Rückfall in alte Denkmuster*

So fällt dann auch sein **Tagesfazit ambivalent** aus: Die Erlebnisse resümiert Faber als „komische[n] Tag" (Z. 43), den Nachmittag als „unerträglich, aber schön, aber endlos" (Z. 45), er zeigt sich am Ende jedoch auch tief beeindruckt von der Lebensfreude und Schönheit der Menschen, die ihm in der Dämmerung begegnen (vgl. Z. 50 ff.).

*Fazit: „Komischer Tag"*

Die **Erinnerung** an die Tage auf Kuba hält Faber im **Krankenhaus in Athen** fest. Die Erfahrungen und Erlebnisse, die er dort gemacht hat, sind einerseits noch sehr lebendig (vgl. Passagen im Präsens, Z. 15 ff., 40 f., 45 ff. ), andererseits gelingt es ihm in seiner aktuellen Situation im Athener Krankenhaus nicht mehr, sie sich in Erinnerung zu rufen: „[I]ch versuche mir vorzustellen, daß ich in Habana bin, daß ich auf der Prado-Mauer sitze. Ich kann es mir nicht vorstellen, Schrecken." (Z. 46 ff.) – ein Schrecken, der, wie in der antiken Tragödie, zur Einsicht führt?

*Erzählsituation: Athener Krankenhaus*

Faber befindet sich an einer **Schnittstelle** zwischen seinem alten, technisch-rationalen Weltbild und einem neuen Selbstkonzept als erlebensfähiger Mensch. Dies führt zu innerer Unsicherheit, die sich auch in der **Sprache seines Berichts** äußert. Bei der zynischen Abrechnung mit Amerika verliert er den Sinn für logisch konstruierte Sätze; die zahlreichen Ellipsen, Nominalphrasen und einzelnen Wörter wirken so, als würde er seine Kritik

*Sprache und Stil als Spiegel innerer Unsicherheit*

unkontrolliert ausstoßen. Für alles Amerikanische findet er unsachliche, abwertende Begriffe, z. B. „Klimbim" (Z. 23), oder er kreiert Neologismen: „Gummi-Stimmen [...] Wohlstand-Plebs" (Z. 28). Faber gibt seinen nach logischen Gesichtspunkten geordneten Berichtsstil auf, er beschränkt sich auf Gedankensplitter, die er assoziativ aneinanderreiht, unterbricht seine Ausführungen mit Gedankenstrichen, verkürzt sie durch Doppelpunkte, springt in der Zeit hin und her. All dies lässt beim Leser Zweifel aufkommen, ob das beim Lesen entstandene Bild vom rationalen Techniker noch stimmt oder je gestimmt hat.

Ist man gescheitert, wenn die eigenen Vorstellungen vom Leben sich nicht verwirklichen lassen? Diese **Frage** stellt sich für den Protagonisten des Romans „Homo faber" ebenso wie für die männliche Hauptfigur des Romans „Agnes" (1989) von Peter Stamm und für Danton, den Titelhelden von Georg Büchners Drama „Dantons Tod" (1835). Sie soll in einer vergleichenden Betrachtung erörtert werden.

Überleitung:
Frage nach
dem Scheitern

**Inwiefern** ist Walter Faber **gescheitert**? Seine **Biografie** weist in dieser Hinsicht sehr unterschiedliche, ja widersprüchliche Aspekte auf. Als Ingenieur der UNESCO kann er auf ein erfolgreiches Berufsleben im Dienst der Menschheit zurückblicken. Seine Existenz ist materiell gesichert, er besitzt ein schickes Auto (Studebaker), auf seinen zahlreichen Flugreisen lernt er die Welt kennen und hält seine Eindrücke in Filmen fest. Allerdings hat seine **Fixierung auf Beruf und Karriere** dazu geführt, dass er weder eine feste Partnerschaft eingegangen ist noch eine Familie gegründet hat. Auch für Natur und Kunst, Musik und Literatur war in seiner von technischer Ratio geprägten Welt nie Platz. Dies alles hat er jedoch nie als Mangel empfunden, ganz im Gegenteil. Schon in seiner Studentenzeit in Zürich nennt er Hanna abwertend eine „Schwärmerin und Kunstfee" (S. 47); später, bei einem Besuch im Louvre, äußert er gegenüber Sabeth, „daß Skulpturen und Derartiges nichts anderes sind [...] als Vorfahren des Roboters" (S. 77) und fordert „Technik statt Mystik!" (S. 77). Zu seinem **einseitigen Welt- und Menschenbild** gehört auch die **pauschale Ablehnung alles Weiblichen**. Der Beruf des Technikers ist für ihn „männlich", wie seine ganze Lebenskonzeption; Frauen, so meint er, sei der Bereich der Technik völlig verschlossen. Bei diesen stellt er hingegen ein typisch „weibliches" Bedürfnis nach Kommunikation und Kontakt fest, das er als Bedrohung empfindet. In der Charakterisierung seiner Geliebten Ivy wird dies besonders deutlich: „Ivy heißt Efeu, und so heißen für mich eigentlich alle Frauen. Ich will allein sein." (S. 91) Indem er solche zutiefst menschlichen Bedürfnisse **verdrängt** und alle vermeintlich „unmännlichen" Anteile seiner Persönlichkeit über Jahre hinweg **abspaltet**, scheitert Faber als Mensch. Der Widerstreit der Prinzipien Mann / Technik auf der einen, Frau / Natur auf der anderen Seite findet sich nämlich nicht nur in der äußeren Welt, sondern ist tief in seiner **Psyche** verankert. Immer wieder macht er die Erfahrung, dass die Natur, die er mit Technik unterwerfen will, ihn gegen seinen Willen beherrscht, dass er selbst Teil von ihr ist. Nur so lässt sich erklären, warum er natürlichen Vorgängen wie Bartwuchs und Schwitzen, aber auch Sexualität und Fortpflanzung mit vehementer Ablehnung begegnet. Marcel, der Hieroglyphenforscher, bringt Fabers Erfahrung auf den Punkt: „Tu sais, que la mort est femme [...] et que la terre est femme." (S. 69)

Teilaufgabe 2
Inwiefern
scheitert
W. Faber?

Beruflicher Erfolg

Menschliches
Versagen

Erst die **Begegnung mit Sabeth** vermittelt Faber eine Ahnung davon, was Leben noch bedeuten kann: offen zu sein für alle Eindrücke, zu schauen, sich zu freuen, zu singen, Tod und Vergänglichkeit als Teil des Lebens ernst zu nehmen. Sabeths Tod, an dem er eine Mitschuld trägt, **erschüttert** ihn und bringt sein dualistisches Weltbild ins Schwanken. Auf seiner letzten Reise durch Südamerika und Europa erlebt er Landschaften, Menschen und sich selbst mit neuer Intensität: „Ich hatte keinen besonderen Grund, glücklich zu sein, ich war es aber." (S. 180) Auch über seine **verdrängte Vergangenheit** mit Hanna, die durch seine mangelnde Empathie geplatzte Hochzeit damals in Zürich, die verfehlte Vaterrolle, beginnt er nachzudenken. Hanna ist es auch, die ihm im Krankenhaus von Athen, wo er auf eine lebensbedrohliche Operation wartet, klarmacht, dass sein „ganzes Leben" ein „Irrtum" sei (S. 169 f.): „Mein Irrtum: daß wir Techniker versuchen, ohne den Tod zu leben. Wörtlich: Du behandelst das Leben nicht als Gestalt, sondern als bloße Addition, daher kein Verhältnis zum Tod, weil kein Verhältnis zur Zeit." (S. 170) Fabers „Verfügung für den Todesfall" zeigt jedoch, dass die Erfahrung des Scheiterns letztlich zum Leben dazugehört.

Mit Erfahrungen des Scheiterns wird auch der **namenlose Ich-Erzähler** von „Agnes" in seinem Leben konfrontiert. Der postmoderne Roman des Schweizer Schriftstellers Peter Stamm (*1963) ist eine **Liebesgeschichte** zwischen Agnes, einer jungen **Doktorandin der Physik**, und einem etwa 40-jährigen **Sachbuchautor**, der sich wegen eines Buchprojekts in den USA befindet. Nach einer ersten Begegnung in der Chicago Public Library kommen sich die zurückhaltende, spröde Agnes und der Ich-Erzähler näher und werden schließlich ein Paar. Eine zentrale Rolle im Roman und in der Beziehung der Hauptfiguren spielt **eine Geschichte**, ein **Buch im Buch:** Agnes fordert ihren Freund auf, ein literarisches Porträt von ihr zu entwerfen, „eine Liebesgeschichte mit dir und mir" zu schreiben („Agnes", S. 50). Der verliebte Ich-Erzähler lässt sich auf das Experiment ein, er ist gespannt, ob er „überhaupt noch fähig [ist], Geschichten zu schreiben" (S. 50). Seine literarischen Versuche sind vor Jahren gescheitert, deshalb verdient er seinen Lebensunterhalt mit dem Verfassen von Sachbüchern. Im Verlauf des Schreibprozesses wird Agnes nicht nur in der Fiktion, sondern auch in der Realität mehr und mehr zu seinem „Geschöpf", über dessen Leben er nun verfügen kann. Was als **reizvolles Spiel** beginnt, endet in einer **Tragödie.** Agnes wird schwanger, obwohl die Geschichte das nicht vorsieht, und der Erzähler drängt sie zu einer Abtreibung. Agnes verlässt ihn und verliert das Kind. Erneut leben die beiden zusammen und bauen sich, wieder in der fiktiven Welt der Geschichte, eine Art Ersatzwelt als Familie auf. Doch auch dieses **Projekt scheitert.** Agnes wird krank, zieht sich mehr und mehr zurück und verlässt schließlich in der Silvesternacht die gemeinsame Wohnung, während sich ihr Freund auf einer Party mit einer anderen Frau amüsiert. Sie hat gelesen, wie der Erzähler den verheimlichten zweiten Schluss ihrer Geschichte gestaltet hat: Agnes geht in den Schnee und sucht den **Kältetod.**

Mit der Feststellung „Agnes ist tot. Eine Geschichte hat sie getötet" (S. 9) beginnt der Roman, der aus der **Perspektive des Ich-Erzählers** geschrieben ist und dem Leser keinerlei objektive Sicht auf die Geschehnisse erlaubt. Ob die Aussage stimmt, lässt sich nicht nachprüfen, aber als subjektive Wahrheit ist sie für den Ich-Erzähler gültig. Seine Beziehung zu Agnes ist auf ganzer Linie gescheitert. Grund dafür ist nicht der Altersun-

Erschütterung des Welt- und Selbstbildes durch Sabeth

Späte Einsicht

„Agnes": Inwiefern scheitert der Ich-Erzähler?

Projekt der Geschichte

Tod

Erzählperspektive

Gründe für das Scheitern

terschied, sondern der **Charakter der beiden Liebenden**. Agnes sagt von sich selbst, sie sei „kein sozialer Mensch", und auch der Ich-Erzähler lebt ohne Freundeskreis und Familie, ja er hat nicht einmal Kollegen und kennt seine Nachbarn nicht. Die Liaison mit Agnes setzt fort, was er schon mehrmals erlebt hat: Wenn es darum geht, eine Partnerschaft zu führen, in der einer für den anderen Verantwortung übernimmt, zieht er sich zurück: „[…] **Freiheit** war mir immer wichtiger gewesen als **Glück**. Vielleicht war es das, was meine Freundinnen Egoismus genannt hatten." (S. 110)

Fehlende Empathie, Mangel an Verantwortung, Angst vor der Vaterrolle sind die **Berührungspunkte der männlichen Hauptfiguren** in „Agnes" und „Homo faber". In ihrem Scheitern gibt es jedoch einen entscheidenden Unterschied: Während Faber in seinem „Bericht" seinen Lebensentwurf überdenkt, lässt sich der Ich-Erzähler auf eine kritische Selbstreflexion nicht ein. Aus seiner Sicht gibt es keinen Grund, sein Leben zu ändern.

W. Faber und der Ich-Erzähler im Vergleich

**Danton**, der Titelheld des **Dramas** von **Georg Büchner**, bekommt gar keine Chance mehr, die Weichen noch einmal neu zu stellen. Das Drama, das in der Zeit der **Französischen Revolution** spielt, endet mit Dantons Tod auf dem Schafott. **Robespierre**, sein politischer Gegenspieler, führt die Herrschaft der „Terreur" fort und lässt die Dantonisten und ihren revolutionsmüden Anführer hinrichten. Der **Tod** als endgültiges Scheitern eines Lebensplans, so könnte man Dantons Schicksal beschreiben. Aber schon vor dem Urteilsspruch des Revolutionstribunals lernt der Zuschauer Danton als einen **vom Scheitern bedrohten Menschen** kennen, der zwischen Genusssucht (vgl. I, 5) einerseits, sarkastischem Werterelativismus (vgl. I, 6), Fatalismus (vgl. z. B. I, 5; II, 1; II, 5) und Nihilismus (vgl. IV, 5) andererseits schwankt. Ihm ist bewusst, dass die Revolution ihre Ziele nicht erreicht hat, und wegen der von ihm verantworteten Septembermorde plagen ihn Schuldgefühle (vgl. II, 5). Er erkennt: „Wir haben nicht die Revolution, sondern die Revolution hat uns gemacht" (II, 1; S. 32), „Puppen sind wir von unbekannten Gewalten am Draht gezogen; nichts, nichts wir selbst!" (II, 5; S. 43). Danton durchlebt eine **existenzielle Krise**, die ihn lähmt. Er zweifelt grundsätzlich an der Sinnhaftigkeit jeglichen Handelns. Die Warnungen seiner Freunde, die ihm zur Flucht raten, schlägt er in den Wind, weil er glaubt, „sie [die Anhänger Robespierres] werden's nicht wagen", ihn zu verhaften. Aber er verrechnet sich, denn die Maschinerie der Revolution ist längst angelaufen. Sein Todesurteil kann er weder durch seine persönliche Auseinandersetzung mit Robespierre (I, 5) noch durch seine öffentlichen Auftritte vor dem Revolutionstribunal (III, 4 und 9) verhindern. Schließlich wendet sich auch das Volk endgültig von ihm ab und lässt Robespierre wegen seiner Tugendhaftigkeit hochleben. Dantons Ende ist dennoch **kein Scheitern auf der ganzen Linie**. Er setzt sich mit persönlicher Schuld auseinander (vgl. II, 5), hält bis zum Schluss am Ziel einer gerechteren Welt fest (vgl. III, 4) und kritisiert noch auf dem Richtplatz die sinnlose unmenschliche Revolutionsgewalt (vgl. IV, 7). Auch wenn er die Welt als „Chaos" erkennen muss, erfährt er im Angesicht des Todes doch noch einmal die **Solidarität** seiner Freunde und die **Liebe** seiner Frau Julie, die ihm freiwillig in den Tod folgt.

„Dantons Tod": Inwiefern scheitert Danton?

Tod auf dem Schafott

Existenzkrise

Menschliche Erfahrungen

„Wenn man nochmals leben könnte." – Was wäre, wenn man diesen Wunsch erfüllen könnte? Walter Faber würde vermutlich anders leben, der Ich-Erzähler vielleicht eine neue Geschichte schreiben und Danton erneut mit dem Tod kokettieren.

Fazit

**Aufgabe:**
Interpretieren und vergleichen Sie die beiden Gedichte.

**Eduard Mörike** (1804–1875): **Früh im Wagen** (1846 verfasst)

Es graut vom Morgenreif
In Dämmerung das Feld,
Da schon ein blasser Streif
Den fernen Ost erhellt;

5 Man sieht im Lichte bald
Den Morgenstern vergehn,
Und doch am Fichtenwald
Den vollen Mond noch stehn:

So ist mein scheuer Blick,
10 Den schon die Ferne drängt,
Noch in das Schmerzensglück
Der Abschiedsnacht versenkt.

Dein blaues Auge steht
Ein dunkler See vor mir,
15 Dein Kuß, dein Hauch umweht,
Dein Flüstern mich noch hier.

An deinem Hals begräbt
Sich weinend mein Gesicht,
Und Purpurschwärze webt
20 Mir vor dem Auge dicht.

Die Sonne kommt; – sie scheucht
Den Traum hinweg im Nu,
Und von den Bergen streicht
Ein Schauer auf mich zu.

*Aus: Eduard Mörike: Werke und Briefe,*
*Bd. 1: Gedichte. Hg. v. Hans-Henrik Krummacher.*
*Stuttgart: Klett-Cotta 2003, S. 146*

**Bertolt Brecht** (1898–1956): **Als ich nachher von dir ging**[1] (1950 erstmals veröffentlicht)

Als ich nachher von dir ging
An dem großen Heute
Sah ich, wie ich sehn anfing
Lauter lustige Leute.

5　Und seit jener Abendstund
Weißt schon, die ich meine
Hab ich einen schönern Mund
Und geschicktere Beine.

Grüner ist, seit ich so fühl
10　Baum und Strauch und Wiese
Und das Wasser schöner kühl
Wenn ich's auf mich gieße.

*Aus: Bertolt Brecht: Werke, Bd. 15: Gedichte 5.*
*Hg. v. Werner Hecht u. a. Frankfurt/M.:*
*Suhrkamp Verlag 1993, S. 240*

**Anmerkung**
1　ursprünglicher Titel: „Lied einer Liebenden"

---

## Lösungsvorschlag in Grundzügen

**Hinweise und Tipps**

Nach einer kurzen Einleitung verfassen Sie zunächst zwei getrennte Gedichtinterpretationen.
Benennen Sie – mit Angabe von Autor, Titel und Entstehungs- bzw. Erscheinungsjahr – das
Thema des jeweiligen Gedichts. Danach analysieren Sie den Aufbau und stellen, wenn möglich, schon einen Bezug zum Gesamtinhalt her.
Es folgt die Deutung am Text entlang, d. h. Strophe für Strophe, Zeile für Zeile. Verknüpfen
Sie Beobachtungen zu Syntax und Wortwahl (also z. B. von Stilmitteln) immer direkt mit
Aussagen zum Inhalt!
Zuletzt heben Sie in sinnvoller Ordnung die wesentlichen Gemeinsamkeiten und Unterschiede
der beiden Gedichte hervor. Achten Sie auf einen aussagekräftigen Schluss; dieser kann, muss
aber nicht in einem persönlichen Kommentar bestehen.

„Nur die Sehnsucht ist poetisch, nicht der Besitz", schrieb einmal die Dichterin Annette von Droste-Hülshoff. So nimmt es nicht wunder, dass viele Gedichte von unerfüllter Liebe handeln. Ebenso setzen viele die **Abwesenheit einer geliebten Person** voraus, sei sie nun endgültig oder nur vorübergehend. Der oder die Liebende, auf sich selbst zurückgeworfen, findet Zeit zum Nachdenken und wird sich der eigenen Gefühle deutlicher bewusst.
Auch in Eduard Mörikes Gedicht „Früh im Wagen" von 1846 und in Bertolt Brechts Gedicht „Als ich nachher von dir ging", erstmals veröffentlicht 1950, ist das lyrische Ich von der geliebten Person räumlich getrennt.

**Einleitung:**
Das Thema
„Trennung"
in Gedichten

„Früh im Wagen" handelt von einem lyrischen Ich, das in den frühen Morgenstunden zu einer Fahrt aufgebrochen ist und eine geliebte Person zurückgelassen hat. Der Einfachheit halber sei diese im Folgenden mit einer Frau gleichgesetzt, obwohl es im Text selbst dafür keinen zwingenden Anhaltspunkt gibt.

„Früh im Wagen": Thema

Das Gedicht besteht aus sechs Strophen mit je vier Versen, die sich kreuzweise reimen. Das Versmaß ist ein dreihebiger Jambus, alle Kadenzen sind stumpf. Die a- und b-Zeilen einer Strophe sind jeweils durch ein Enjambement verbunden (nur von Vers 9 auf 10 und von Vers 15 auf 16 wird durch ein Komma eine Pause im Lesefluss gesetzt). So entsteht eine deutliche **Gliederung der Strophen in zwei Einheiten**, eine Aneinanderreihung von Sinnabschnitten. Das Gleichmaß der Form macht das Gedicht sehr einprägsam.

Form

In der ersten Strophe präsentiert sich **der Morgen**, angekündigt durch Tau und Dämmerung, **bleich und farblos** („Es graut", V. 1; „ein blasser Streif", V. 3). Sein Licht beginnt in der zweiten Strophe die Lichter der Nacht abzulösen, die deutlich markanter erscheinen: den Morgenstern und den „vollen Mond" (V. 8). Der Mond verweilt, antithetisch zum Morgenstern, noch etwas länger. Anders als jener ist er ganz und gar Symbol der erfüllten Nacht. Er beleuchtet einen Wald, der mit Leben und Geheimnissen assoziiert wird. Parallel zum Morgenstern beginnt der Blick des lyrischen Ich sich zu verabschieden, verweilt aber dann auf dem Mond. Eigentlich sollte es nach vorn schauen, wie die dritte Strophe andeutet, in eine **Zukunft, die fern und grau, also unbestimmt und wenig verlockend erscheint**. Das Ich ist jedoch **rückwärtsgewandt**, noch durchdrungen vom „Schmerzensglück [d]er Abschiedsnacht" (V. 11 f.). Das Oxymoron zeigt wie die Symbole des Vollmondes und des Waldes, dass die Nacht das **Leben in seiner Fülle** umfasst: das Glück der gegenseitigen Liebe und den Schmerz der Trennung. Sie nötigen dem lyrischen Ich ebenso Respekt ab wie die Zukunft (vgl. V. 9: „mein scheuer Blick").

Symbolik des Morgens und der Nacht

In der vierten und fünften Strophe imaginiert das lyrische Ich, das schon im Wagen sitzt, seine **Geliebte** und spricht in Gedanken zu ihr. **Anders als die Zukunft** (und wie implizit Wald und Mond) **zeichnet sie sich durch starke Farben aus, wirkt also sehr lebendig**. „Dein blaues Auge steht / Ein dunkler See vor mir" (V. 13 f.): Hier erfolgt die metaphorische Gleichsetzung bündig und eindrücklich durch eine Prädikatsergänzung. Ein dunkler See ist tief, abgründig und ebenso geheimnisvoll wie ein Wald. So lebhaft stellt sich das lyrische Ich die Geliebte vor, dass es sie nicht nur sieht, sondern auch hört („Dein Flüstern", V. 16) und sogar spürt („Dein Hauch", V. 15; „An deinem Hals begräbt / Sich weinend mein Gesicht", V. 17 f.). Die anaphorische Wiederholung von „dein" intensiviert die Vergegenwärtigung. Auffallend ist, dass sich **das lyrische Ich offenbar völlig an die Geliebte verlieren will**: Die Schlüsselwörter „versenkt" (V. 12), „See" (V. 14) und „begräbt" (V. 17) legen dies genau so nahe wie der Ausdruck „Purpurschwärze" (V. 19), eine Art dunkles Violett, das den Liebenden blind macht für alles außer der Geliebten.

Vergegenwärtigung der Geliebten

Die letzte Strophe entlarvt jedoch die Vergegenwärtigung als irreal. „Die Sonne kommt; – sie scheucht / Den Traum hinweg im Nu" (V. 21 f.): **Hier gewinnt der Tag erstmals sein volles Licht**, das intensiver ist als das des Mondes. Seine Wirkung entfaltet sich, durch den Gedankenstrich verzö-

Wende am Schluss

gert, umso eindrucksvoller. Allerdings tritt die Sonne ausschließlich in ihrer Eigenschaft als Traumverdrängerin auf – das Wort „scheucht" lässt sie rigoros, ja erbarmungslos wirken. In sachlichem, aber nicht im funktionalen Widerspruch zur Sonne steht der „Schauer" (V. 24), der von den Bergen herannaht und die Assoziation weckt, dass das lyrische Ich erschauert. Die Berge können als Hürde oder Sichtbehinderung gedeutet werden. Nach wie vor ist die Zukunft ungewiss, von Verheißung ist nicht die Rede, aber **anders als vorher hat sich das Ich nun dem Kommenden zugewandt.**

In Bertolt Brechts nach der Anfangszeile betiteltem Gedicht „Als ich nachher von dir ging" ist von der geliebten Person nicht näher die Rede, obwohl auch hier das lyrische Ich sie direkt anspricht. Anders als in Mörikes Gedicht **nimmt es von Anfang an auf neuartige und intensive Weise seine Umgebung wahr.**

**„Als ich nachher von dir ging":** Thema

Das Gedicht hat drei vierzeilige Strophen im Kreuzreim. Das Versmaß ist trochäisch, die a-Zeilen sind vierhebig mit einer stumpfen, die b-Zeilen dreihebig mit einer klingenden Kadenz. Nicht nur die **klare Form**, sondern auch die **alltägliche Sprache** lassen das Gedicht einfach und eingängig wirken.

Form

Bereits die erste Zeile wirft jedoch eine grundlegende Frage auf. „Als ich nachher von dir ging": Ist das Fortgehen im Sinne einer endgültigen Trennung zu verstehen, die das lyrische Ich befreit und für den Rest der Welt empfänglich macht?
Das Wort „nachher", das bezugslos bleibt, scheint allerdings etwas Spektaläreres anzudeuten als das Ende einer Beziehung, nämlich den **Liebesvollzug**, und womöglich den ersten. Auch „An dem großen Heute" (V. 2) kann theoretisch einen Tag bezeichnen, der die Trennung bringt, aber wahrscheinlicher ist doch, dass ein ungeahnt schönes Erlebnis stattgefunden hat.
Vollends gegen einen Abschied für immer spricht der ursprüngliche Titel „Lied einer Liebenden", welcher die Liebe einer Frau zu einem Mann und nicht zu etwas anderem suggeriert. Das offensichtliche Glück des lyrischen Ich weist auf ein **Fortbestehen der Beziehung** hin.

Nur kurzfristige Trennung

Gehen wir also davon aus, es ist der Liebesakt oder auch nur ein erster Kuss oder ein Geständnis, was die **Weltsicht des lyrischen Ich positiv verändert.** Gemeinhin sagt man ja, dass Verliebte alles durch eine rosa Brille sehen. Das lyrische Ich ist sich der Veränderung von Anfang an bewusst: „Sah ich, wie ich sehn anfing" (V. 3). Durch die Ellipse und die Wortverkürzung (eigentlich müsste es heißen: „zu sehen anfing") ist der Vers umgangssprachlich und wirkt spontan und ungezwungen. Das Objekt ist in einer Inversion nachgestellt und dadurch besonders betont: „Lauter lustige Leute" (V. 4). Ebenso heben die dreifache Alliteration und eine zusätzliche Silbe den Vers hervor. **Die Mitmenschen spiegeln die eigene Fröhlichkeit** und erscheinen sämtlich liebenswert.

Wahrnehmung der Mitmenschen

Auch „jene[ ] Abendstund/Weißt schon, die ich meine" (V. 5 f.) spricht für ein romantisches Ereignis, sonst würde das lyrische Ich wohl nicht so bedeutungsvoll darauf anspielen. Hier, in der Parenthese, klingt die elliptische Umgangssprache (das Wort „du" fehlt) sehr unmittelbar. Von den Mitmenschen gelangt das lyrische Ich zu **sich selbst:** Es sieht an sich, wohl im Spiegel, „einen schönern Mund" (V. 7) und spürt „geschicktere Beine"

Selbstwahrnehmung

(V. 8). Die Veränderung stellt es diesmal jedoch nicht als subjektiven Eindruck, sondern als Tatsache dar („Hab ich", V. 7). Wahrscheinlich hat es sogar recht: **Liebesglück bewirkt Ausstrahlung und Sicherheit**. Das lyrische Ich bewegt sich nun leichtfüßig und ohne Hemmungen. Dazu passt, dass auch in Vers 8 der Trochäus durch eine zusätzliche Silbe aufgelockert ist.

In der dritten und letzten Strophe wendet sich das lyrische Ich der **Natur** zu. Die Strophe beginnt mit einer Inversion: „Grüner ist, seit ich so fühl/ Baum und Strauch und Wiese" (V. 9 f.), welche die stärkere Farbe hervorhebt. Wieder wird die vom Liebesglück **intensivierte Wahrnehmung** als Tatsache formuliert. Das Polysyndeton betont die **Fülle der Natureindrücke**, denen das lyrische Ich sich öffnet. In einem Chiasmus schließt sich eine Aussage über ein weiteres Naturelement an, das Wasser; am Ende von Vers 11 stehen exponiert die Worte „schöner kühl". „Kühl" wird häufig gleichgesetzt mit „frisch". Die Neuartigkeit der Empfindungen erscheint so noch einmal verstärkt. Indem sich das lyrische Ich mit Wasser übergießt, erinnert es an den Taufakt: Die Taufe steht symbolisch für die **Erneuerung des Lebens**.

Wahrnehmung der Natur

In beiden Gedichten entfernt sich das lyrische Ich von einer geliebten Person. „Früh im Wagen" hat jedoch eine **größere Reise** zum Anlass, was auch die Ursache für den grundsätzlichen Unterschied der Gedichte ist. Hier steht zunächst ganz die **längere Trennung** im Vordergrund. „Als ich nachher von dir ging" deutet darauf hin, dass das lyrische Ich zu Fuß aufbricht. Was die Sprechsituation angeht, so ist ein innerer Monolog genauso möglich wie eine Rede an den bereits wieder anwesenden Geliebten. Dass das lyrische Ich nach einer Liebesstunde fortgegangen ist, muss nichts weiter bedeuten, als dass die Liebenden nicht oder noch nicht zusammen wohnen. So bleibt das Glück ungetrübt von Trennungsschmerz; das Ich kann sich auch und gerade in Zeiten des Alleinseins auf sein neues Leben besinnen. Es ist **weniger fixiert** auf die Person des Geliebten, weil es nicht das Gefühl hat, sie festhalten zu müssen. Während in Brechts Gedicht **das Liebesglück die Welt erschließt, versperrt** in Mörikes Gedicht **das Liebesleid zunächst den Zugang zu ihr.** Nur für die nächtliche Natur zeigt das lyrische Ich sich aufgeschlossen, weil sie mit ihr in der Nähe der Geliebten konnotiert ist. Die Tageswelt bleibt von deren Abwesenheit beeinträchtigt, auch wenn sich das Ich zuletzt ihren Forderungen stellt. **Den widerstreitenden starken Empfindungen entspricht das Pathos der Wortwahl.** Die Gefühle von Brechts weiblichem lyrischen Ich dagegen sind eindeutig. Es beschreibt die durchaus bekannte Erfahrung, dass **Liebe den Alltag verklärt**, auch in passend **alltäglicher, ungekünstelter Sprache.**

Vergleich

Nur bei oberflächlicher Betrachtung erscheint die Ausgangssituation in den beiden Gedichten gleich. Die **Umstände der Trennung** sind **verschieden** und bewirken unterschiedliche, aber jeweils nachvollziehbare Reaktionen.

Fazit: Nachvollziehbarkeit

**Aufgabe:**
Interpretieren Sie den Text.

### Alfred Polgar (1873–1955): **Auf dem Balkon**

Auf dem Balkon des hoch überm See gelegenen friedevollen Häuschens, dessen Fenster die Sommer-Abendsonne spiegelten (wie in ruhigen Atemzügen entließ der Schornstein Rauch), tranken gute Menschen guten Wein. Es war eine Gesellschaft von geistig anspruchsvollen Leuten, bewandert in den Vergnügungen des Denkens, gewohnt, hinter die
5 Dinge zu sehen, nicht nur aus dem Glauben, sondern auch aus dem Zweifel Süßes zu schmecken und an der Wirklichkeit die Unwirklichkeit, die in ihr steckt, mit wahrzunehmen. Die auf dem Balkon waren nicht taub für den Jammer der Welt, und wenn ihr Herz auch zuweilen, müde des Gefühls, in harten Schlaf sank – die Natur fordert ihre Rechte, sagt man in solchem Fall –, so war es doch ein Schlaf, der sich mit qualifizierten Träumen
10 ausweisen konnte, Träumen von Gutsein oder zumindest von Gutseinwollen.
Die Aussicht vom Balkon war zauberisch schön, besonders für den Hausherrn, der ein reicher Mann war, vor gemeinen Nöten sicher, soweit das die aus allen Fugen geratene Wirtschaft der aus allen Fugen geratenen Zeit zuließ. Er sah über den kleinen europäischen See hinüber bis nach Südafrika, wo ihm in blühenden Kupferminen die Dividende
15 reifte.
Die Sonne war von dem Häuschen weggeglitten, sie färbte nur noch die westlichen Gipfel, und langsam überschleierte das durchlässige Dunkel der Julinacht Tal und Berg. Man machte Licht. Gewiß wären die Falter hineingeflogen und verbrannt, wenn es nicht Licht von Glühbirnen gewesen wäre, die so poetischen Faltertod nicht ermöglichen. Das ent-
20 täuschte Kleingetier wurde lästig. „Die Natur hat leider ihre Mucken und Mücken", sagte jemand. Aber das verdarb den anderen die gute Laune nicht.
Tief unten, am andern Ufer des Sees, ringelte sich (ein gliederreiches Würmchen, jetzt Glühwürmchen) der Eisenbahnzug die vorgezogene Spur entlang. Aus der weiten Schau betrachtet, kam er äußerst langsam vorwärts trotz seiner hundert Kilometer Geschwindig-
25 keit.
Die Dame in der Gesellschaft fand, er sähe aus wie ein Spielzeug. Das konnte man wohl sagen, ja das mußte geradezu gesagt werden.
Trotzdem nahm die Konversation eine Wendung ins Ernste. Man sprach vom Elend der Welt. Ein wenig passendes Thema für solch' freundliche Stunde. Sie machte es so leicht,
30 fernes Elend zu vergessen, daß es fast wie Taktlosigkeit gegen sie erschien, sich seiner zu erinnern.
Unten am jenseitigen Seeufer schlupfte der Glühwurm-Expreß in ein Erdloch; man sah auf der andern Lehne des Bergs das Loch, aus dem er wieder herauskommen mußte. „Wie ein Maulwurf gräbt er sich durch", sagte die Dame.
35 Man sprach von Greueltaten, im Nachbarland an Schuldlosen verübt, und von der Grausamkeit der Menschen, die machten, daß solches geschah. Man sprach nicht von der schauerlichen Seelenruhe der andern anderswo, die es, ungestörten Schlafs und ungestörter Verdauung, geschehen ließen.
Der Schriftsteller unter den Gästen äußerte: „Wer seine Kinder liebt, setzt sie nicht in die
40 Welt." ... „Zumindest nicht in diese", fügte ein anderer Gast hinzu.
Die Luft roch nach Sommer-Quintessenz, auch zart nach Gebratenem.

Unten kroch das Bähnlein aus der Erdhöhle. Putzig und lieblich war das. Der Dame fiel
nichts dazu ein, sie guckte mit stummer Frage den Schriftsteller an, der leicht und ein
wenig beschämt die Achseln hob und wieder fallen ließ. Es kam jetzt von der entgegen-
45 gesetzten Seite her auch ein Eisenbahnzug, in weiten Kehren bergabwärts. Er sah aus wie
eine Schlange, hell punktiert, mit feuerroter Schwanzspitze.
Dann geschah etwas Überraschendes. Die beiden Züge glitten nicht, wie zu erwarten war,
aneinander vorbei, sondern geradewegs aufeinander los, Kopf gegen Kopf. Und plötzlich
erloschen in beiden Zügen die Lichter. Abendschatten und Nebel über der Szene verhin-
50 derten zu sehen, was dort sich ereignet hatte.
Ein Unglück ohne Zweifel, ein Eisenbahnzusammenstoß. Der Gesellschaft auf dem Balkon schien es, als wehe der Abendwind etwas von den Geräuschen des Krachens und
Splitterns her, die solchen Vorfall begleiten. Alle waren aufgesprungen, standen an der
Brüstung des Balkons, starrten, hoffnungslos bemühten Blicks, zu dem Schauplatz der
55 Katastrophe hinüber. Wisse vielleicht jemand von einem ihm Nahestehenden, der Passa-
gier eines der beiden Züge gewesen sein könnte? Nein, glücklicherweise. Nur ganz
fremde Menschen – die Gesellschaft fühlte das mit Beruhigung und Dankbarkeit – fielen
der Katastrophe da unten zum Opfer. Vielleicht nicht einmal Landsleute. Man stellte sich
vor: Tote und Verstümmelte – aber, gottlob, man sah sie nicht. Schmerz und Qual – aber
60 man spürte sie nicht. Jammer und Hilferufe – aber man hörte sie nicht.
So verblaßten die Unglücksbilder bald wieder. Und der Wein in den Gläsern wurde durch
sie nicht sauer. Lieber Himmel, wenn einen alles aufregen wollte, was Gott und die
Menschen über die Menschen verhängen! Man muß es hinnehmen und denken: Heute dir,
morgen, hoffentlich erst übermorgen, oder womöglich gar niemals, mir.
65 „Von so weit gesehen", sagte die Dame „schien selbst der Zusammenstoß eine Spielzeug-
Affaire." Der Hausherr präzisierte den Eindruck ähnlich, etwa so, daß aus der Ferne auch
das Grausige nicht grausig wirke. Damit kehrte das Gespräch zwanglos zu den früheren
Themen, die eines politischen Beigeschmacks nicht entbehrten, zurück.

*Aus: Alfred Polgar: Kleine Schriften, Bd. 3: Irrlicht. Hg. v. Marcel Reich-Ranicki.
Reinbek: Rowohlt 1984*

---

## Lösungsvorschlag in Grundzügen

### Hinweise und Tipps

Der parabelartige Prosatext von Alfred Polgar weist inhaltlich einen klaren Aufbau auf, ist
aber auch sprachlich vielseitig und niveauvoll gestaltet. In Ihrer Interpretation kommt es darauf an, die Bandbreite von inhaltlicher und stilistischer Vielfalt angemessen herauszustellen.
Dabei lässt Ihnen die offen formulierte Aufgabenstellung viel Freiheit. Dennoch müssen Sie
Ihren Aufsatz nachvollziehbar strukturieren: Auf eine prägnante Textwiedergabe sollten verschiedene Teile der Interpretation folgen, die auf jeden Fall formale, inhaltliche und sprachliche Besonderheiten von Polgars Text enthalten sollten.
– In der **Einleitung** führen Sie zum Thema (mangelndes Mitgefühl der abgehobenen Balkon-
  Gesellschaft) hin. Außerdem beziehen Sie die wichtigsten Angaben zum Autor und zur Textsorte mit ein.
– Anschließend formulieren Sie eine auf die wesentlichen Erzählschritte konzentrierte **Inhaltswiedergabe**.
– Die nun folgende **Interpretation** stellt den Schwerpunkt Ihres Aufsatzes dar. Deshalb
  sollte sie in sich wiederum gegliedert sein: Beginnen Sie mit einer Erläuterung der formalen

und erzählerischen Mittel, und erklären Sie in diesem Zusammenhang auch den Aufbau des Textes. Die inhaltliche Deutung sollte sich vor allem mit der Denkweise und dem Verhalten der auf dem Balkon versammelten Intellektuellen, aber auch mit der Bedeutung des Zugunglücks beschäftigen. Die Analyse der sprachlichen Merkmale sollte im Kontext der inhaltlichen Interpretation erfolgen. Greifen Sie gezielt die auffälligsten Eigenheiten zum Satzbau und die aussagekräftigsten Stilmittel heraus, wobei Sie diese mit passenden Textbeispielen versehen und vor allem deren Funktion für die Aussage des Prosatextes erklären.
– Mit einem **Schlussteil**, der eine persönliche Beurteilung von Polgars Text vornimmt, beenden Sie Ihre Interpretation.

Wie können Sie nun **methodisch** vorgehen?
– Lesen Sie den Text zunächst einmal gründlich durch und versuchen Sie dabei, die Intention des Autors zu erfassen.
– Bei der zweiten und dritten Lektüre kennzeichnen Sie die inhaltlichen, formalen und sprachlichen Besonderheiten, indem Sie entsprechende Stichwörter herausschreiben oder markante Textstellen unterstreichen.
– Erstellen Sie nun eine Gliederung für Ihre Interpretation, der Sie anschließend die von Ihnen erfassten Textstellen zuordnen.
– Verfassen Sie jetzt Ihren Aufsatz, wobei Sie Ihrem Aufbauschema entsprechend vorgehen und Ihre Ausführungen in sinnvolle Abschnitte unterteilen. Bei der sprachlichen Gestaltung sollten Sie auf verbindende Überleitungen achten und vor allem Abwechslung bei Ihren Formulierungen anstreben.

Wie reagieren wir auf das Unglück und das Leid anderer Menschen? Normalerweise empfinden wir zumindest Mitleid, aber sinnvoller wäre ein hilfreiches Eingreifen. Doch je weiter unangenehme Ereignisse von uns entfernt geschehen, desto mehr lässt uns das Negative gleichgültig und wir gehen schnell wieder zur Tagesordnung über. Solche allgemeinen Verhaltensweisen spielen in dem **parabelhaften Prosatext** „Auf dem Balkon" des österreichischen Schriftstellers und Literaturkritikers Alfred Polgar (1873–1955) eine wesentliche Rolle.

*Einleitung*

Ein reicher Mann hat in seinem Haus, das hoch über einem See liegt und eine fantastische Aussicht bietet, eine **Gesellschaft von** weltoffenen, nachdenklichen **Intellektuellen** empfangen. An einem sonnigen Abend im Juli sitzen der Gastgeber und seine Gäste, zu denen auch ein Schriftsteller zählt, bei einem Glas Wein und unterhalten sich angeregt über das Weltgeschehen. Besonders die „Greueltaten [...] im Nachbarland" (Z. 35) werden ausgiebig diskutiert.

*Hauptteil*
*Inhalts-*
*wiedergabe*

Während der Unterhaltung beobachten die Leute auf dem Balkon, wie auf der anderen Seite des Sees ein **Zug** mit einer Geschwindigkeit von hundert Kilometern in einen Tunnel hineinfährt. Kaum ist der Eisenbahnexpress wieder ans Tageslicht getreten, prallt er mit einem entgegenkommenden Zug zusammen.
Sofort springt die Abendgesellschaft auf und tritt an die Balkonbrüstung, um Einzelheiten dieser **Katastrophe** zu erkennen. Wegen des Nebels und der aufziehenden Abendschatten kann aber nicht genau gesehen werden, wie das Zugunglück eigentlich passieren konnte und welche Folgen es hat. Lebhaft wird über die Zuginsassen gesprochen. Als sich jedoch herausstellt, dass unter den Opfern dieses Zusammenstoßes keine Nahestehenden sein können, kehren die Gäste beruhigt an ihre Plätze zurück.
Eine Dame stellt fest, dass sie das Unglück wie bei einer Modelleisenbahn empfunden habe. Der reiche Gastgeber bestätigt diese Bemerkung, indem

er darauf hinweist, dass in weiter Ferne geschehende Unglücksfälle im Allgemeinen keine großen Wirkungen bei den Beobachtern hinterlassen.

Alfred Polgar schildert in seinem Text, wie plötzlich „das Grausige" (Z. 67) in eine **idyllische Welt** hereinbricht, ohne dass es große Spuren hinterlässt. Dabei beobachten einige Intellektuelle, die vorgeblich vorurteilsfrei und „zwanglos" (Z. 67) diskutieren, ein Zugunglück, aber sie empfinden für die Opfer kein Mitgefühl, zumal diese wohl „nicht einmal Landsleute" (Z. 58) sind. Dieser enorme Gegensatz zwischen geistigen Höhenflügen und mangelndem Einfühlungsvermögen prägt die ganze versammelte Balkon-Gesellschaft, die sich an einem vergnüglichen Abend weder von politischen Grausamkeiten im Nachbarland noch von einer Zugkatastrophe, die sich vor ihren Augen abspielt, die gute Laune verderben lässt. Während in der Welt unermessliches Leid geschieht, genießt der reiche Mann mit seinen Gästen den schönen Sommerabend bei Wein und Gebratenem.

Intention

Der parabelartige Text wird von **gewaltigen Gegensätzen** beherrscht. Eine harmonische Abendgesellschaft, die an einem prächtigen Sommerabend die Einladung eines reichen Gastgebers angenommen hat, erlebt mitten in einer angeregten, geistig niveauvollen Konversation eine schreckliche Eisenbahntragödie, die sich jenseits eines Sees ereignet. Durch mehrere Wendungen wird das heitere Gespräch unterbrochen, bevor man wieder zur Tagesordnung übergeht.
Zunächst wird die **Balkon-Idylle** ausführlich beschrieben: Eine Gruppe von „geistig anspruchsvollen Leuten" (Z. 3 f.) unterhält sich über anregende Themen, ohne den „Jammer der Welt" (Z. 7) aus ihren Betrachtungen auszublenden, denn schließlich hält man sich für moralisch korrekt. Dazu passt, dass der reiche Hausherr aufgrund seines ökonomischen Geschicks ein sorgloses Leben führen kann, und zwar in einem „Häuschen[]" (Z. 1), das einen wundervollen Ausblick über einen See bietet.
Durch erste **Andeutungen** wird nun auf die Gefährdung dieses friedlichen Zusammenseins vorbereitet: Die untergehende Sonne taucht die gelöste Stimmung in das „Dunkel der Julinacht" (Z. 17), in der einige Falter in der Beleuchtung hätten zu Tode kommen können, wäre es nicht Glühbirnen-Licht gewesen
Das **Grauen** erfüllt sich in einer unerwarteten Eisenbahnkatastrophe. Aber auch dieses schreckliche Geschehen wird vom Erzähler behutsam vorbereitet: Zuerst beobachtet die Balkon-Gesellschaft einen Zug am anderen Ufer des Sees, der langsam durch einen Tunnel zu kriechen scheint, obwohl er mit hundert Stundenkilometern fährt. Wie ein „Glühwürmchen" (Z. 23) oder ein „Spielzeug" (Z. 26) wirkt er, doch die Menschen scheinen bereits eine Vorahnung von dem kommenden Unheil zu haben, denn plötzlich nimmt ihre „Konversation eine Wendung ins Ernste" (Z. 28) und man spricht über schauderhafte Vorkommnisse im Nachbarland. Die Gesellschaft ist so bestürzt, dass sie zu der Erkenntnis kommt, dass man in diese düstere Welt keine Kinder setzen sollte.
Mit dem Gegenzug, der in weiten Kurven „bergabwärts" (Z. 45) rast, bahnt sich die Katastrophe an. Der Vergleich mit einer Schlange „mit feuerroter Schwanzspitze" (Z. 46) verdeutlicht die herannahende Bedrohung. Mit dem markanten Satz „Dann geschah etwas Überraschendes." (Z. 47), der eine Zäsur darstellt, wird die kurze Beschreibung des Zusammenpralls eingeleitet: Plötzlich gehen in beiden Zügen die Lichter aus, doch wegen der Schatten und des aufkommenden Nebels kann niemand etwas Genaues

Interpretation
Form: Aufbau
des Prosatextes

sehen. Lediglich die Geräusche des Zusammenstoßes werden leise über das Tal zu dem Balkon herübergeweht. Der Erzähler wendet sich jetzt wieder der Gruppe auf dem Balkon zu und schildert deren **Reaktionen:** Alle springen gleichzeitig auf, um Näheres wahrzunehmen, aber ihre Sicht ist durch die Umstände eingeschränkt. Nur das Ergebnis scheint klar zu sein: „Ein Unglück ohne Zweifel" (Z. 51). Besorgte Fragen zielen darauf ab, wer unter den Opfern sein könnte. Als jedoch klar wird, dass „[n]ur ganz fremde Menschen" (Z. 56 f.) davon betroffen sind, beruhigen sich alle mit der Gewissheit, dass man gegen das Schicksal sowieso nichts ausrichten könne. Die „Unglücksbilder" (Z. 61) lassen in ihrer Wirkung rasch nach, und eine Dame sowie der Hausherr ziehen das allgemein gültige **Fazit,** dass entfernt geschehenes Unglück die Menschen innerlich kaum berühre.

Vergleich mit einer Parabel

Alfred Polgars Prosatext weist Merkmale einer **Parabel** auf. Diese unterhaltsame Geschichte mit lehrhafter Tendenz stellt allgemeine menschliche Schwächen (Mitleidlosigkeit) bloß und ist damit auf andere Daseinsbedingungen (z. B. Egoismus, Rücksichtslosigkeit) übertragbar. Im Gegensatz zu einer Parabel z. B. von Franz Kafka hat Polgars Text aber keinen offenen Schluss, sondern bietet eine geschlossene Handlung.

Handlung: Ort und Zeit

Die Handlung spielt irgendwann in der Vergangenheit an einem „kleinen europäischen See" (Z. 13 f.). Da es keine genauen Orts- und Zeitangaben gibt, verweist der Text auf allgemeingültige Gegebenheiten der menschlichen Existenz.

Inhalt: Personen

Ebenso wie der Schauplatz bleibt auch die **Personengruppe** unbestimmt. Lediglich der Hausherr, der ein „Häuschen" hoch über einem See mit schöner Aussicht besitzt und Anteile an Dividende abwerfenden Kupferminen in Südafrika hält, wird kurz beschrieben. Sonst werden nur noch ein Schriftsteller und eine Dame erwähnt, über die außer ihren ziemlich zynisch wirkenden Äußerungen nichts zu erfahren ist. Neben diesen Personen wird noch auf „jemand" (Z. 21) verwiesen, und später wird noch „ein anderer Gast" (Z. 40) genannt.

Die Gesellschaft ist durch **gemeinsame Gesprächsthemen** geeint. Ihre skeptische Grundhaltung veranlasst sie, die (politischen) Vorgänge in der Welt mit „Zweifel[n]" (Z. 5) wahrzunehmen. Die Diskutanten sind an vielem interessiert, sie zeigen sich weltoffen und vorurteilslos und halten sich für rechtschaffene Zeitgenossen, die auch das Elend in der Welt nicht vergessen. Doch während ihr Verstand hellwach ist, offenbaren sich in ihrem Gefühlsleben deutliche Defizite. Sie träumen zwar vom „Gutsein" (Z. 10) oder vom „Gutseinwollen" (Z. 10), aber sie kommen aus ihrer **passiven Beobachterrolle** nicht heraus und empfinden auch kein Mitleid mit Menschen, die Opfer von Leid und Unglück geworden sind. Sie sprechen zwar von der abscheulichen Grausamkeit von Menschen, die Gräuel verüben, und auch verächtlich von Menschen, die bei Konflikten nicht eingreifen, aber sie selbst verharren wie andere in einer „schauerlichen Seelenruhe" (Z. 37), die sie nach einer eben erlebten Katastrophe in Ruhe gemeinsam weiterfeiern lässt. Die Grundlage ihrer Lebenseinstellung bildet die aus ihren Erfahrungen entstandene Erkenntnis, dass sich die Welt in ihrem Lauf nicht aufhalten lässt: Alles, „was Gott und die Menschen über die Menschen verhängen" (Z. 62 f.), müsse man tatenlos „hinnehmen" (Z. 63) und dabei hoffen, dass man selbst möglichst lange vom Schicksal verschont bleibt.

Der Erzähler zeigt, wie abgehoben diese Gesellschaft von der Welt ist. Die Gesprächsteilnehmer sitzen „hoch überm See" (Z. 1) auf einem Balkon (Titel!) und betrachten die Geschehnisse, die sich „tief unten, am andern Ufer des Sees" (Z. 22) abspielen. Der räumlich begrenzte Balkon symbolisiert dabei die **Selbstisolation dieser Intellektuellen**, die sich weitgehend emotionslos über die Niedertracht der Welt austauschen. Stellvertretend für diese arrogante Haltung steht der reiche Gastgeber, der sich in seinem „friedevollen Häuschen[]" (Z. 1) „vor gemeinen Nöten [für] sicher" (Z. 12) hält. Titel

Diese **vermeintliche Geborgenheit** ist aber zutiefst gefährdet. Nicht nur die Ereignisse im Nachbarland bedrohen den Frieden, sondern auch das „Elend der Welt" (Z. 28 f.) hat einen besorgniserregenden Stand erreicht. Die Intellektuellen wissen, dass sie in einer „aus allen Fugen geratenen Zeit" (Z. 13) leben. Umso verwunderlicher erscheint ihre Gleichgültigkeit gegenüber den Veränderungen in der Welt. Nach dem kurzen Aufschrecken über das Zugunglück kehren die Gäste des wohlhabenden Mannes zu der Tätigkeit zurück, die sie alle gut beherrschen: zu geistig anspruchsvollen, aber letztlich unverbindlichen Plaudereien. Zeitumstände

Nicht einmal ein schweres Zugunglück kann die Intellektuellen aus ihrer Ruhe bringen. Nur für einen Moment stellen sie ihre Unterhaltung ein, aber weil sie nichts Genaues sehen und vor allem deshalb, weil unter den Unfallopfern kein ihnen Nahestehender ist, wird ihre anfängliche Besorgnis bald wieder besänftigt. Immerhin können sie sich „Tote und Verstümmelte" (Z. 59) vorstellen, aber ein tief gehendes Mitgefühl kommt nicht zustande. Zu weit weg erscheint das Ganze, das harmlos mit einer „[p]utzig[en]" (Z. 42) Bahnfahrt begonnen und mit einer unvorstellbaren Tragödie – wie aus heiterem Himmel – geendet hat. Parallel zu dieser sich anbahnenden Katastrophe werden die deprimierenden Vorkommnisse im Nachbarland („Greueltaten", Z. 35) diskutiert. Auch hier stehen die „Schuldlosen" (Z. 35) im Vordergrund, denen man nicht helfen kann. So offenbaren die Intellektuellen, die ihre Überlegenheit nur im Gespräch zeigen, ihre völlige **Ohnmacht**, wenn es um konkrete Taten geht. Für den Erzähler scheint das Zugunglück ein symbolischer Weckruf an seine Zeitgenossen zu sein, den diese jedoch nicht als solchen erkennen. Zugunglück

Alfred Polgars Prosatext ist in einer anspruchsvollen poetischen Sprache gehalten, die sehr einfühlsam die Atmosphäre der Intellektuellen-Gruppe auf dem Balkon wiedergibt. Umso grauenhafter wirken die Erwähnung der politischen Gräuel im Nachbarland und vor allem das Zugunglück, dessen Hergang zunächst als heiteres, niedliches Geschehen geschildert wird, bevor das tödliche Ende eintritt. Sprache

Der **personale Erzähler** beschreibt sowohl den unbeschwerten Abend der Gesellschaft als auch das Eisenbahnunglück anschaulich in chronologischer Reihenfolge. Er stellt die Vorkommnisse aus der Perspektive der handelnden Personen dar, geht von Anfang an aber zu ihnen deutlich auf **Distanz**, indem er z. B. häufig das Personalpronomen „man" verwendet (vgl. Z. 17, 28, 35, 63). Seinen Spott verdeutlicht er durch verschiedene sprachliche Mittel: Rolle des Erzählers
– **Ironie:** „Auf dem Balkon … tranken gute Menschen guten Wein." (Z. 1 ff.). Die Intellektuellen sind „bewandert in den Vergnügungen des Denkens" (Z. 4), aber trotz ihrer geistigen Wachsamkeit fallen sie Ironische Distanz

manchmal „in harten Schlaf" (Z. 8), wobei sie immerhin „mit qualifizierten Träumen" (Z. 9) schlummern.

– **Verniedlichungen (Diminutive):** Vom Balkon des „friedevollen Häuschens" (Z. 1) aus erleben die Gäste, wie ein „Bähnlein" (Z. 42), das in einer Parenthese als „ein gliederreiches Würmchen, jetzt Glühwürmchen" (Z. 22 f.) bezeichnet wird, durch das Tal fährt und schließlich in einer grauenvollen Katastrophe zugrunde geht.

– **Vergleiche** und **Metaphern:** Sowohl der Zug, der „wie ein Spielzeug" (Z. 26) aussieht und als „Glühwurm-Expreß in ein Erdloch" (Z. 32) verschwindet, als auch der Zusammenprall mit dem Gegenzug, der als „eine Spielzeug-Affaire" (Z. 65 f.) erscheint, werden von den auf dem Balkon Versammelten als eine liebenswerte Idylle wahrgenommen. Nur der entgegenkommende Zug, der „wie eine Schlange, hell punktiert, mit feuerroter Schwanzspitze" (Z. 45 f.) erscheint, verdeutlicht die große Gefahr.

– **Übertreibungen / Untertreibungen:** Während man von dem Balkon „hinüber bis nach Südafrika" (Z. 14) sehen kann, wirkt ein Zug lediglich wie ein Spielzeug, was unbedingt erwähnenswert scheint („ja das mußte geradezu gesagt werden", Z. 27).

– **Sentenzen:** Mit banalen Schlussfolgerungen stehlen sich die Intellektuellen aus ihrer Verantwortung. In diese grauenvolle Welt dürfe man keine Kinder hineinsetzen, meint der Schriftsteller (vgl. Z. 39 f.). Gegen viele Dinge in der Welt sei man machtlos, denn: „Die Natur hat leider ihre Mucken und Mücken" (Z. 20), wie jemand sagt.

– **Adverbien** und **Ausrufe:** Seufzer der Erleichterung beruhigen die Intellektuellen, die durch das Zugunglück in einen kurzen Schrecken versetzt wurden: „glücklicherweise" (Z. 56), „gottlob" (Z. 59), „Lieber Himmel" (Z. 62), „hoffentlich" (Z. 64).

Auf verschiedenen Ebenen herrschen in Polgars Text **Antithesen** vor: Das Verhältnis von Nähe und Ferne (Balkon – anderes Seeufer, Europa – Südafrika) prägt die gesamte Geschichte. Die Intellektuellen sind unter sich in ihrer scheinbar friedlichen Welt, in der sie ihr sorgenfreies Leben genießen, und grenzen sich von den anderen Menschen ab, die Gräueln im Nachbarland oder einem Zugunglück zum Opfer fallen. Den „Greueltaten" (Z. 35) begegnen sie mit „Seelenruhe" (Z. 37). „Aus der weiten Schau betrachtet" (Z. 23 f.), lassen sie das Grauenhafte gar nicht an sich heran, zumal sie „Schmerz und Qual" (Z. 59) weder sehen noch spüren oder hören (vgl. Z. 59 f.).

*Gegensätze*

Dieser gewaltige Gegensatz zwischen einer äußerst gefährdeten und gefährlichen Welt sowie dem gelassenen Dasein der untätigen Intellektuellen provoziert auch heute noch. Alfred Polgar versuchte seine Leser mit diesem Text aufzurütteln, indem er dazu ermahnte, Fehlentwicklungen in der Welt nicht nur zu registrieren und zu analysieren, sondern daraus durch konkrete Taten auch die erforderlichen Konsequenzen zu ziehen. So lässt sich der Text „Auf dem Balkon" als **Appell für eine humanere Welt** lesen, in der noch Mitgefühl, Verantwortung und Hilfsbereitschaft vorhanden sind.

**Schluss:**
Polgars Appell

**Aufgabe:** Bearbeiten Sie die folgenden Aufgaben auf der Grundlage des vorgelegten Dossiers:
– Verfassen Sie Abstracts zu den **Materialien 2–4**.
– Schreiben Sie einen Essay mit dem Titel „**Ewig leben – ewiges Leben**".

**Material 1:**

## Thomas Mann – Lob der Vergänglichkeit

Sie werden überrascht sein, mich auf Ihre Frage, woran ich glaube, oder was ich am höchsten stelle, antworten zu hören: Es ist die *Vergänglichkeit*.
Aber Vergänglichkeit ist etwas sehr Trauriges, werden Sie sagen. – Nein, erwidere ich, sie ist die Seele des Seins, ist das, was allem Leben Wert, Würde und Interesse verleiht, denn
5  sie schafft Zeit, – und Zeit ist, wenigstens potentiell, die höchste, nutzbarste Gabe, in ihrem Wesen verwandt, ja identisch mit allem Schöpferischen und Tätigen, aller Regsamkeit, allem Wollen und Streben, aller Vervollkommnung, allem Fortschritt zum Höheren und Besseren. Wo nicht Vergänglichkeit ist, nicht Anfang und Ende, Geburt und Tod, da ist keine Zeit, – und Zeitlosigkeit ist das stehende Nichts, so gut und so schlecht wie
10  dieses, das absolut Uninteressante.

*Aus: Thomas Mann: Autobiographisches. © S. Fischer Verlag GmbH, Frankfurt am Main 1968*

**Material 2:**

## Ulrich Bahnsen – Das Projekt Unsterblichkeit

Nichts hat der Mensch, seit er vor 100 000 Jahren Bewusstsein erlangte und dafür zugleich mit dem Wissen um seine Sterblichkeit gestraft wurde, ebenso verbissen, verzweifelt und erfolglos bekämpft wie die unaufhaltsame Vergänglichkeit. Alter und Tod gelten als die ewige Demütigung, die unverzeihliche Kränkung des Menschengeschlechts. Von den
5  längst vergessenen Schamanen der Steinzeithöhlen, über die chinesischen Kaiser bis zu den Alchimisten des Mittelalters – durch die Jahrtausende hofften die Menschen, ein Elixier zu finden, das Unsterblichkeit verleiht, einen Jungbrunnen der dauernden Jugend. Wie die Versuche ausgingen, ist bekannt.
Solange nichts anderes fruchtet, setzt der Mensch den Aufstand gegen den Sensenmann
10  mit metaphysischen Mitteln fort – er schützt sich gegen das Unerträgliche mit der Religion, dem Glauben an Seelenwanderung, Auferstehung und ewiges Leben im Jenseits. Der Erfolg solch spiritueller Anstrengungen ist indes schwer nachprüfbar, und so geht die Revolte gegen das scheinbar unabwendbare Diktat der Evolution weiter – nun mit den Mitteln der modernen Biowissenschaft.
15  Inzwischen haben Genfahnder, Zellforscher und Hormonexperten dem Alterungsprozess so manches Geheimnis entrissen. Verflogen ist dabei die einstige Gewissheit, dass die von der Evolution zudiktierte äußerste Lebensspanne unveränderbar sei. „Altern ist keine gottgegebene Unausweichlichkeit, man kann es kontrollieren und ändern", behauptet der kalifornische Genetiker Michael Rose [...]. Selbst Pillen gegen die Vergreisung gelten
20  nicht länger als Utopie. [...]
Wie erstrebenswert aber ist die Hoffnung auf den 100. Geburtstag angesichts der Gefahr von Krebs, Demenz oder Schlaganfall? „Jeder will lange leben, bloß alt werden will keiner", spottete schon der britische Schriftsteller Jonathan Swift. Im Lichte der Altersprognosen regt sich allenthalben die Befürchtung, schon bald könnten halbe Generationen
25  als Pflegefälle in den Altersheimen verdämmern.

*Aus: Die Zeit Nr. 5/2003; zit. nach: www.zeit.de/2003/05/Aging (Zugriff: 22. 6. 2014)*

**Material 3:**

## „Die wollen ewiges Leben, die wollen den Tod besiegen – das ist teuflisch"
### Interview mit dem Naturwissenschaftler Erwin Chargaff

*Der Chemiker und Schriftsteller Erwin Chargaff (1905–2002) ist einer der Väter der Gentechnologie*

**Herr Chargaff, die Naturwissenschaft**
5 **versucht mit allen Mitteln, mit Genmanipulationen, das Leben zu verlängern und ...**
Das ist fürchterlich, das ist ein Verbrechen. Schauen Sie doch mich an, ich bin
10 jetzt 96, ich bin ein Kuriosum. Es wäre tatsächlich das Beste für den Menschen, mit 82 – wie Goethe – zu sterben! Ich kann fast nicht mehr allein auf die Toilette gehen, ich humple am Stock – das
15 ist kein Zustand, ich müsste verschwinden. Ich bin wie ein Huhn, das keine Eier mehr legt. Ich habe das Leben satt, mir tut das Rückgrat weh, die ganze Zeit. [...]

**Seit das Genom vor einem Jahr ent-**
20 **schlüsselt wurde, glauben viele Wissenschaftler, sogar das Leben gestalten zu können.**
Ja, das ist furchtbar. Und es ist so lächerlich und so unendlich traurig zugleich.
25 Sie haben den Respekt verloren. Kein Wissenschaftler, niemand weiß, was das Leben ist, und niemand wird es je erklären können. Es ist ein ewiges Mysterium. Ist es Gas? Eine Flüssigkeit? Was
30 passiert kurz nach der Befruchtung? Aber die Naturwissenschaftler führen ja nun einen Krieg gegen die Natur, die Zukunft wird uns deshalb verfluchen. Sie manipulieren ungestüm an den Ge-
35 nen herum, die in Milliarden von Jahren langsam entstanden sind, sie hauen der Natur auf den Kopf und spüren nicht, dass sie sich selbst auf den Kopf hauen. Sie wollen langes Leben, ewiges Leben,
40 sie wollen den Tod besiegen, das ist teuflisch.

**Unsterblichkeit – das ist doch ein alter Traum der Menschheit!**
[...] Aber der Tod hat sich heute in eine
45 Peinlichkeit verwandelt, die Kunst des Sterbens ist uns abhanden gekommen. Schon das Altern – vor allem in Amerika – wird wie eine ansteckende Krankheit gesehen, von der man sich fernhal-
50 ten muss: mit Salben, Pillen, Maschinen, Medikamenten. Sie wollen zwar alle alt werden, aber nicht zerfallend alt werden, wie es natürlich ist. [...]

**Jaja, früher war halt alles besser.**
55 Jaja, schon Methusalem hat ja gesagt, „vor 460 Jahren, als ich noch ein junger Mann war, war alles viel schöner!" Und doch: Es war anders, noch zu meiner Zeit waren wir getrieben von einer be-
60 scheidenen Kühnheit. An Patente, Verwertungen haben wir nicht gedacht. Heute ist der Patentanwalt das Wichtigste im Labor. Laute Konquistadoren-Typen[1], ungebildete Spezialisten, die
65 Börse immer fest im Blick, haben die Labors übernommen. Solche Typen gab es früher in der Wissenschaft nicht. Heute wollen sie Celebrities, Stars werden, berühmt sein. In den frühen 70ern sind
70 diese Gestalten aufgetaucht, sie wissen, wie sie Millionen von irgendwelchen Foundations kriegen und wie sie Millionen machen. Würde Newton heute über Schwerkraft forschen, müssten wir alle
75 dafür zahlen, weil wir aufrecht gehen. Der Fortschritt ist ein nicht aufhaltbarer Schrecken geworden – und die Moral zu einem Gummiband.

*Quelle: Der Stern Nr. 47 vom 15. 11. 2001; das Interview führte Arno Luik*

**Anmerkung**
1 Konquistador: Teilnehmer an der span. Eroberung Südamerikas im 16. Jahrhundert

**Material 4:**

Ein Leben lang

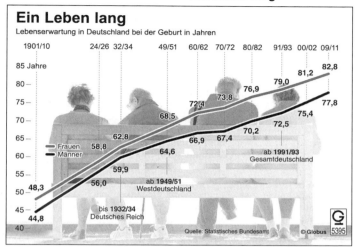

**Ein Leben lang**

Lebenserwartung in Deutschland bei der Geburt in Jahren

Lesehinweis:

Frauen:
obere Linie

Männer:
untere Linie

ab 1991/93
Gesamtdeutschland

ab 1949/51
Westdeutschland

bis 1932/34
Deutsches Reich

Quelle: Statistisches Bundesamt  © Globus 5395

*Quelle:
picture-alliance/
dpa-infografik*

**Material 5:**

**Was kommt nach dem Tod?**
**Jenseitsvorstellungen der Weltreligionen**

Was nach dem Tod kommt, das kann niemand genau beantworten, denn Tote können ja nicht reden und es uns erzählen. Doch diese Fragen lassen die Menschen überall auf der Welt seit Urzeiten nicht los: Was passiert mit mir, wenn ich tot bin? Kann ich dann an einem anderen Ort in einer anderen Gestalt weiterleben oder bin ich einfach ausgelöscht und vergessen? Wer
5  bestimmt das? Bestimmt das jemand? Und wenn, wer?
Jede Religion hat eine andere Vorstellung davon, was nach dem Tod mit den Menschen passiert. Im Islam, dem Christen- und dem Judentum gibt es allerdings Ähnlichkeiten. Denn diese drei Religionen gehen davon aus, dass es ein Leben im Diesseits, also auf der Erde, und ein anderes, besseres Leben im Jenseits, also im Paradies oder im Himmel, gibt. Der Hindu-
10  ismus und der Buddhismus hingegen glauben an die Wiedergeburt.

*Quelle: Pia Stein, www.rbb-online.de/schulstunde-tod/das_danach/was_kommt_nach_dem.
file.html/schluss_aus_vorbei_Mach_dich_schlau_Jenseitsvorstellungen_der_Weltreligionen.
pdf (Zugriff: 25. 3. 2014)*

# Lösungsvorschlag in Grundzügen

## Hinweise und Tipps

Um diesen Essay schreiben zu können, müssen Sie als Erstes das **Thema erschließen**. Orientieren Sie sich zunächst am vorgegebenen **Titel** Ihres Essays und danach an den Materialien. Dieser gibt Ihnen entscheidende **Hinweise zum Inhalt**, und die **Materialien** zeigen Ihnen, welche **Schwerpunkte** zu setzen sind.

**Überlegungen zum Titel:**
„Ewig leben – ewiges Leben" – so lautet der Titel. Überlegen Sie genau, was damit gemeint ist. Von Bedeutung sind dabei auch **grammatische Feinheiten:**
- Im ersten Teil des Titels ist das Adjektiv „ewig" ein Adverb, das sich auf das **Verb** „leben" bezieht. Somit betrifft das Thema zunächst eine **Aktivität:** Wer ewig leben würde, für den wäre die Aktivität des Lebens unbegrenzt, also **ohne Ende.**
- Im zweiten Teil des Titels ist das Wort „ewig" ein Attribut, das sich auf das **Nomen** „Leben" bezieht. Als „ewiges Leben" ist demnach ein **Zustand** anzusehen. Dieser bleibt unverändert bis in alle Ewigkeit bestehen.

Beim Erschließen des Themas sollten Sie auch berücksichtigen, was wir **wissen** – und was nicht. Daraus lässt sich ersehen, worüber man sich überhaupt Gedanken machen kann.
- Wir wissen, dass es **undenkbar** ist, **ewig zu leben.** Die Wissenschaftler mögen die Zeitspanne des Lebens zwar noch etwas erweitern, z. B. durch Eingriffe in die Gene, aber es wird ihnen nie gelingen, den Tod zu besiegen. Da sie aber trotzdem weiter danach forschen, kann man sich dazu einige Fragen stellen, z. B. diese: *Wäre es gut, wenn wir ewig leben könnten?* Oder: *Wie würde die Welt aussehen, wenn alle Menschen ewig leben würden?* Oder: *Was würde es für den Einzelnen bedeuten, wenn sein Leben nie zu einem Ende käme?*
- Zum Zustand eines möglichen ewigen Lebens nach dem Tod gibt es nur **Vorstellungen.** Gläubige der drei Religionen Judentum, Christentum und Islam hoffen darauf, auf andere Weise und an einem anderen Ort weiter zu existieren. Wie dieses ewige Leben aussehen kann, ist unklar, denn bisher ist noch kein Verstorbener von dort zurückgekehrt, um darüber zu berichten. Insofern lässt sich wenig darüber diskutieren. Allenfalls kann man darüber nachdenken, was die Menschen dazu gebracht haben mag, Vorstellungen von einem ewigen Leben zu entwickeln, und welche Vorteile (oder Nachteile) damit verbunden sein könnten.

Der **Schwerpunkt** bei dem Thema liegt eindeutig in Überlegungen zum **diesseitigen Leben.** Das lässt sich schon daraus ableiten, dass der Titel mit den entsprechenden Worten beginnt („Ewig leben"). Gedanken über das ewige Leben sollten Sie sich anschließend aber auch machen, andernfalls hätten Sie das Thema nicht vollständig bearbeitet.

**Überlegungen zu den Materialien:**
Die Materialien geben Ihnen erste wichtige Denkanstöße zum Thema. Die Gesichtspunkte, die darin zum Ausdruck kommen, helfen Ihnen, Ihre Überlegungen zum Thema zu präzisieren.
- **Material 1:** Thomas Mann macht sich Gedanken über die Vergänglichkeit. Diese beurteilt er ausschließlich positiv.
- **Material 2:** Der Verfasser informiert über die Bemühungen der Wissenschaftler, den Alterungsprozess hinauszuzögern. Die aktuellen Entwicklungen sieht er kritisch.
- **Material 3:** Einer der Gründerväter der Genforschung bewertet Forschungen, die darauf abzielen, das Leben zu verlängern, sehr negativ.
- **Material 4:** Das Diagramm zeigt, wie sich die Lebenserwartung der Deutschen seit Anfang des 20. Jahrhunderts immer weiter erhöht hat.
- **Material 5:** Der Text informiert über die Vorstellungen der verschiedenen Weltreligionen zur Zeit nach dem Tod (ewiges Leben oder Wiedergeburt).

Die Materialsammlung bestätigt die Annahme, dass der Schwerpunkt des Essays auf dem Leben im Diesseits liegen soll, da nur eines der Materialien sich mit der Zeit nach dem Tod befasst.

**Zum Vorgehen:**

1. **Auswerten der Materialien:** Lesen Sie die einzelnen Materialien sehr genau durch. Markieren Sie dabei Stellen, die Sie für wichtig halten, und kommentieren Sie diese am Rand.

2. **Verfassen der Abstracts:** Fassen Sie die wesentlichen Inhalte der einzelnen Materialien möglichst knapp zusammen. Bedenken Sie dabei auch die Intentionen der Verfasser: Geht es ihnen nur um das reine Informieren oder wollen sie auch eine Meinung kundtun, z. B., indem sie sich kritisch zu einer Entwicklung äußern oder indem sie an den Leser appellieren, etwas zu tun? Stellen Sie das in Ihren Abstracts entsprechend dar (z. B.: *... informiert über ..., setzt sich kritisch auseinander mit ..., ... appelliert an die Leser, ... zu tun*).

3. **Erstellen einer Stoffsammlung:** Übertragen Sie die Randkommentare, die Sie zu den Materialien notiert haben, auf ein Extrablatt. Ergänzen Sie anschließend eigene Ideen.

4. **Anfertigen eines Schreibplans:** Wählen Sie aus den Stichworten, die Sie in Ihrer Stoffsammlung zusammengestellt haben, diejenigen aus, auf die Sie in Ihrem Essay eingehen wollen, und legen Sie deren Reihenfolge fest (z. B. durch Nummerieren).

5. **Schreiben des Essays:** Bedenken Sie, dass es nicht darum geht, lediglich die Inhalte der Materialien wiederzugeben, denn es wird von Ihnen erwartet, dass Sie sich **eigenständig** mit dem Thema auseinandersetzen. Dabei haben Sie einige Freiheiten, sowohl in Bezug auf die **Auswahl** der Inhalte als auch in Bezug auf die **Reihenfolge** und die **Darstellung**. Achten Sie beim Schreiben aber darauf, dass der Leser in Ihrem Text einen roten Faden verfolgen kann.

*Hinweis:* Wenn Sie in dem einen oder anderen Text eine Aussage finden, die Ihnen von der Formulierung her sehr gelungen und aussagekräftig erscheint, können Sie diese zitieren. Hüten Sie sich aber davor, zu viele Zitate einzufügen. Vergessen Sie nicht, dass Sie Ihren **eigenen Gedankengang** entwickeln sollen, um sich dem Thema anzunähern und am Schluss zu einem Ergebnis zu gelangen.

## Lösungsvorschlag für die Abstracts

**Zu Material 2** (Ulrich Bahnsen – Das Projekt Unsterblichkeit)

Ulrich Bahnsen setzt sich kritisch mit dem Streben des Menschen nach Unsterblichkeit auseinander. Er meint, der Mensch wisse um seine Endlichkeit und habe sich schon immer darum bemüht, gegen den Tod anzukämpfen. Nachdem er irgendwann habe begreifen müssen, dass es kein Mittel gibt, um den Tod zu besiegen, habe er zeitweise versucht, sich mithilfe der Metaphysik mit seiner Endlichkeit auseinanderzusetzen. Inzwischen habe die Biowissenschaft jedoch angefangen, den Alterungsprozess zu verstehen, und es werde heute für möglich gehalten, die Lebenszeit der Menschen zumindest zu verlängern. Der Verfasser fragt sich jedoch nach dem Sinn dieser Bemühungen, weil er ein hohes Alter angesichts der dann drohenden Erkrankungen wie Alzheimer für wenig wünschenswert hält.

**Zu Material 3** (Interview mit dem Naturwissenschaftler Erwin Chargaff)

In dem Interview kritisiert der Chemiker Erwin Chargaff die Entwicklung der naturwissenschaftlichen Forschung. Er hält es für respektlos und widernatürlich, nach Mitteln zu suchen, um die Lebenszeit der Menschen weiter zu verlängern. In seiner Kritik bezieht sich Chargaff auch auf eigene Erfahrungen: Er ist zum Zeitpunkt des Interviews bereits 96 Jahre alt und hält sein Leben aufgrund der körperlichen Beeinträchtigungen, die ihm den Alltag erschweren, für nicht mehr lebenswert. Bei der naturwissenschaftlichen Forschung stört ihn auch das ökonomische Interesse an den Ergebnissen.

**Zu Material 4** (Ein Leben lang)

Das Diagramm zeigt, wie sich die Lebenserwartung der Deutschen seit Anfang des 20. Jahrhunderts entwickelt hat. Die Zahlen basieren auf Angaben des Statistischen Bundesamtes. Wurden die Deutschen in den Jahren 1901 bis 1910 durchschnittlich kaum älter als 45 bzw. 48 Jahre, so können sie heute damit rechnen, ein fast doppelt so hohes Alter zu erreichen. Dabei ist die Lebenserwartung abhängig vom Geschlecht: Im Durchschnitt werden Frauen einige Jahre älter. Heute können Frauen damit rechnen, knapp 83 Jahre alt zu werden, während Männer im Durchschnitt ein Alter von rund 78 Jahren erreichen.

## Lösungsvorschlag für den Essay

**Ewig leben – ewiges Leben**

Der Mensch hat in seiner Geschichte schon **viel erreicht:** Er hat die höchsten Berge erklommen, riesige Ozeane überquert, ist auf dem Mond gelandet und hat die DNA entschlüsselt. Die Liste ließe sich beliebig verlängern. Nur eines hat er **nicht geschafft:** den eigenen **Tod zu besiegen.** Zwar ist **Unsterblichkeit** seit jeher ein **Menschheitstraum.** Aber dass dieser Traum eines Tages in Erfüllung gehen wird, ist bis heute undenkbar.

*Einleitung: Allgemeine Überlegungen zum Streben nach Unsterblichkeit*

Wir wissen zwar, dass die **Lebenserwartung** in fast allen Ländern **gestiegen** ist. Das gilt auch für Deutschland: Anfang des 20. Jahrhunderts wurden die Deutschen durchschnittlich kaum älter als 45 Jahre; inzwischen liegt die Lebenserwartung deutlich höher – Frauen können darauf hoffen, rund 83 Jahre alt zu werden, Männer werden im Schnitt knapp 78 Jahre. Es ist anzunehmen, dass es bald immer mehr Hundertjährige geben wird. Aber selbst wer ein hohes Lebensalter erreicht, lebt nur **länger, nicht ewig.** Im Übrigen stellt sich auch die Frage, ob das überhaupt **wünschenswert** wäre.

*Bezug zu Material 4: Lebenserwartung der Deutschen gestiegen*

*Themenfrage: ewiges Leben wünschenswert?*

Selbst die gestiegene Lebenserwartung ist **keine reine Erfolgsgeschichte.** Erwin Chargaff, einer der Gründerväter der Genforschung, fühlte sich gegen Ende seines Lebens – im Alter von 96 Jahren – sogar vollkommen nutzlos und verglich sich mit einem „Huhn, das keine Eier mehr legt". Forschungen, die sich zum Ziel setzen, das menschliche Leben zu verlängern, hielt er für einen „Krieg gegen die Natur" und für geradezu „teuflisch". Klar ist: Je älter die Menschen werden, umso mehr werden sie am Ende von Krankheiten und Gebrechen geplagt. Ob die Hochbetagten ihr Leben überhaupt noch genießen können, ist also fraglich.

*Bezug zu Material 3/Problematisierung: gestiegene Lebenserwartung nicht unbedingt positiv*

*Beispiel: Erwin Chargaff*

Angenommen, die Forscher könnten die Lebensspanne der Menschen noch weiter erhöhen, z. B. durch Eingriffe in die Gene: Was wäre eigentlich damit gewonnen? Man stelle sich vor, welche **Folgen** das für unsere Gesellschaft hätte: Kinder und junge Erwachsene wären in der Minderheit. Wohin sie schauen würden, gäbe es fast nur noch die Generation 100 plus. Schon jetzt machen sich viele Menschen Sorgen um ihre Renten, weil es immer weniger Junge gibt, die für den Lebensunterhalt der Alten aufkommen. Wie wäre das erst in einer Gesellschaft, die zum überwiegenden Teil aus Rentnern besteht?

*Anzunehmende Folgen bei weiterer Erhöhung der Lebenserwartung*

Müssten dann nicht **Lebensplanungen** völlig **umstrukturiert** werden? Wenn die Menschen weit über hundert Jahre alt werden, könnten sie wohl kaum mit 67 Jahren in den Ruhestand gehen. Wahrscheinlich müssten sie

*Mögliche Auswirkungen auf die Lebensplanung*

dann mindestens bis zu einem Alter von 100 Jahren arbeiten. Und danach würden sie sich wohl noch auf andere Weise nützlich machen, etwa bei der Kinderbetreuung oder in Pflegeheimen. Sie bräuchten schließlich noch eine Aufgabe, denn es würde sie sicher nicht glücklich machen, den ganzen Tag nur fernzusehen oder Kreuzworträtsel zu lösen. Und diejenigen, die noch erwerbstätig sind, würden von den Alten auch Unterstützung erwarten.

Verschieben würde sich wohl auch die **Phase der Elternschaft**. Wenn man z. B. davon ausgehen würde, dass die Menschen 200 Jahre alt werden, könnten sie sich mit der Familiengründung Zeit lassen, denn dann fänden sie es sicher unsinnig, schon mit Ende zwanzig oder Anfang dreißig Kinder zu bekommen. Wahrscheinlich würden sie erst im Alter von fünfzig oder sechzig Jahren Kinder haben wollen. Damit kämen sie zugleich den Interessen der Wirtschaft entgegen: Schon jetzt wird der Plan junger Frauen, die Mutterschaft zugunsten der Karriere auf einen späteren Zeitpunkt zu verschieben, von einigen Firmen in den USA finanziell unterstützt. Im gebärfähigen Alter können sich Arbeitnehmerinnen Eizellen entnehmen und auf Vorrat einfrieren lassen („Social Freezing"), um erst zu einem späteren Zeitpunkt schwanger zu werden. Die Kosten dafür übernimmt der Arbeitgeber.

Spätere Familiengründung …

… entsprechend den Interessen der Wirtschaft

Die Wissenschaftler werden sich kaum davon abhalten lassen, weiter zu forschen, um das Leben der Menschen immer mehr zu verlängern. Aber wem dienen sie damit? Wahrscheinlich wollen einige Forscher vor allem ihren persönlichen Ehrgeiz befriedigen, indem sie alles, was machbar ist, auch realisieren. Und die Pharmaindustrie und andere Unternehmen werden sich über die Gewinne freuen, die sie daraus ziehen können. Der **Nutzen für die Allgemeinheit** ist allerdings **unklar**.

Nutzen der Forschungen zur Verlängerung des Lebens fraglich

Interessant ist natürlich, dass es schon jetzt Menschen gibt, die sich nicht damit abfinden wollen, eines Tages an die Grenzen ihres Lebens zu stoßen. Sie haben vor, sich **nach ihrem Tod einfrieren zu lassen**, in der Hoffnung, ihr Leben irgendwann wiederaufnehmen zu können, wenn die Wissenschaft die nötigen Fortschritte gemacht hat. Vielleicht vergessen sie darüber, dass sie damit eine regelrechte Zeitreise in eine ferne, ihnen unbekannte Zukunft einplanen. Die Welt, in die sie dann zurückkehren würden, hätte sich bis dahin vollkommen geändert. Neue Technologien wären erfunden worden, und wahrscheinlich hätte sich auch das Zusammenleben in der Gesellschaft grundlegend gewandelt. Nach ihrer Wiederbelebung würden sich solche Menschen nur **fremd fühlen**, und vermutlich würden sie die Entscheidung, ihr Leben nach dem Tod fortzusetzen, schnell bereuen.

Wunsch einiger Menschen, sich nach dem Tod einfrieren zu lassen

Wahrscheinlich wird es eines Tages auch möglich sein, einen **Klon** von sich anfertigen zu lassen. Das hätte den Vorteil, dass der Klon körperlich noch jung wäre. Aber ein zweites Ego hätte man durch dieses Doppel doch nicht von sich geschaffen. Zwar hätte man seine Gene an den Klon weitergegeben; was sich aber nicht auf biochemischem Weg übertragen lässt, ist das Bewusstsein. Das aber ist es, was die **Identität eines Menschen** ausmacht: sein Denken, seine Gefühle und vor allem seine Erinnerungen. Der Klon würde noch einmal ganz von vorne anfangen und seine eigenen Erfahrungen machen müssen. Zwar könnten er und sein Genspender sich über ihre Lebenserfahrungen austauschen, aber irgendwann käme doch der Tag, an dem der Ältere stirbt, und dann wäre dessen Bewusstsein doch ausgelöscht.

Unsterblichkeit durch Klonen?

Eines wird sich wohl niemand wünschen, auch wenn das technisch heute schon machbar ist: kurz vor dem Tod mit Geräten und Schläuchen **künstlich am Leben gehalten** zu werden. Die Organe würden dann zwar mithilfe der Technik weiter funktionieren, aber die Person wäre sich ihrer Existenz nicht mehr bewusst und würde auch von ihrer Umwelt nichts mitbekommen. Außerdem könnten Verwandte und Freunde keinen Kontakt mehr zu ihr herstellen. Der Versuch, nur das weitere Funktionieren des Körpers aufrechtzuerhalten, wäre deshalb sinnlos.

*Lebensverlängerung durch Geräte nicht wünschenswert*

Dass unser **Leben eines Tages ein Ende** hat, daran wird sich jedenfalls trotz aller wissenschaftlichen Fortschritte auch in Zukunft nichts ändern. Viele Menschen wollen das aber anscheinend nicht wahrhaben; sie kämpfen verbissen gegen das Älterwerden. Nicht ohne Grund boomt das Geschäft mit Fitness, Wellness und sogenannten Anti-Aging-Produkten. Doch die Zeit lässt sich trotzdem nicht anhalten, und der Alterungsprozess schreitet fort; da nützen die besten Apps zur Selbstoptimierung nichts.

*Zwischenergebnis: Unsterblichkeit nicht zu erreichen*

Interessant ist: Normalerweise wird **Stillstand** eher als **belastend** empfunden. Man beobachte nur die Wartenden an einer Haltestelle. Sie können es kaum aushalten, auch nur fünf oder zehn Minuten auf den Bus oder die U-Bahn zu warten. Nichts wäre ihnen in diesem Augenblick lieber, als wenn die Zeit schneller verginge. Und um sich nicht zu langweilen, beschäftigen sie sich mit ihrem Smartphone. Nur wenn es um den Alterungsprozess geht, möchten viele am liebsten die Zeit anhalten.

*Stillstand der Zeit nur in Bezug auf Alterungsprozess gewünscht*

Die **Vergänglichkeit** lässt sich aber **nicht aufhalten**; weder kann man seine frühere Jugend zurückgewinnen, noch kann man den Alterungsprozess stoppen. Allenfalls ist es möglich, auf eine **gesunde Lebensführung** zu achten, um möglichst lange fit zu bleiben. Das erfordert aber ein großes Maß an Selbstdisziplin: Verzicht auf Genussmittel (kein Tabak, kein Alkohol!), gesunde Ernährung (fünfmal am Tag Obst und Gemüse, wenig Fleisch, keine Süßigkeiten!), ausreichend Bewegung (täglich mindestens tausend Schritte gehen!), genügend Schlaf (keine Nächte durchfeiern!), kein Stress (Verzicht auf Karriere?). Es mag zwar sein, dass man dann fünf bis zehn Jahre länger lebt – vorausgesetzt, man erleidet keinen tödlichen Unfall, etwa beim Ausüben einer riskanten Sportart. Aber wie lebenswert wäre ein solches Leben?

*Vergänglichkeit nicht zu vermeiden → möglich: durch gesunde Lebensführung lange fit bleiben*

*Lebensqualität unklar*

Entscheidender als die **Dauer** des Lebens ist dessen **Gestaltung**. Man sollte sich auf jeden Fall der **Gegenwart** zuwenden. Nur wer möglichst viele Augenblicke bewusst wahrnimmt, kann auch die positiven Dinge wertschätzen, die ihm widerfahren. Eine solche Lebenseinstellung ist unabhängig vom Alter: Auch junge Menschen sollten die Gegenwart genießen, statt auf eine unklare Situation in ferner Zukunft zu warten. Dazu passt, dass der Schauspieler Leonard Nimoy alias Mr. Spock aus der Fernsehserie „Star Trek" seine Tweets stets mit dem „vulkanischen Gruß" LLAP („Live long and prosper") beendete. Seine Idealvorstellung von einem guten Leben beinhaltete also beides: sowohl ein langes als auch ein gesundes und erfülltes Leben.

*Gestaltung des Lebens wichtiger als dessen Dauer*

*Beispiel: Leonard Nimoy*

Aber selbst jemand, der mit seinem Leben rundum zufrieden ist, wird sich nicht wirklich wünschen, ewig zu leben. Seine Existenz würde ihm dann vielleicht wie eine **nie endende Pflicht** vorkommen. Man darf nicht vergessen, dass vieles von dem, was das eigene Leben bestimmt, auch Arbeit und

*Ewiges Leben: nie endende Pflicht*

*Beispiele aus dem Alltag*

Mühe erfordert. Eltern müssen sich um ihre Kinder kümmern, und Berufs-tätige müssen morgens früh aufstehen, um pünktlich an ihrem Arbeitsplatz zu erscheinen und dort ihre Aufgaben zu erledigen. Daneben müssen sie noch ihren Haushalt in Ordnung halten und einkaufen; das gilt auch für ältere Menschen, die nicht mehr berufstätig sind. Es kann sein, dass die Alten ihr Leben irgendwann nur noch lästig oder langweilig finden.

Ewig leben wird kein Mensch, jedenfalls nicht, soweit wir das heute mit unserem Verstand beurteilen können. Ein **ewiges Leben** gibt es nur **in der Vorstellung:** Die drei Religionen Christentum, Judentum und Islam gehen davon aus, dass es nach dem Tod noch ein zweites, ewiges Leben im Jen-seits gibt. Gläubige hoffen darauf, nach dem Ende ihres irdischen Lebens nicht in ein Nichts zu fallen.

*Bezug zu Material 5: Glaube an ewiges Leben nach dem Tod bei drei Weltreligionen*

In gewisser Weise können aber alle Menschen über ihren Tod hinaus ein ewiges Leben erzielen – zumindest für einen gewissen Zeitraum: Es muss ihnen gelingen, einen Platz in den **Gedanken der nachfolgenden Gene-ration** einzunehmen. sodass sie nicht vergessen werden. Herausragende Persönlichkeiten, die in ihrem Leben etwas Besonderes geleistet haben, bleiben dem kulturellen Gedächtnis sogar für Jahrhunderte erhalten: mit den Werken, die sie für die Nachwelt geschaffen haben. Aber auch diejeni-gen, die sich nicht durch Kunstwerke oder außergewöhnliche Leistungen hervortun, werden anderen Menschen weiter in Erinnerung bleiben, z. B. ihren Kindern und Enkelkindern oder nahen Freunden.
Wichtig ist, dass man durch sein Tun und Wirken Spuren hinterlässt, für sich selbst und für andere. Das kann nur gelingen, wenn man sich auf die Gegenwart konzentriert.

*Ewiges Leben im Diesseits: Weiter-leben in der Erin-nerung anderer*

*Gelingendes Le-ben nicht von der Dauer abhängig*

Natürlich wäre ein solches Bemühen allein auf das Diesseits ausgerichtet. Doch nur so können wir erreichen, nach dem Tod für eine gewisse Zeit weiterzuleben – indem wir von anderen nicht vergessen werden. Dazu be-darf es einer aktiven Lebensführung. Thomas Mann sieht die **Vergäng-lichkeit** deshalb sogar als **höchstes Gut** an. In seinen Augen ermöglicht allein das Fortschreiten der Zeit schöpferisches Tun. Das wiederum setzt Vergänglichkeit voraus – im Gegensatz zur Zeitlosigkeit, die Thomas Mann deshalb für vollkommen uninteressant hält.

*Bezug zu Materi-al 1: Thomas Mann: Vergäng-lichkeit ermöglicht schöpferisches Tun*

Einen starken Drang nach Aktivität und Schaffenskraft zeigen schon kleine Kinder. **Aktives Handeln** scheint also ein **Grundbedürfnis des Menschen** zu sein. Das leuchtet ein: Nur wer handelt, verleiht seinem Leben einen Sinn. Auf die Fortschritte der Naturwissenschaftler zu warten – in der Hoffnung, seine Lebenszeit doch noch eines Tages verlängern zu können –, hilft nicht. Warten macht nur träge und verdirbt die Lust am Leben.

*Aktives Handeln als Grundbedürf-nis des Menschen Sinn nur durch Aktivität*

**Aufgabe:**
– Fassen Sie die Aussagen des Textes zusammen.
– Erläutern Sie die Argumentationsstrategie des Autors, und untersuchen Sie in diesem Zusammenhang den Einsatz sprachlicher Mittel.
– Nehmen Sie kritisch Stellung zur Meinung des Autors.
[Schwerpunkt Textanalyse]

Ulrich Greiner

# Fluch der Neugier

Die Methoden des Boulevards sagen viel aus über die Medien,
aber auch eine Menge über uns Leser

Empörung kostet nicht viel. Es fällt leicht, sich über die kriminellen Machenschaften englischer Boulevardjournalisten zu empören, und der öffent-
5 liche Aufruhr in London hat immerhin dazu geführt, dass der Medienmagnat Rupert Murdoch sein Schmierblatt *News of the World* eingestellt hat. Was leider nicht bedeutet, dass die Verblödungs-
10 strategie gewisser Sender und Zeitungen an ihr Ende gekommen wäre.
Im Gegenteil, auch in anderen westlichen Ländern, die sich auf die Pressefreiheit manches einbilden, feiert sie
15 Erfolge. Ihr Ziel besteht nicht darin, die neue Nachricht zu verbreiten, sondern das Neue selber zu erzeugen, indem man Sensationsfelder erfindet und anhaltend beackert.
20 Die eigentliche Frage lautet, warum sich damit Geld verdienen lässt, empörend viel Geld. Die simple Antwort: Weil Millionen derlei lesen und sehen wollen. Und zwar aus demselben Grund,
25 der auf der linken Fahrbahn zum Stau führt, wenn es auf der rechten einen Unfall gegeben hat: Es ist die Neugier. Wir wollen sehen, was da passiert ist. Wir wollen wissen, wie lange der Kuss
30 des königlichen Paares gedauert und warum die monegassische Fürstin nach der Trauung geweint hat. Dieser urmenschliche Trieb bildet den Motor der

Indiskretions- und Entblößungsmaschi-
35 nerie, die Murdoch, Berlusconi und die anderen betreiben. So perfekt wie heute ist sie noch nie gelaufen, aber gegeben hat es sie immer. Öffentliche Folterungen und Hinrichtungen, das Ausstellen
40 von „Missgeburten und Monstern" auf Jahrmärkten haben einstmals Tausende angezogen. Der audiovisuelle Boulevard verfährt nicht anders, nur auf technisch höherem Niveau.
45 Man muss sich aber, bevor man derlei Entgleisungen geißelt, bewusst halten, dass die Neugier Ursache aller menschlichen Erfindungen und Entdeckungen gewesen ist. Der wirkliche Grund, wes-
50 halb sich Seefahrer tollkühn auf die Weltmeere wagten, Anatomen den menschlichen Leib aufschnitten und Wissenschaftler sich gefährlichen Strahlen aussetzten, war nicht das klare Kalkül
55 (kaum einer wusste, wohin sein Drang ihn führen würde), sondern die Neugier. Albert Einstein war nur ehrlich, als er einmal sagte: „Ich bin nicht besonders talentiert, sondern nur leidenschaftlich
60 neugierig." Die Geschichte der Wissenschaft ist auch eine Geschichte der Neugier. Dass sie sich ungehindert entfalten könne, ist ein Versprechen der Demokratie und das Geheimnis ihres Erfolgs.
65 Nur wo der Erfindungsgeist sich verbreiten und austauschen darf, dringt er

hinein ins unbekannte und ökonomisch fruchtbare Neuland.

Im Wort aber steckt die Gier. Sie wird
70 niemals satt. Denn nichts altert schneller als das Neue, und rastlos sucht die Neugier nach neuem Stoff. Sie ist ein wilder Trieb, der gezähmt werden muss. Anders als das Tier, dessen Wissens-
75 drang der Instinkt leitet und aufs Zuträgliche beschränkt, ist die menschliche Neugier ungerichtet. An Kindern bewundern wir ihre schlechthin schrankenlose Neugier, die sie ins Verderben
80 stürzen müsste, würden wir nicht eingreifen. Als Erwachsene wissen wir (oder sollten es gelernt haben), dass es nicht lohnt, alles wissen zu wollen. Ohne Zweifel kann es hier und da schäd-
85 lich sein.

Augustinus hält die curiositas[1] für ein Laster, weil sie aufs Irdische versessen sei und wegführe vom Eigentlichen: von der Selbsterkenntnis und von der
90 Erkenntnis Gottes. Die Philosophen erblicken in der Neugier einen höchst doppeldeutigen Trieb; Hans Blumenberg zum Beispiel sieht in ihr „das Interesse des Menschen für dasjenige,
95 was ihn sozusagen nichts angeht". Er beschreibt damit jenen selbstbezüglichen Wissenschaftsbetrieb, an den wir uns längst gewöhnt haben. Den Gedanken seiner Neugierkritik finden wir in
100 den Mythen und Märchen wieder, die vom Heiligen und vom Verbotenen erzählen: vom siebenten Zimmer, das man nicht betreten, vom Schleier, den Schillers Jüngling dem Bild der Wahr-
105 heit besser nicht entreißen sollte. Die Klugheit solcher Weisungen könnte Leitfaden sein für die Zähmung unserer

Neugier, die nicht selten Züge einer Neusucht trägt. Sie ähnelt der Sucht,
110 sich mit Nahrung vollzustopfen. Und so, wie es eine Industrie gibt, die alles daransetzt, uns mit jenem Fast Food zu versorgen, das immer von Neuem hungrig macht, so gibt es auch eine mediale
115 Zerstreuungsindustrie, die unsere Neugier niemals sättigt, sondern stets neu entfacht. Ein rabiates Verwertungsinteresse ist Merkmal jenes Turbokapitalismus, dem wir offenbar – zu unsrem
120 Glück oder Unglück – nicht zu entrinnen vermögen. Und wir reden hier wohlgemerkt nicht von der Welt überhaupt, sondern von jenen gesegneten Breitengraden, wo es weder an Nahrung noch
125 an Information generell mangelt.

Der Mangel an Mangel ist ein Problem der Erziehung und der Selbstdisziplin. In den Schulen ist er schon lange ein Thema, glücklicherweise. Es müsste uns
130 alle beschäftigen. Seit Jahren führen wir eine manchmal bizarre Schlankheitsdebatte.

Man sollte die darin investierte Energie auf eine andere Enthaltsamkeit lenken:
135 auf den Informationsverzicht. Nicht jede Nachricht ist der Beachtung wert. Es gibt eine Ökologie der Aufmerksamkeit. Wenn wir dies begriffen, dann würde uns die Empörung über Murdoch und
140 so weiter etwas kosten. Wir könnten uns an die biblische Weisheit im Buch Prediger erinnern: „Windhauch, Windhauch, alles ist Windhauch. Kein Mensch kann alles ausdrücken, nie wird ein Auge
145 satt, nie ein Ohr vom Hören voll. Es gibt nichts Neues unter der Sonne."

*Aus: DIE ZEIT Nr. 29 vom 14. 7. 2011*

**Worterklärung**
1 curiositas: lat. Neugier

# Lösungsvorschlag in Grundzügen

## Hinweise und Tipps

Bei dieser Textanalyse sind der **Titel** und mehr noch der **Untertitel** sehr hilfreich, weil sie sowohl das Thema als auch die Argumentation des Autors zusammenfassen. Außerdem sorgt die dreiteilige **Aufgabenstellung** für die Gliederung Ihres Aufsatzes, der sich sorgfältig mit dem Inhalt und der Struktur von Ulrich Greiners Kommentar beschäftigen sollte. Dabei erfordern die ersten beiden Aufgaben eine eher objektive Beschreibung des Textes und seiner Argumentationsweise, während die abschließende Aufgabe eine subjektive Auseinandersetzung mit den Thesen des Verfassers verlangt.

Wie können Sie Ihren Aufsatz aufbauen?

- Mit einer gezielten **Einleitung** führen Sie zum Thema des Textes hin und geben gleichzeitig die wichtigsten Informationen zum Autor, zur Textsorte sowie zur Textquelle an.
- Eine prägnante **Inhaltswiedergabe** fasst die wesentlichen Aussagen des Textes in eigenen Worten zusammen. Machen Sie dabei immer wieder klar, dass es sich um die Argumente des Journalisten Ulrich Greiner und nicht um Ihre eigenen handelt.
- Anschließend nehmen Sie eine **inhaltliche Analyse** von Greiners Kommentar vor, indem Sie zunächst darstellen, wie der Autor bei seiner Argumentation vorgeht, und danach aufzeigen, welche sprachlichen Mittel dabei verwendet werden – und vor allem, welche Wirkung diese haben. Achten Sie sowohl auf den Satzbau als auch auf einzelne rhetorische Figuren.
- Ihr Aufsatz sollte mit einer **kritischen Stellungnahme** zu den Auffassungen des Autors abgeschlossen werden. Dabei sollten Sie verdeutlichen, in welchen Punkten Sie seiner Argumentation zustimmen und bei welchen Behauptungen Sie ihm widersprechen. Wichtig ist, dass Sie Ihre Einwände mit eigenen Beispielen veranschaulichen und Ihre Schlussfolgerungen klar begründen.

**Methodisch** können Sie folgendermaßen vorgehen:
- Lesen Sie den Artikel ein erstes Mal im Zusammenhang, um zunächst das Thema und die Argumentationsweise des Kommentators zu erfassen.
- Beim zweiten Lesen können Sie die Hauptthesen des Textes (durch Markieren) hervorheben und die sprachlichen Besonderheiten sammeln. Legen Sie besonderen Wert auf die sprachlichen Mittel, die sich (mehrfach) wiederholen und die eine zentrale Rolle für die Aussagen des Kommentars spielen.
- Achten Sie beim dritten Lesen auf Ulrich Greiners Argumentation, und überlegen Sie dabei, welche Behauptungen Ihnen nachvollziehbar erscheinen und welche Thesen Sie aus welchen Gründen ablehnen. Notieren Sie einige Pro- und Kontra-Argumente zu Greiners Aussagen in Stichworten.
- Bevor Sie nun Ihren Aufsatz schreiben, ist es empfehlenswert, Ihre Notizen zu einer stichwortartigen Stoffsammlung zusammenzustellen. Anschließend können Sie die Reihenfolge Ihrer Ergebnisse noch einmal überprüfen und endgültig ordnen. Achten Sie darauf, dass die Gliederung Ihrer Stichwörter zu einer zusammenhängenden Darstellung führt.

Die ständige Suche nach Neuem und bisher Unbekanntem treibt uns Menschen an. Von diesem Drang profitieren auch die Boulevardzeitungen und Unterhaltungssender und verdienen damit unglaublich viel Geld. Mit diesem Zusammenhang beschäftigt sich der Journalist Ulrich Greiner in seinem Kommentar „Fluch der Neugier", der am 14. 7. 2011 in der Wochenzeitung „Die Zeit" erschienen ist.

**Einleitung**

Einen Vorfall in London, nach dem der bekannte Medienzar Rupert Murdoch nach den empörten Reaktionen seiner Leserschaft eine seiner Zeitungen aufgeben musste, nimmt Ulrich Greiner zum Anlass, um über das vielgestaltige Phänomen der menschlichen Neugier kritisch nachzudenken: Seiner Meinung nach besteht das Geheimnis der **Boulevardmedien** darin, dass sie nicht nur vorhandene Nachrichten aufbauschen, sondern Neues selbst erfinden und damit Sensationen erschaffen, die immer wieder in der Öffentlichkeit präsentiert werden.

Den Grund für den Erfolg solcher Machenschaften sieht der Autor hauptsächlich in der **Neugier** des Lesers oder Zuschauers, der permanent nach Aktuellem und Ungewöhnlichem verlange. Diese Sensationslust der Menschen habe es schon immer gegeben, und heutzutage werde dieser Trieb von den audiovisuellen Medien mit noch größerer technischer Raffinesse bedient.

Der Kommentator verweist jedoch auch auf die **positiven Seiten der menschlichen Neugier**. Ohne diesen Antrieb wären viele Entdeckungen und Erfindungen ausgeblieben. In einer demokratischen Gesellschaft könne sich diese Abenteuerlust noch besser entfalten und damit auch den Fortschritt vorantreiben. Ein großer **Nachteil der Neugier** sei die rastlose Suche nach Neuem, die sich nie mit dem Erreichten zufrieden gebe und unaufhaltsam weitermachen müsse.

Auch verschiedene Philosophen haben diese **Ambivalenz der Neugier** öfter beschrieben, indem sie einerseits ihren Suchtcharakter und andererseits die von ihr hervorgebrachten Erfolge in der Wissenschaft betonten.

Der Kapitalismus nutze die unaufhörliche **Neuerungssucht der Menschen** aus, indem er die Konsumenten stets mit Neuem versorge und dadurch Profit mache.

Ähnlich wie bei unseren Essgewohnheiten fordert Ulrich Greiner am Ende seiner Ausführungen eine **Diät**, durch die sich unser Nachrichtenkonsum auf weniger, aber dafür wichtige Informationen beschränken solle.

In seinem kritischen Kommentar geht Ulrich Greiner der **Frage** nach, warum die Unterhaltungsmedien uns Menschen beherrschen und warum wir uns von ihnen beherrschen lassen. Die **Antwort** findet er, wie bereits der **Titel** des Zeitungsartikels („Fluch der Neugier") offenbart, in unserer Neugier, die sowohl positive als auch negative Eigenschaften hat. Der Journalist stellt vom Anfang bis zum Schluss seines Textes Parallelen zwischen den modernen Medien und der in allen Menschen waltenden Sensationsgier her.

Zunächst verweist er auf die **Heuchelei der Leser**, die unaufhörlich neue Sensationsmeldungen von den Medien verlangen, aber sich gleichzeitig empört zeigen, wenn Boulevardzeitungen bei der Befriedigung dieses Bedürfnisses die Grenzen der Legalität überschreiten. Genauso widersprüchlich verhalten sich die Leser, wenn sie einerseits moralische Maßstäbe aufstellen, aber andererseits der „Verblödungsstrategie gewisser Sender und Zeitungen" (Z. 9 ff.) verfallen. Der Journalist beklagt eher das unkritische Verhalten der Leser und Zuschauer, anstatt auch mehr Verantwortung bei den Journalisten einzufordern.

Die Neugier sieht der Verfasser in jedem Menschen und in jeder Kultur als eine **biologische Konstante** angelegt. „Dieser urmenschliche Trieb" (Z. 32 f.) sei in verschiedenen Epochen zu erkennen, nur in jeweils unterschiedlicher Form.

Ulrich Greiner betont sowohl die **Vorteile** als auch die **Nachteile** der Neugier. Dieser Trieb habe zu vielen „Erfindungen und Entdeckungen" (Z. 48) geführt, aber er verursache auch Indiskretionen, Demütigungen und Unwahrheiten aufseiten der Medien. Für diese Thesen stützt sich der Autor auf Aussagen von Wissenschaftlern (Albert Einstein), Philosophen (Augustinus, Hans Blumenberg) und Dichtern (Friedrich Schiller). Als **Lösungsweg** für seine „Neugierkritik" (Z. 99) empfiehlt der Verfasser eine **Selbstbeschränkung** des modernen Lesers, der nicht ununterbrochen Wissen anhäufen sollte, sondern sich auf das Wesentliche konzentrieren und dabei bewusst „Informationsverzicht" (Z. 135) üben müsse. Diese Forderung wird abschließend mit einem Bibelzitat aus dem „Buch Prediger" (Z. 141 f.) untermauert.

Mit seinem niveauvollen, aber auch unterhaltsamen Stil, in dem ein **hypotaktischer Satzbau** vorherrscht, wendet sich Ulrich Greiner an ein gebildetes, gesellschaftskritisches Publikum. Dabei argumentiert er sachlich und zielgerichtet, was in seinen teils einfachen, teils komplexen **Aussagesätzen** zur Geltung kommt. Der Kommentator verhält sich aber nicht als neutraler Beobachter, sondern legt durch ständige **Wertungen** (z. B. „leider", Z. 8; „glücklicherweise", Z. 129 oder „bizarre Schlankheitsdebatte", Z. 131 f.) von Anfang an seine Position offen.

Sprachliche Mittel: Satzbau

Zahlreiche **rhetorische Figuren** verdeutlichen Greiners Argumentationsweise und veranschaulichen seine Kritikpunkte. So betreibt der Verfasser keine allgemeine Medienschelte, sondern greift gezielt die „Boulevardjournalisten" (Z. 3) und deren **zweifelhafte Methoden** an, indem er folgende sprachliche Mittel verwendet:
- Aufzählung von Namen: „News of the World" (Z. 7 f.), „Murdoch, Berlusconi und die anderen" (Z. 35 f.);
- abwertende Begriffe: „kriminelle[] Machenschaften" (Z. 2 f.), „Schmierblatt" (Z. 7), „Medienmagnat Rupert Murdoch" (Z. 6 f.);
- Metaphern: „Sensationsfelder", die „anhaltend beackert" werden (Z. 18 f.), der „audiovisuelle Boulevard" (Z. 42), „Entgleisungen" (Z. 46);
- meist negative Neologismen: „Indiskretions- und Entblößungsmaschinerie" (Z. 34 f.), „mediale Zerstreuungsindustrie" (Z. 114 f.), „rabiates Verwertungsinteresse" (Z. 117 f.);
- Wortspiele: „empören" (Z. 4) – „empörend viel Geld" (Z. 21 f.): Wertung der Leser, die sich über Boulevardjournalismus aufregen – Wertung des Autors über die hohen Geldsummen, die mit dieser Art des Journalismus verdient werden können.

Rhetorische Figuren: Methoden des Boulevards

Der menschliche Trieb der **Neugier** wird von Ulrich Greiner differenzierter beurteilt, wobei bestimmte Stilmittel die Aussagen veranschaulichen und verstärken:
- Gegensätze: „nicht das klare Kalkül …, sondern die Neugier." (Z. 54 ff.), „niemals … stets" (Z. 116);
- Vergleiche: Neugier als Sucht wird verglichen mit unkontrolliertem Essverhalten (Z. 108 ff.), Sensationslust mit Staus im Straßenverkehr (Z. 25 ff.);
- Aufzählungen: öffentliche Formen der Zurschaustellung (Z. 38 ff.), Forscher und Wissenschaftler (Z. 50 ff.), Mythen und Märchen (Z. 102 ff.)
- Personifikationen: Die Gier „wird niemals satt … und rastlos sucht die Neugier nach neuem Stoff." (Z. 69 ff.);

Bewertung der Neugier

- Wortspiele: Neugier – Gier (Z. 69), Neugier – Neusucht (Z. 108 f.), „Mangel an Mangel" (Z. 126);
- Metaphern: Die Neugier ist „ein wilder Trieb, der gezähmt werden muss" (Z. 72 f.), sie ist „rastlos" (Z. 71) und „schrankenlos[]" (Z. 78 f.); die Forscher drangen „ins unbekannte und ökonomisch fruchtbare Neuland" vor (Z. 67 f.);
- Anaphern: „Wir wollen sehen, was da passiert ist. Wir wollen wissen, wie ..." (Z. 28 f.).

Greiners Thesen

Die anthropologische Untersuchung der Neugier führt den Autor zu einer Diagnose (Suchtverhalten), der er am Ende einen Therapievorschlag (Informationsverzicht) folgen lässt. Seine **Thesen** kleidet Ulrich Greiner in bildhafte und prägnante Formen:
- Wir-Form (Identifikation mit dem Leser);
- Titel und Untertitel: Thema (Neugier), Vorgang („Methoden des Boulevards"), Verhältnis Medien – Leser;
- Sentenzen: „Die Geschichte der Wissenschaft ist auch eine Geschichte der Neugier." (Z. 60 ff.), „Nicht jede Nachricht ist der Beachtung wert." (Z. 135 f.);
- Zitate als Belege seiner Behauptungen: Albert Einstein (Z. 58 ff.), Hans Blumenberg (Z. 93 ff.), Bibel (Z. 142 ff.);
- Metaphern: „die darin investierte Energie" (Z. 133), „Ökologie der Aufmerksamkeit" (Z. 137).

Stellungnahme
Kritische Auseinandersetzung mit den Thesen des Autors

Der Journalist Ulrich Greiner thematisiert in seinem Kommentar nicht nur die dubiosen Praktiken der medialen Unterhaltungsbranche, sondern auch die menschliche Neugier als allgemeine Antriebskraft unseres Verhaltens. Dabei kommt uns Lesern vieles bekannt vor, aber manches Argument des Autors ist auch plakativ und verkürzt.

Pro-Argumente

- Viele der Behauptungen Greiners scheinen sofort einzuleuchten, stammen doch die **Beobachtungen zu unserer Sensationsgier** aus unserem unmittelbaren Erfahrungsbereich. Immer wieder können wir an uns selbst sehen, wie wir begierig auf Neues warten und sofort erwartungsvoll reagieren, wenn uns Sensationen versprochen werden.
- Rupert Murdoch, Silvio Berlusconi und andere Medienvertreter sind zu Superreichen geworden, weil sie geschickt mit den Interessen der Medienkonsumenten umgegangen sind und mit ihren **Profiten** ein gigantisches Medienimperium aufgebaut haben, das ständig die **Erwartungen der Leser und Zuschauer** mit neuem Stoff bedient und somit Abhängigkeiten schafft. Seichte Fernsehshows und bunte Boulevardzeitungen scheinen für viele Menschen zum täglichen Bedarf zu gehören.
- In einer **Demokratie** sollte eine **freie Forschung** selbstverständlich sein. Schließlich profitieren wir alle durch den **Fortschritt**, der uns neue Erkenntnisse, aber auch neue Medikamente, Therapien und Verhaltensweisen liefert. Innerhalb gewisser Rahmenbedingungen (Gesetze, ethische Grenzen) sollten Wissenschaftler, Entdecker und Abenteurer ihrer Suche nach Neuem nachgehen und ihre Ergebnisse auch (finanziell und persönlich) verwerten können.
- Wie Greiner darlegt, scheint die Neugier ein „urmenschliche[r] Trieb" (Z. 32 f.) zu sein, der nicht beseitigt werden kann. Deshalb kommt es darauf an, mit diesem Drang verantwortungsvoll umzugehen und ihn durch entsprechende **ethische Normen** zu kanalisieren. Selbstbeschränkungen und Selbstdisziplin gibt es bereits in vielen Bereichen, sodass

eine ungestüme Neugier nicht mehr viel Schaden anrichten, sondern eher für die ganze Gesellschaft fruchtbar gemacht werden kann.
- Unsere Medienlandschaft erzeugt täglich eine **große Informationsflut**, die von niemandem mehr bewältigt werden kann. Deshalb ist es wichtig, das Wesentliche vom Unwesentlichen unterscheiden zu lernen und sich eine **Strategie** anzueignen, die einen lehrt, wie man mit dem gewaltigen Wissensstoff umgehen sollte. Dies bleibt eine permanente Aufgabe der Erziehung sowie der Selbstbildung. Die von Greiner propagierte „Ökologie der Aufmerksamkeit" (Z. 137) wird zu einer existenziellen Notwendigkeit, um in einer Welt von unzähligen, ständig neuen Nachrichten die Orientierung zu behalten.

Sowohl die Unterhaltungsmedien als auch die menschliche Neugier schätzt Ulrich Greiner teilweise zu allgemein und einseitig ein: Kontra-Argumente
- Die audiovisuellen Boulevardmedien sind nicht nur erfolgreich, weil sie auf die Sensationslust ihrer Konsumenten bauen, sondern sie glänzen auch durch eine **interessante Aufmachung**. Ihr vielseitiges Angebot, das in leicht verständlichen Texten, in bunten Bildern und einer abwechslungsreichen Gestaltung präsentiert wird, zieht viele Leser und Zuschauer an, weil alle etwas für sie Interessantes darin zu finden hoffen.
- Die „mediale Zerstreuungsindustrie" (Z. 114 f.) huldigt nicht nur den Normen eines zügellosen „Turbokapitalismus" (Z. 118 f.), wie der Verfasser behauptet, sondern sie unterliegt natürlich **staatlichen Gesetzen**. Viele Medien haben sich zudem einer Art **Selbstverpflichtung** unterworfen. Ein Ethikrat der Medien wacht über die Einhaltung selbst auferlegter Spielregeln und prangert Missstände und gelegentliche „Entgleisungen" (Z. 46) öffentlich an. Außerdem halten seriöse Medien wie allgemeine Tageszeitungen, Wochenmagazine und das öffentlich-rechtliche Fernsehen dem Boulevardjournalismus gelegentlich einen Spiegel vor, sodass sich dessen Auswüchse im Rahmen halten.
- Vor allem für die **junge Generation** hat die traditionelle Medienlandschaft inzwischen ihren Reiz verloren. Die Jugendlichen beschaffen sich ihre Informationen über andere Einrichtungen, wie z. B. das Internet oder Facebook. Insbesondere Printmedien spielen für die heranwachsenden Konsumenten nur noch eine untergeordnete Rolle.
- Auch die Fortschritte in den Wissenschaften und bei den Entdeckungen scheint der Autor oberflächlich zu bewerten. Nicht nur die Neugier hat die Forscher und Erfinder bei ihrer Arbeit angetrieben, sondern oft waren auch Geld, Suche nach Anerkennung und Ruhmsucht entscheidende **Antriebskräfte**. Meist war es eher ein Bündel von Motiven, das zu neuen Erkenntnissen geführt hat, als nur das Interesse für Neues und Unbekanntes.

Bei aller Kritik gebührt Ulrich Greiner das Verdienst, einen anregenden Kommentar geschrieben zu haben, der zu eigenem Nachdenken veranlasst und zum Widerspruch herausfordert. Für unsere Gesellschaft bleibt es eine permanente Aufgabe, sich einerseits Gedanken über die Zukunft unserer Medien zu machen und andererseits mit der Konstante der menschlichen Neugier verantwortungsvoll umzugehen. Schluss: Fazit

**Aufgabe:**
- Interpretieren Sie die Textstelle; beziehen Sie das für das Verständnis Wesentliche aus der vorangehenden Handlung ein.
- Stamms „Agnes", Frischs „Homo faber" und Büchners „Dantons Tod": Untersuchen Sie in einer vergleichenden Betrachtung die Bedeutung von Freiheit für den Ich-Erzähler in Stamms Roman, Walter Faber und Georg Danton.

[Bitte beachten Sie, dass der Schwerpunkt der Gewichtung auf der zweiten Teilaufgabe liegt.]

**Peter Stamm: Agnes**

Ich dachte nicht an Agnes, während ich mit Louise zusammen war, und es ging mir gut. Als ich nach Hause kam, war es mir, als kehre ich in ein Gefängnis zurück. Ich ließ die Wohnungstür einen Spaltbreit offenstehen, aber als ich Stimmen im Hausflur hörte, schloß ich sie. Ich legte mich für eine halbe Stunde aufs Sofa, dann stand ich auf und ging
5   in die Bibliothek und von da aus weiter an den See, in das Café am Ende des Grant Park. Ich dachte an das Kind, mit dem Agnes schwanger war. Ich fragte mich, ob es mir gleichen, ob es meinen Charakter haben würde. Ich konnte mir nicht vorstellen, wie es sein würde, wenn irgendwo ein Kind von mir lebte. Selbst wenn ich Agnes nie wieder-sähe, würde ich Vater sein. Ich werde mein Leben ändern, dachte ich, auch wenn ich dem
10  Kind nie begegnen sollte. Und dann dachte ich, ich ertrage es nicht, dem Kind nie zu begegnen. Ich will wissen, wer es ist, wie es aussieht. Ich nahm mein Notizbuch hervor und versuchte, ein Gesicht zu zeichnen. Als es mir nicht gelang, begann ich zu schreiben:
*Am vierten Mai kam unser Kind zur Welt. Es war ein Mädchen. Es war sehr klein und leicht und hatte ganz dünnes blondes Haar. Wir tauften es auf den Namen …*
15  Ich dachte lange nach, wie ich das Kind nennen sollte. Die Kellnerin brachte mir frischen Kaffee, und ich las auf ihrem Namensschild, daß sie Margaret hieß. Ich bedankte mich für den Kaffee und schrieb:
*… Margaret. Die Wiege stellten wir in mein Arbeitszimmer. Jede Nacht weinte das Kind, jeden Tag gingen wir mit ihm spazieren. Vor den Spielwarengeschäften blieben wir stehen*
20  *und überlegten uns, welche Dinge wir Margaret kaufen würden, später, wenn sie älter sein würde. Agnes sagte, sie wolle ihr nicht nur Puppen kaufen.*
*„Ich will, daß sie mit Autos spielt und mit Flugzeugen, mit Computern, Eisenbahnen."*
*„Erst kriegt sie Plüschtiere, Puppen …", sagte ich.*
*„Bauklötze", sagte Agnes. „Als ich klein war, liebte ich Bauklötze mehr als alle Puppen.*
25  *Margaret soll bekommen, was sie will."*
*„Ich bringe ihr alles über Luxuseisenbahnwagen bei, wenn du willst", sagte ich.*
*Wir schauten uns nach einer größeren Wohnung um, in einem Außenviertel, wo es Parks gab und Wälder. Wir überlegten uns, nach Kalifornien zu ziehen oder in die Schweiz.*
*Mit meinem Buch kam ich gut voran, trotz der Arbeit, die das Kind uns machte. Es war*
30  *der glücklichste Sommer meines Lebens, und auch Agnes war so zufrieden wie selten zuvor.*

Ich schrieb nicht weiter. Ich merkte, wie wenig ich über Babys wußte, und beschloß, mir ein Buch zu kaufen. Ich war jetzt sicher, daß Agnes und ich wieder zusammenkommen würden. Ich schrieb einen Brief an sie, steckte ihn in die Tasche und ging, so schnell ich
35  konnte, nach Hause zurück.

Schon als ich die Wohnungstür aufschloß, hörte ich das Telefon klingeln. Noch im Mantel nahm ich ab. Es war eine Kollegin von Agnes, eine der Geigerinnen aus dem Streichquartett.

„Ich habe den ganzen Tag versucht, Sie zu erreichen", sagte sie.

40 „Ich war spazieren."

Sie zögerte.

„Agnes ist krank", sagte sie dann, „sie ist nicht einmal zur Probe gekommen."

„Was spielt ihr?" fragte ich, weshalb, weiß ich nicht.

„Schubert", sagte sie. Es war einen Moment lang still.

45 „Agnes würde mich umbringen, wenn sie wüßte, daß ich Sie anrufe. Aber ich glaube, sie braucht Ihre Hilfe."

„Was fehlt ihr?" fragte ich, aber die Kollegin wollte nichts weiter sagen.

„Gehen Sie doch bitte zu ihr", sagte sie nur, „es geht ihr nicht gut."

Ich bedankte mich und versprach, Agnes zu besuchen. Den Brief, den ich ihr geschrieben

50 hatte, zerriß ich. Ich holte mir ein Bier aus dem Kühlschrank und setzte mich ans Fenster. Wenn ich jetzt zu Agnes gehe, dachte ich, dann ist es für immer. Es ist schwer zu erklären, obwohl ich sie liebte, mit ihr glücklich gewesen war, hatte ich nur ohne sie das Gefühl, frei zu sein. Und Freiheit war mir immer wichtiger gewesen als Glück. Vielleicht war es das, was meine Freundinnen Egoismus genannt hatten.

55 Ich ging nicht an diesem Tag zu Agnes und auch am nächsten nicht. Am dritten Tag endlich entschloß ich mich, sie zu besuchen. Ich nahm gegen meine Gewohnheit ein Taxi, um nicht noch mehr Zeit zu verlieren. Vor einer Buchhandlung ließ ich es warten, rannte hinein und fragte nach einem Buch über Babys. Die Verkäuferin empfahl mir ein Buch mit dem Titel *How to Survive the First Two Years.*

*Aus: Peter Stamm: Agnes. Zürich: Die Arche 1998 (zitierte Ausgabe: Peter Stamm: Agnes. 8. Auflage. Frankfurt/M.: Fischer Taschenbuch Verlag 2012, S. 107 ff.)*

---

## Lösungsvorschlag in Grundzügen

### Hinweise und Tipps

Die vorliegende **Aufgabenstellung** gliedert sich in **zwei Teile:** Im ersten wird die **Interpretation** eines Auszugs aus dem Roman „Agnes" von Peter Stamm verlangt, im zweiten eine **aspektorientierte vergleichende Betrachtung** der literarischen Werke, die als Pflichtlektüren im Unterricht besprochen wurden. Die Lösung beider Teilaufgaben soll ein stimmiges Ganzes ergeben, das sich in Einleitung, zweiteiligen Hauptteil und Schluss mit passenden Überleitungen gliedert. Sie müssen zudem den angegebenen Bearbeitungsschwerpunkt beachten, der auf der zweiten Teilaufgabe liegt.

### Teilaufgabe 1

Analysieren Sie zunächst das **Thema:** Was genau wird von Ihnen erwartet, wenn der Operator „**interpretieren**" gewählt ist? Die Interpretation des vorgelegten Romanauszugs wird, wie bei Aufgabentyp I üblich, durch die Aufforderung präzisiert, „das für das Verständnis Wesentliche aus der vorangehenden Handlung" einzubeziehen. Erwartet wird demnach keine umfassende Inhaltsangabe des ganzen Romans, sondern eine Konzentration auf zentrale Handlungsvoraussetzungen. Machen Sie sich klar, was dies bei der ausgewählten Textstelle bedeutet, indem Sie u. a. folgende Fragen beantworten: Welche Figuren treten auf? Sind sie dem Romanleser bereits bekannt – und wenn ja, woher? Wo spielt die Handlung und welche Bedeutung haben die Orte und Räume für den Erzähler sowie für Agnes? Sind wiederkehrende Motive erkennbar? Stellen Sie sich beim Schreiben Ihres Aufsatzes am besten einen Leser vor, der den Roman nicht kennt und dem Sie entsprechende Informationen geben müssen, damit er Ihre Ausführungen versteht. Zu diesem Stil der Einführung gehört auch die Verwendung von besprechenden Tempora (Präsens, bei Vorzeitigkeit Perfekt). In Ihrer Interpretation der Textstelle müssen Sie Ihre Erkenntnisse dabei stets begründen und durch Zitate belegen. Zudem sollten Sie neben der Analyse der inhaltlichen Aspekte die Wirkung und Funktion der formalen wie sprachlich-stilistischen Textgestaltung in Ihre Deutung einbeziehen.

## Teilaufgabe 2

Die zweite Teilaufgabe nimmt alle drei Pflichtlektüren unter einem thematischen **Vergleichsaspekt** – hier der **Bedeutung von Freiheit** – in den Blick. Denken Sie deshalb zunächst gründlich über den Begriff „Freiheit" nach und nehmen Sie in der Übungssituation ein Wörterbuch zu Hilfe, um die verschiedenen Bedeutungsaspekte zu erfassen. Im Duden Online-Wörterbuch werden z. B. drei Bedeutungen unterschieden, die durch zahlreiche Beispiele konkretisiert werden: „1. Zustand, in dem jemand von bestimmten persönlichen oder gesellschaftlichen, als Zwang oder Last empfundenen Bindungen oder Verpflichtungen frei ist und sich in seinen Entscheidungen o. Ä. nicht [mehr] eingeschränkt fühlt; Unabhängigkeit, Ungebundenheit", „2. Möglichkeit, sich frei und ungehindert zu bewegen; das Nichtgefangensein", „3. Recht, etwas zu tun; bestimmtes [Vor]recht, das jemandem zusteht oder das er bzw. sie sich nimmt". Durch diese Recherchearbeit lernen Sie, Ihr eigenes Begriffsverständnis zu erweitern, zu differenzieren und zu vertiefen.

Zu den das Schreiben vorbereitenden Arbeitsstrategien gehört es auch, die Werke nach thematisch relevanten Textstellen zu durchsuchen und diese mit Seitenangabe und knappen Stichworten zusammenzustellen, etwa in einer Tabelle oder Mindmap. Im Aufsatz müssen Sie Ihre Untersuchungsergebnisse entsprechend der Aufgabenstellung **erörternd darlegen**. Hierbei wird, anders als bei der ersten Teilaufgabe, keine detaillierte Textarbeit erwartet, lediglich zentrale Ergebnisse müssen durch Verweise und/oder Zitate abgesichert werden.

Konzeptionell sind bei der Vergleichsaufgabe mehrere Vorgehensweisen möglich, z. B. eine blockweise Untersuchung der drei Werke, die mit einem pointierten Fazit abschließt. Sie können Ihre Vergleichsergebnisse aber auch nach den unterschiedlichen Bedeutungsdimensionen des Begriffs „Freiheit" ordnen – z. B. innere und äußere Freiheit, beruflicher und privater Bereich, politische Dimension – und eine parallelisierende Darstellungsform wählen. Es bietet sich in jedem Fall an, auf der Grundlage der Ergebnisse aus der ersten Teilaufgabe mit dem Ich-Erzähler des Romans „Agnes" zu beginnen.

Damit Ihr Aufsatz ein in sich geschlossener Text wird, den auch ein Leser ohne Vorkenntnis der Werke verstehen kann, ist es unerlässlich, die Vergleichswerke jeweils knapp vorzustellen. Informieren Sie daher über Autor, Gattung, Zeit der Entstehung und der Handlung, zentrale Figuren und Themen, soweit dies jeweils für das Verständnis Ihres Aufsatzes nötig ist.

---

„Freiheit war mir immer wichtiger gewesen als Glück." (Z. 53) Diese Selbsterkenntnis formuliert der Ich-Erzähler des Romans „Agnes" von Peter Stamm in einer Situation, die ihn in mehrfacher Hinsicht überfordert: Er steht zwischen zwei Frauen (Agnes und Louise), er wird Vater (Agnes erwartet ein Kind von ihm) und er hat Angst vor der Verantwortung, die damit verbunden ist. Zudem kommt er in seinem beruflichen Projekt, ein Sachbuch über amerikanische Luxuseisenbahnen zu schreiben, nicht voran.

**Einleitung**

Um zu verstehen, wie es zu dieser Situation gekommen ist, sollen zunächst die groben Handlungslinien des Romans nachgezeichnet werden. Der Ich-Erzähler, ein ungebundener Schweizer Sachbuchautor mittleren Alters, lernt bei seinen Recherchen über Luxuseisenbahnen die 25-jährige Physik-Doktorandin Agnes in der Chicago Public Library kennen. Die beiden verlieben sich ineinander und schon nach kurzer Zeit zieht Agnes bei ihrem Freund ein. Agnes kommt auf die Idee, er solle eine Geschichte über sie

**Teilaufgabe 1**
Peter Stamm:
„Agnes"

Einordnung des Textauszugs in die Romanhandlung

schreiben und auf diese Weise eine Art Porträt von ihr entwerfen. Das ungewöhnliche Experiment gibt der Liebesbeziehung zunächst Schwung und Leichtigkeit, wird aber immer problematischer, nachdem der Ich-Erzähler mit seiner Geschichte in die erfundene Zukunft des Paars vordringt und auch die reale Agnes zunehmend als sein „Geschöpf" betrachtet. Die Situation eskaliert, als Agnes schwanger wird und von ihrem Freund Zuspruch und Unterstützung erwartet. Da dieser in seiner fiktiven Geschichte aber keine Schwangerschaft vorsieht, lehnt er sie auch in der Wirklichkeit ab und verweist auf die Möglichkeit, das Kind abzutreiben. Damit enttäuscht er seine Partnerin so sehr, dass sie ihn verlässt und den Kontakt zu ihm abbricht. Der Ich-Erzähler fällt daraufhin in ein Stimmungstief, betrinkt sich fortwährend und beginnt eine bedeutungslose **Affäre mit Louise**, einer Franko-Amerikanerin, die er im Laufe seiner Eisenbahnrecherchen kennengelernt hat. „‚Du liebst mich nicht, und ich liebe dich nicht. Es ist nichts dabei' [...] ‚Hauptsache wir amüsieren uns.'" Mit dieser Aussage definiert Louise ihre Beziehung zum Ich-Erzähler am Ende von Kapitel 23, das der zu interpretierenden Textstelle (Kapitel 24) unmittelbar vorausgeht. Erst später erfahren der Leser und der Ich-Erzähler, dass Agnes unter den Begleitsymptomen der Schwangerschaft leidet und schließlich das Kind durch eine Fehlgeburt verliert.

Inhaltszusammenfassung

Das Kapitel stellt eine **Gelenkstelle der Romanhandlung** dar, denn hier entscheidet sich, dass der Ich-Erzähler nach seiner Affäre mit Louise zu Agnes zurückkehren wird, um die Beziehung fortzuführen. Das **Kapitel** lässt sich in **zwei Teile** gliedern: Nachdem der Ich-Erzähler im **ersten Teil** (Z. 1–35) völlig von den **Gedanken** an sein ungeborenes Kind und den **Fantasien** von einer glücklichen gemeinsamen Zukunft eingenommen ist, wird er im **zweiten Teil** (Z. 36–59) mit der **Realität** konfrontiert: Eine Musikkollegin von Agnes ruft ihn an und bittet ihn eindringlich, mit dieser Kontakt aufzunehmen, da Agnes krank sei. Die beunruhigende Mitteilung veranlasst den Ich-Erzähler jedoch keineswegs zum sofortigen Handeln, sondern regt ihn zum weiteren Nachdenken über seine Lebenssituation sowie sein Bedürfnis nach Freiheit und Glück an. Erst am dritten Tag geht er zu Agnes. Der Hinweis auf ein Buch über Babys, das ihm eine Buchhändlerin empfiehlt, beschließt das Kapitel.

Reflexionen des Ich-Erzählers

Zu Beginn des Kapitels reflektiert der Erzähler seine aktuelle Situation: Im unverbindlichen **Zusammensein mit Louise** kann er **Agnes vergessen** (vgl. Z. 1), zu Hause jedoch holen ihn die Gedanken an Agnes und das Kind ein und bedrängen ihn so sehr, dass er die ehemals gemeinsame Wohnung als „Gefängnis" (Z. 2) empfindet und bald wieder verlässt. Seinen Gewohnheiten entsprechend geht er in die Bibliothek, an den See und in ein Café im Grant Park – lauter Orte, die ihn zugleich mit Agnes verbinden. Im Café macht er sich **Gedanken über das Kind**, das Agnes erwartet: „Ich dachte an das Kind, mit dem Agnes schwanger war. Ich fragte mich, ob es mir gleichen, ob es meinen Charakter haben würde." (Z. 6 f.) Schnell wird deutlich, dass der Erzähler trotz aller Neugier auf das Kind ganz **auf sich selbst fixiert** ist. Agnes und ihre Situation in der Schwangerschaft, ihre künftige Rolle als Mutter oder ihre Erwartungen an das Leben nach der Geburt des Kindes kommen in seinen Gedanken nicht vor. Dieser **Mangel an Empathie und die ausgeprägte Ichbezogenheit**, die zur Trennung des Paares geführt haben (vgl. S. 90), zeigen sich sprachlich in der auffallenden **Häufung des Personalpronomens „ich"**,

Ichbezogenheit des Erzählers

das als Subjekt an fast jedem Satzanfang steht. Auch von dem erwarteten Kind spricht er nicht als „unser Kind", sondern wählt die unpersönlich-distanzierte Formulierung „das Kind" (vgl. z. B. Z. 6 und 15).

Nur **schreibend** – noch im Café führt er in seinem Notizbuch die fiktionale Geschichte weiter – gelingt es dem Ich-Erzähler, die **Perspektive eines „Wir"** einzunehmen: *„Am vierten Mai kam unser Kind zur Welt. […] Wir tauften es auf den Namen … […] Margaret. Die Wiege stellten wir in mein Arbeitszimmer."* (Z. 13 ff.) In der Geschichte lässt er auch Agnes mit ihren Wünschen und Bedürfnissen zu Wort kommen, z. B. wenn er ihr emanzipatorische Erziehungsziele für die gemeinsame Tochter in den Mund legt (vgl. Z. 22: *„Ich will, daß sie mit Autos spielt und mit Flugzeugen, mit Computern, Eisenbahnen"*). Besonders auffallend ist der **Kontrast zwischen erlebter und virtueller Wirklichkeit** im Entwurf eines idyllischen Familienlebens, das er sich für Agnes, das Kind und sich selbst ausmalt. Die Zeit nach der Geburt des Kindes, das er noch vor Kurzem abgelehnt hat und abtreiben wollte (vgl. Kapitel 19, insbes. S. 90), wird in seiner Fantasie hyperbolisch gesteigert zum *„glücklichste[n] Sommer"* (Z. 30) seines Lebens, *„und auch Agnes war so zufrieden wie selten zuvor"* (Z. 30 f.). Der Raum der Fiktion bietet ihm die **Möglichkeit der Flucht**, aber auch die **Kompensation uneingestandener Wünsche**, sodass er sich wenigstens vorübergehend seiner **realen Krisensituation** entziehen kann. Doch aktiv gestalten kann er weder die reale noch die fiktive Lage: So zeigt die erdichtete Zukunft mit Kind, dass seine **Vorstellungen vom Familienleben** mit einem Säugling gänzlich **klischeehaft** sind (vgl. Z. 18 f.). Der wichtige Akt der **Namensfindung** für das imaginierte Baby wird außerdem **vom Zufall** – dem Namensschild einer Kellnerin – **bestimmt** (vgl. Z. 15 ff.). Er schreibt zwar in einem Brief an Agnes, dass er mit ihr wieder zusammenkommen werde (vgl. Z. 33 f.), steckt diesen aber nur in die Tasche, anstatt ihn gleich zur Post zu bringen.

Dieses **zögerliche und ausweichende Verhalten** zeigt der Ich-Erzähler auch im zweiten Teil des Kapitels. Als er durch den Anruf einer Geigerin aus Agnes' Streichquartett erfährt, dass es Agnes nicht gut geht, erkundigt er sich spontan zunächst nach dem aktuell gespielten Stück (vgl. Z. 43) und nicht nach Agnes' Befinden. Nachdem er versprochen hat, die kranke Agnes zu besuchen, zerreißt er den vor wenigen Stunden geschriebenen Brief (vgl. Z. 49 f.), holt sich ein Bier und setzt sich ans Fenster, um **über Liebe, Glück und Freiheit zu sinnieren**. Anstatt sofort zu Agnes zu gehen, wartet er ab und macht sich erst am dritten Tag auf den Weg zu ihr. Doch plötzlich hat er es eilig und nimmt ein Taxi, *„um nicht noch mehr Zeit zu verlieren"* (Z. 57), lässt dieses aber anhalten, um ein Sachbuch über Babys zu kaufen. Dass der **Titel** *„How to Survive the First Two Years"* (Z. 59) als düstere **Vorausdeutung auf Agnes' Fehlgeburt** und das tote Kind gedeutet werden kann, weiß zu diesem Zeitpunkt weder er selbst noch der Leser des Romans.

Wie fast im ganzen Roman wird die **Handlung** auch in diesem Kapitel als Rückblick **linear entfaltet** und **nüchtern-emotionslos** berichtet. Agnes' vermutlicher Tod, den der Ich-Erzähler zum Anlass für das Aufschreiben der Liebesgeschichte nimmt, führt ihn nicht dazu, sein eigenes Verhalten und seine Verantwortung in der Beziehung zu Agnes kritisch zu reflektieren. Stattdessen **verharrt er in seinem Verständnis von Freiheit:** „Es ist schwer zu erklären, obwohl ich sie liebte, mit ihr glücklich gewesen war,

„Wir" gibt es nur in der Fiktion

Flucht in die ausgedachte Idylle

Reaktion auf den Anruf von Agnes' Freundin

Fazit und Überleitung

hatte ich nur ohne sie das Gefühl, frei zu sein. Und Freiheit war mir immer wichtiger gewesen als Glück. Vielleicht war es das, was meine Freundinnen Egoismus genannt hatten." (Z. 51 ff.)

Nicht nur für den Ich-Erzähler des Romans „Agnes" hat Freiheit eine große Bedeutung. Auch Walter Faber, der Ich-Erzähler im Roman „Homo faber. Ein Bericht", und der Titelheld Danton im Revolutionsdrama „Dantons Tod" messen der Freiheit einen hohen Wert zu. Was genau bedeutet **„Freiheit" für die drei männlichen Hauptfiguren** dieser Werke?

Teilaufgabe 2
Vergleichsaspekt:
Freiheit

**Peter Stamms Ich-Erzähler** ordnet der Freiheit alles andere unter, sogar das Glück einer guten Beziehung (vgl. Z. 52 f.). In seinem ganzen Leben ist er darauf bedacht gewesen, sich alle **Optionen** offen zu halten. Als er Agnes kennenlernt, lebt er als **Single**, der bereits einige gescheiterte Beziehungen hinter sich hat. Sein **Bedürfnis nach Ungebundenheit** ist so ausgeprägt, dass er sogar den Kontakt zu seinen Nachbarn vermeidet (vgl. Z. 3 f.) und die **Anonymität des Großstadtlebens** als eine Form der Freiheit empfindet. Dies zeigt sich auch in einer Bemerkung über den Coffeeshop, in den er mit Agnes geht: „[I]ch mochte das Lokal, weil mich noch immer keine der Kellnerinnen kannte und mit mir zu plaudern versuchte" (S. 19 f.). Einen großen **Handlungsspielraum** hat er auch **in seinem beruflichen Leben**. Er kann gut von seiner Arbeit leben und nimmt sich sogar die Freiheit, für das Buch über Agnes das Sachbuch-Projekt ruhen zu lassen. Sein **Bedürfnis nach äußerer Freiheit** ist sehr ausgeprägt und er kann sich die benötigten **Freiräume** auch verschaffen.

Peter Stamm:
„Agnes"

Ausgeprägtes
Bedürfnis des Ich-
Erzählers nach
Freiheit:
Äußere Freiheit

Mit seiner **inneren Freiheit** sieht es hingegen anders aus. So berichtet er am Anfang seiner Erzählung, noch bevor er mit Agnes zusammenlebt: „Ein paarmal hatte ich mich verliebt in ein Gesicht, aber ich hatte gelernt, solchen Gefühlen auszuweichen, bevor sie zu einer Bedrohung wurden." (S. 14 f.) In der Liebe zu Agnes fühlt er „eine fast körperliche **Abhängigkeit**" und hat „das demütigende Gefühl, nur ein **halber Mensch** zu sein, wenn sie nicht da [ist]." (S. 61) Dennoch gelingt es ihm auch mit Agnes nicht, Glück und Freiheit zusammenzudenken und anders zu handeln, als er es gewohnt ist. Er bleibt in seiner Ichbezogenheit, seiner **Bindungsangst** und seiner **Emotionslosigkeit** gefangen. Im Gegensatz zu Agnes, die für das erwartete Kind Verantwortung übernehmen will, sieht er das Kind als Gefährdung seiner äußeren und inneren Freiheit. Da Stamms Ich-Erzähler „keine Spuren hinterlassen" will (S. 28), ist er **erleichtert, als Agnes das Kind verliert**. Er schämt sich zwar für dieses Gefühl, kann es aber nicht unterdrücken (vgl. S. 111).

Kontrast:
Eingeschränkte
innere Freiheit

Auch wenn der Ich-Erzähler immer wieder den Wert der Freiheit betont, nimmt ihn der Leser **nicht als freien Menschen** wahr. Dies wird zum Beispiel deutlich, wenn er von seiner Autortätigkeit und speziell dem **Schreiben** der Geschichte ‚Agnes' berichtet. So sagt er bereits am Anfang über sein Dichten, nachdem Agnes ihn zum Schreiben auffordert: „‚Ich weiß nie, was dabei herauskommt, [...] ich habe **keine Kontrolle** darüber.'" (S. 50) Als er mit dem Buch ‚Agnes' nicht weiterkommt, erlebt er eine traumähnliche Situation, in der er sich „wie von einem fremden Willen" (vgl. S. 80) **gelenkt** fühlt. Auch beim Verfassen der zweiten Schlussvariante, die mit Agnes' Weggang und ihrem Tod in der Kälte endet, berichtet er davon, dass er wie unter **Zwang** schreibt: „Es war, als schreibe ich nicht selbst, als beschreibe ich nur, was in meinem Kopf wie ein Film ablief."

Unfreiheit des
Ich-Erzählers

(S. 132) Gerade weil er **Glück und Freiheit nicht integrieren** kann, verliert Stamms Ich-Erzähler letztlich jede Handlungsfreiheit. Dies zeigt sich insbesondere am Ende, als er untätig auf die verschwundene Agnes wartet, ebenso wie am irritierenden Anfang des Romans: „Agnes ist tot. Eine Geschichte hat sie getötet." (S. 9)

Auch dem **Protagonisten in Max Frischs Roman „Homo faber"** (1957) ist die **Freiheit** – im Sinne des **Freiseins von Bindungen** – sehr wichtig. Der 50-jährige Ingenieur Walter Faber ist unverheiratet und lebt in unverbindlichen, wechselnden Beziehungen. Seine beruflichen Verpflichtungen im Auftrag der UNESCO und sein gutes Einkommen ermöglichen es ihm, seine **Zeit relativ frei einzuteilen** und berufliche mit privaten Reisen zu verbinden. In einem „Bericht" (vgl. Titel des Romans) hält er fest, was er im Jahr 1957 erlebt und wie er dabei zur **Auseinandersetzung mit seiner Vergangenheit** in den 1930er-Jahren **gezwungen** wird: Bei einer Schiffsreise nach Europa macht er zufällig **Bekanntschaft** mit der jungen **Sabeth**, die ihn an seine **Jugendliebe Hanna** aus seiner Studienzeit in Zürich erinnert. Er verliebt sich in die Zwanzigjährige, trifft sie in Paris wieder und unternimmt mit ihr eine Reise nach Athen. Aus der anfangs fürsorglichen Begleitung des jungen Mädchens wird eine **intime sexuelle Beziehung**. Selbst als sich herausstellt, dass Sabeth die Tochter der damals von ihm schwangeren Hanna ist, verdrängt er den Gedanken, sie könne ihr **gemeinsames Kind** sein. Stattdessen verlässt er sich darauf, dass Hanna, wie verabredet, einen Schwangerschaftsabbruch vorgenommen und das Kind nicht ausgetragen hat. Erst nach Sabeths **tödlichem Unfall** begegnet Faber Hanna wieder und erfährt die **Tatsachen**. Er wird sich seiner Schuld bewusst, begibt sich erneut auf Reisen und muss sich am Ende in einem Athener Krankenhaus einer längst fälligen Magenoperation unterziehen.

Auch Walter Fabers Bewertung von **Freiheit** steht im Widerspruch zu seinem Handeln. Explizit reflektiert er zwar nirgends in seinem Bericht, was ihm Freiheit bedeutet, es lässt sich jedoch erschließen, was er darunter versteht: Es ist die – aus seiner Sicht – sehr **männliche Fähigkeit, „die Dinge so zu sehen, wie sie sind"** (S. 24), und sich „**keinen Unsinn ein[zu]bilden**" (S. 25). Faber hält sich für frei von irrationalen, in seinen Augen typisch weiblichen Ängsten und Gefühlen. Er glaubt, Beziehungen mit einem Abschiedsbrief aus der Ferne beenden zu können (vgl. S. 30 f.), und er verlässt sich auf Mathematik statt auf Mystik, „um das Unwahrscheinliche als Erfahrungstatsache gelten zu lassen" (S. 22). Menschen findet er „anstrengend" (vgl. S. 8), Frauen mit ihrem Kontakt- und Kommunikationsbedürfnis sieht er als **Bedrohung seines ungebundenen Lebensstils:** „Ivy [seine Geliebte in New York] heißt Efeu, und so heißen für mich eigentlich alle Frauen. Ich will allein sein!" (S. 91)

Konsequent nach diesen Überzeugungen zu leben, gelingt Faber jedoch immer weniger. Nachdem er bei einer Notlandung seines Flugzeugs Herbert Hencke, den Bruder seines früheren Freundes Joachim, kennenlernt, **entgleitet** ihm immer mehr **die Kontrolle über seine Lebensplanung:** Den Ausflug mit Herbert in den Dschungel unternimmt er fast gegen seinen Willen, die einwöchige Schiffsreise nach Europa bucht er, um Ivy zu entkommen, und den spontanen Heiratsantrag an die dreißig Jahre jüngere Sabeth macht er, obwohl er „grundsätzlich nicht heirate[t]" (S. 7). All diese Handlungen entspringen **nicht freien Entscheidungen**. Fabers **männliche Lebenskonzeption** als „homo faber" ist brüchig und bewahrt ihn nicht

Max Frisch:
„Homo faber"

Äußere Freiheit:
Starkes Bedürfnis
nach Ungebundenheit

Widerspruch
zwischen Denken
und Handeln

Verlust der
Kontrolle

davor, sich mit der von ihm **abgewehrten Sphäre des Weiblich-Irrationalen, der Natur, des Todes** auseinanderzusetzen. Er muss erfahren, dass dieses **weibliche Prinzip** auch **in ihm selbst** wirkt, ja ihn **beherrscht**, also **unfrei** macht: Er kann das unangenehme Wachsen seines Bartes nicht willentlich kontrollieren, es gelingt ihm nicht, sich Ivys Verführungskünsten zu widersetzen, das Fortschreiten seiner Magenkrankheit kann er eine Zeitlang verdrängen, aber nicht verhindern. **Sabeth**, die für alle Eindrücke offen ist, die singt, schaut, sich am Leben freut, zeigt ihm auf ihrer gemeinsamen Reise eine **andere Art zu leben**. Aber erst durch ihren **tödlichen Unfall** und die **Erkenntnis seiner Schuld** wird er so erschüttert, dass er die **Freiheit** erlangt, sich im Angesicht seiner fortschreitenden Krankheit **auf das Leben einzulassen**, anstatt es zu kalkulieren. In seinen im Athener Krankenhaus verfassten Tagebuchaufzeichnungen über den Aufenthalt in Havanna zeigt sich sein neues Lebensgefühl ganz deutlich: „Mein **Entschluß, anders zu leben** – Meine Freude – […] Meine Begierde –" (S. 173), „Meine Lust, jetzt und hier zu sein –" (S. 174).

Fabers Wandlung

Die Entschlusskraft, sein Leben zu ändern, ist Georg **Büchners Revolutionshelden Georg Danton** schon zu Beginn des Dramas (1835) abhandengekommen. Der Theaterzuschauer erlebt Danton in der ersten Szene als **passive Figur**, die den Müßiggang eines privaten Salons der politischen Arena vorzieht. Die **dramatische Handlung**, die während der **Französischen Revolution** zwischen dem 24. März und dem 5. April 1794 spielt, ist schnell skizziert: Während **Dantons Gegner Robespierre** das aufgebrachte Volk beruhigt und die **Dantonisten als Verräter** denunziert, **vergnügt sich Danton** mit der Prostituierten Marion und ignoriert die Warnungen seiner Anhänger. Der drohenden Verhaftung entzieht er sich nicht, weil er nicht glauben kann, dass Robespierre ihn vernichten will. Er wird ins Gefängnis gebracht und nach einer manipulierten Verhandlung vor dem Revolutionstribunal mit seinen engsten politischen Freunden **zum Tode verurteilt**. Das Drama endet mit der **Hinrichtung** Dantons und seiner Anhänger unter der Guillotine.

Georg Büchner: „Dantons Tod"

Reale Bedrohung der Freiheit

**Liberté**, Fraternité, Égalité – so lautet die Parole der Französischen Revolution, die 1789 in Paris begann und zum Umsturz des Ancien Régime führte. Die **Befreiung des Volks** von absolutistischer Herrschaft ist nicht nur für den historischen Georges J. Danton, sondern auch für Büchners Dramenhelden ein zentrales politisches Ziel gewesen. Jedoch hat sich Danton schon zu Beginn der dramatischen Handlung aus dem aktiven politischen Leben zurückgezogen und gibt sich nun der Langeweile hin. Seine **Lebensphilosophie** pendelt zwischen **Genusssucht** (vgl. I, 5), **Fatalismus** (vgl. z. B. I, 5; II, 1; II, 5) und **Nihilismus** (vgl. IV, 5), denn er hat längst erkannt, dass die Revolution ihre Ziele nicht erreichen wird. Als man ihn verhaftet und ins Gefängnis wirft, wird er **seiner persönlichen Freiheit beraubt**. Schlimmer jedoch ist für ihn, dass die „Freiheit" angesichts der zahlreichen, auch von ihm zu verantwortenden Revolutionsopfer zum **hohlen Schlagwort** wird. Danton ist überzeugt: „Wir haben nicht die Revolution, sondern die Revolution hat uns gemacht" (II, 1). Er beklagt: „Puppen sind wir von unbekannten Gewalten am Draht gezogen; nichts, nichts wir selbst!" (II, 5) Danton durchlebt in Büchners Drama eine existenzielle Krise. Sein **Geschichtsfatalismus** nimmt ihm nicht nur seine persönliche Handlungsfreiheit, sondern auch den Glauben daran, dass der Mensch überhaupt frei handeln kann. Dennoch bewahrt sich Danton die **innere**

Äußere und innere Freiheit als politisches Ziel

Freiheit, sich mit persönlicher Schuld auseinanderzusetzen (vgl. II, 5) und am Ziel einer **gerechteren Welt** festzuhalten (vgl. III, 4). Das Recht auf freie Meinungsäußerung und solidarisches Verhalten lässt er sich bis zum Tod nicht nehmen (vgl. IV, 7). Bewahren der inneren Freiheit

Innere Freiheit – äußere Freiheit, politische Freiheit – persönliche Freiheit, Handlungsfreiheit – Gedankenfreiheit: Der Begriff „Freiheit" ist reich an **Facetten**. Wenn man die drei männlichen Protagonisten aus „Agnes", „Homo faber" und „Dantons Tod" hinsichtlich ihres Freiheitsverständnisses vergleicht, ist Folgendes hervorzuheben: **Dantons Freiheitsbegriff** geht über seine eigene Existenz hinaus und umfasst den politischen und sozialen Bereich. Er zweifelt jedoch grundsätzlich an der Möglichkeit der Freiheit, denn in seinem fatalistischen Weltbild kommt der Mensch nur als ausführendes Organ in einem überindividuellen Gefüge vor. Trotzdem bewahrt er sich eine innere Freiheit, die ihn mutig in den Tod gehen lässt. **Walter Fabers Freiheit** besteht darin, als Techniker handelnd und gestaltend in die Welt einzugreifen. Dennoch ist er innerlich unfrei, weil er wesentliche Aspekte des Menschseins verdrängt und abspaltet. **Stamms Ich-Erzähler** schließlich beansprucht Freiheit nur für sich selbst. Weil er nicht über die Grenzen seiner individuellen Existenz hinausdenkt, bleibt er letztlich unfrei – sowohl im Denken als auch im Handeln. **Fazit**

**Aufgabe:**
Interpretieren und vergleichen Sie die beiden Gedichte.

**Georg Herwegh** (1817–1875): **Ich kann oft stundenlang am Strome stehen**

Ich kann oft stundenlang am Strome stehen,
Wenn ich entflohen aus der Menschen Bann;
Er plaudert hier, wie ein erfahrner Mann,
Der in der Welt sich tüchtig umgesehen.

5 Da schildert er mir seiner Jugend Wehen,
Wie er den Weg durch Klippen erst gewann,
Ermattet drauf im Sande schier verrann,
Und jedes Wort fühl' ich zum Herzen gehen.

Wie wallt er doch so sicher seine Bahn!
10 Bei allem Plänkeln, Hin- und Wiederstreifen
Vergißt er nie: „Ich muß zum Ocean!"

Du, Seele, nur willst in der Irre schweifen?
O tritt, ein Kind, doch zur Natur heran,
Und lern' die Weisheit aus den Wassern greifen!

*Aus: Georg Herwegh: Gedichte eines Lebendigen. 3. Auflage. Zürich und Winterthur:*
*Verlag des literarischen Comptoir 1842, S. 148.*

**Ingeborg Bachmann** (1926–1973): **Aufblickend**

Daß ich nach schalem Genusse,
Erniedrigt, bitter und lichtlos
Mich fasse und in mich greife,
Macht mich noch wert.
5 Ich bin ein Strom
Mit Wellen, die Ufer suchen,
Schattende Büsche im Sand,
Wärmende Strahlen von Sonne,
Wenn auch für einmal nur.

10 Mein Weg aber ist ohne Erbarmen.
Sein Fall drückt mich zum Meer.
Großes, herrliches Meer!
Ich weiß keinen Wunsch auf diesen,
Als strömend mich zu verschütten
15 In die unendlichste See.

Wie kann ein Begehren,
Süßere Ufer zu grüßen,
Gefangen mich halten,
Wenn ich vom letzten Sinne
20 Immer noch weiß!

*Aus: Ingeborg Bachmann: Sämtliche Gedichte.*
*5. Auflage. München/Zürich: Piper Taschenbuch*
*Verlag 2002, S. 13.*

**Hinweise und Tipps**

Eine kurze eigene Betrachtung über die Faszination von Flüssen kann Interesse wecken. In jedem Fall nennen Sie in Ihrer Einleitung die Namen und Lebensdaten der Autoren, die Gedichttitel und **das gemeinsame Thema „Fluss".**
Verfassen Sie nun zwei getrennte vierteilige Interpretationen:
1. Beginnen Sie jeweils mit einer ganz kurzen Inhaltsbeschreibung.
2. Daran schließt sich die Analyse des formalen Aufbaus (Strophenbau, Rhythmus, ggf. Reimschema) an. Wenn ein augenfälliger Bezug zum Gesamtinhalt besteht, benennen Sie ihn.
3. Interpretieren Sie nun am Text entlang, das heißt von oben nach unten. Bei Einstiegsschwierigkeiten empfiehlt es sich, zunächst den Inhalt der ersten Strophe anzugeben. Setzen Sie **sprachliche Besonderheiten,** z. B. Stilmittel, immer direkt in **Bezug zum Inhalt.**
4. Gehen Sie in einem vorläufigen Schlussgedanken auf den wesentlichen Gehalt des Gedichts ein.

Im abschließenden Vergleichsteil heben Sie **die wichtigsten Gemeinsamkeiten und Unterschiede** der Gedichte hervor. Vermeiden Sie dabei wörtliche Wiederholungen; achten Sie auf eine sinnvolle Ordnung der Gedanken. **Am Ende** soll nichts Nebensächliches, sondern **ein zentraler Aspekt** stehen. Wenn Sie möchten, können Sie einen persönlichen Kommentar anfügen.

Eine Einordnung von Georg Herweghs Gedicht in die Epoche des Vormärz ist nicht nötig, da konkrete Bezüge fehlen. Allenfalls kann ein Hinweis erfolgen, dass die Zielsetzung des lyrischen Ich auch politischer Natur sein könnte. An Ingeborg Bachmanns Gedicht wäre die freie Form als typisches Merkmal der literarischen Moderne hervorzuheben.

Wer hat nicht schon einmal auf einer Brücke gestanden und längere Zeit in das Flusswasser darunter gestarrt? Gewässer, insbesondere strömende Gewässer üben eine starke Faszination auf uns aus. Die Ursachen sind sicher vielfältig. Einige werden thematisiert in den Gedichten „Ich kann oft stundenlang am Strome stehen" von Georg Herwegh (1817–1875) und „Aufblickend" von Ingeborg Bachmann (1926–1973).

**Hinführung zum Thema „Fluss"**

„Ich kann oft stundenlang am Strome stehen": Der Titel des Sonetts von Georg Herwegh leitet sich von dem ersten Vers ab. In diesem Gedicht wird ein nicht näher benannter Fluss mit einem Menschen verglichen und zum **Vorbild** des lyrischen Sprechers erhoben.

Das Gedicht weist die **typische Sonettform** auf: Es besteht aus zwei Quartetten (V. 1–8) und zwei Terzetten (V. 9–14). Die Quartette enthalten – wie später zu erläutern – eine **Exposition** und **Ausführung** des Themas, die Terzette eine **Zuspitzung** und ein **Fazit.** Die Verse reimen sich nach dem Schema abba abba bcb cbc. Das Versmaß ist ein **fünfhebiger Jambus,** wobei die a- und c-Zeilen jeweils elf Silben und eine klingende Kadenz, die b-Zeilen zehn Silben und eine stumpfe Kadenz haben. Der strengen traditionellen Form entspricht ein klarer, lehrhafter Grundgedanke.

Formaler Aufbau

Die Faszination des Flusses hebt sich positiv von derjenigen ab, welche die Menschen ausüben: Aus deren „Bann" ist das lyrische Ich bewusst „entflohen" (V. 2). Seinerseits **erhält der Fluss durch Metapher und Vergleich nun menschliche Züge,** indem er „plaudert [...] wie ein erfahrner Mann, / Der in der Welt sich tüchtig umgesehen" (V. 3/4). Er hat also

1. Strophe: Vergleich mit einem Menschen

vielen Menschen etwas voraus, indem er lang unterwegs war, einiges zu erzählen weiß und auch erzählen kann; Plaudern ist eine angenehme, unterhaltsame Form des Redens.

In der zweiten Strophe wird die Zuwendung des Flusses zum lyrischen Ich explizit: Er scheint speziell ihm („mir", V. 5) seinen Lauf zu schildern, der einem **menschlichen Lebenslauf** gleicht. Für die **problematischen Anfänge** steht der Ausdruck „seiner Jugend Wehen" (V. 5). Er musste wie ein junger Mensch seinen Weg selber finden, durch viele unbequeme Hindernisse hindurch („Klippen", V. 6). Zwischenzeitlich wäre er fast versandet (vgl. V. 7): Seine Existenz war in Gefahr, indem sein Lebenswille zu versagen drohte. Das Wort „ermattet" in Vers 7 ist durch eine Inversion hervorgehoben. In der Vorstellung des lyrischen Ich ist die Erzählung des Flusses so lebendig, dass es sie gleichsam in einzelnen Worten erfasst („Und jedes Wort fühl' ich zum Herzen gehen", V. 8).

2. Strophe:
Schwierige
Jugend

Von den Anfangsschwierigkeiten ist in der dritten Strophe nichts mehr zu spüren: „Wie wallt er doch so sicher seine Bahn!" (V. 9) Durch die Alliterationen („wie wallt", „so sicher seine") wirkt dieser Ausruf besonders prägnant. Der Ausdruck „wallt" deutet darauf hin, dass der Fluss nun stark und breit geworden ist. Seine **Sicherheit** rührt daher, **dass er ein Ziel hat, nämlich ins Meer zu münden.** Interessant ist jedoch, dass er dieses Ziel nicht verbissen-stur verfolgt, sondern auch kleinere Umwege macht oder wirbelnde Drehungen vollführt (vgl. V. 10). Das Wort „Plänkeln" (V. 10) stellt ihn einem Menschen an die Seite, der immer noch Kämpfe austrägt, aber auf harmlose und scherzhafte Art. Dies passt auch zum gemütlichen „Plaudern" in der ersten Strophe. Allerdings verliert der Fluss seine eigentliche Bestimmung nie aus den Augen. Sie erhält Nachdruck durch die wörtliche Rede, die mit einem Ausrufezeichen endet: „Ich muss zum Ocean!" (V. 11)

3. Strophe:
Zielstrebigkeit

In der vierten Strophe **spricht das lyrische Ich zu sich selbst,** zu seiner eigenen Seele. Die Apostrophe sticht durch eine Synkope am Versanfang hervor: „Du, Seele, nur willst in der Irre schweifen?" (V. 12) Der rhetorischen Frage folgt direkt eine Aufforderung, **von der Natur zu lernen** und es dem zielstrebigen Fluss gleichzutun. Der Mensch erscheint hier vor seiner Lehrmeisterin als unerfahren („ein Kind", V. 13). Seine Anschauung der Natur soll zu aktiver Umsetzung ihres Beispiels führen, indem er die „Weisheit aus den Wassern" (V. 14), hervorgehoben durch die Alliteration, schöpfen und sich zu eigen machen soll. Welche Irrwege ihn lockten und **was für ein Ziel er zu verfolgen hat, bleibt indessen offen.**

4. Strophe:
Bezug zum
lyrischen Ich

Der **Sonettaufbau** lässt sich also folgendermaßen beschreiben: Das erste Quartett exponiert die Sprechsituation des lyrischen Ich im Angesicht eines Flusses, der einem erfahrenen Mann gleicht. Das zweite geht auf die Erfahrungen näher ein. Das erste Terzett enthält eine Engführung des Themas Zielstrebigkeit. Das zweite greift den Gleichnischarakter des Flusses noch einmal auf und betont dessen Vorbildfunktion.

Zusammen-
fassung des
Aufbaus

In ihrem Gedicht „Aufblickend" belässt es Ingeborg Bachmann nicht bei einem Vergleich, vielmehr **identifiziert das lyrische Ich sich** metaphorisch **mit einem Fluss.** Auch hier spielt die **Mündung ins Meer** eine zentrale Rolle.

Einleitung zu
Bachmanns
Gedicht

Das Gedicht ist in drei ungleich lange Strophen geteilt. Die erste Strophe hat neun, die zweite sechs und die dritte fünf Verse von unterschiedlicher Länge. Weder ein bestimmter Rhythmus noch Reime sind zu erkennen. Die **freie Form** ist typisch für die literarische Moderne, welche eher im Ausnahmefall auf diese traditionellen Lyrikelemente zurückgreift.

Formaler Aufbau

Die erste Strophe besteht aus zwei Sätzen. Im ersten ist der dreizeilige Nebensatz inversiv vor den einzeiligen Hauptsatz („Macht mich noch wert", V. 4) gestellt, was diesen betont. Ebenso gewinnt das Satzende wie überall im Gedicht durch eine männliche Kadenz besonderen Nachdruck.

1. Strophe: Irrweg und Rückkehr

Im einleitenden Nebensatz spricht das lyrische Ich davon, dass es sich „nach schalem Genusse" „[e]rniedrigt, bitter und lichtlos" (V. 1/2) fühle. Man denkt an einen Alkoholexzess oder an eine sexuelle Ausschweifung ohne Liebe, die kein echtes Glück und keine Perspektive eröffnen, sondern zu Scham und Unzufriedenheit führen. Einen Rest von Selbstwertgefühl bezieht das lyrische Ich aus der Tatsache, dass es sich nicht weiter gehen lässt (vgl. V. 3/4). **Es besinnt sich auf sich selbst.** „Ich bin ein Strom" (V. 5): Durch vier einsilbige Wörter ähnelt die Kurzzeile der vorhergehenden („Macht mich noch wert", V. 4) in ihrer Prägnanz. Mit der Metapher des Stroms erklärt das lyrische Ich sein Glücksstreben, das es offensichtlich auf **Irrwege** geführt hat. Es sucht Geborgenheit („Ufer", V. 6) und Annehmlichkeiten, symbolisiert durch Schatten und Sonnenstrahlen (vgl. V. 7/8). „Wenn auch nur für einmal nur" (V. 9), alliterierend mit „Wärmende" (V. 8), klingt eindringlich und fast flehend, zumal durch die Inversion („nur" steht am Schluss). Gleichzeitig lässt der Vers aber schon ahnen, dass das eigentliche Ziel des lyrischen Ich ein anderes ist.

In der zweiten Strophe wird deutlich, dass **der persönliche Weg vorgezeichnet** ist und dass das lyrische Ich gar nicht anders kann, als ihm zu folgen. Dies wird teils als **hart** empfunden, wie in zwei kurzen, bestimmten Sätzen zum Ausdruck kommt: „Mein Weg aber ist ohne Erbarmen./Sein Fall drückt mich zum Meer." (V 10/11) Gleichzeitig scheint **in dieser Bestimmung** jedoch **das echte Glück** zu liegen. Das Ziel Meer wird in einer Epipher wiederholt, in dem **hymnischen Ausruf** „Großes, herrliches Meer!" (V. 12). Am Ende des folgenden Satzes erscheint es noch einmal als „die unendlichste See" (V. 15). Die **Hyperbel** wird verstärkt durch den eigentlich unzulässigen Superlativ (das Wort „unendlich" kann man nicht steigern). Für sein Ziel will das lyrische Ich **seine ganze Existenz einsetzen.** „Ich weiß keinen Wunsch auf diesen" (V. 13): Der alles beherrschende Wunsch wird durch das alliterierende „weiß" betont. Das lyrische Ich will „strömend" sich „verschütten" (V. 14): Hier machen eine weitere Alliteration und die Inversion von „strömend" sein Verlangen nach Hingabe noch einprägsamer.

2. Strophe: Vorgezeichneter Weg

Die dritte Strophe bekräftigt, dass nur gelegentliche Abschweifungen das lyrische Ich an „[s]üßere Ufer" (V. 17) führen. Wahrscheinlich sucht es ab und zu Erholung von dem schweren Weg, den es verfolgt, aber es lässt sich von seiner Vergnügungslust nicht „[g]efangen" halten (vgl. V. 18; auch dieses Wort sticht durch Inversion hervor). Wie es abschließend im Ausruf festhält, hat es ein **unbeirrbares Wissen** „**vom letzten Sinne**" (V. 19). **Worin dieser besteht,** wofür das lyrische Ich (fast) sein ganzes Leben opfert, **bleibt auch hier im Ungewissen.** Es könnte eine Lebensaufgabe sein, ein Beruf, der über das gewöhnliche Maß hinaus Ansprüche stellt, vielleicht eine politische oder soziale Mission. Religiöse Berufe wie

3. Strophe: Letzter Sinn?

die von Priestern oder Nonnen bestimmen zum Beispiel auch das Privatleben. Ebenso verzichtet man auf vieles, wenn man es in den Bereichen Sport oder Musik zu höchster Perfektion bringen will. Bei einem lyrischen Ich liegt natürlich auch der Gedanke nahe, dass es etwas mit seinem Autor zu tun hat. In diesem Fall könnte es täglich Anstrengungen auf sich nehmen, um sich im Schreiben zu vervollkommnen.

Nicht zuletzt erinnert die Metaphorik an buddhistische Vorstellungen vom Nirwana, dem Nichts, in welchem das Individuum sich auflöst. **Vollkommenheitsstreben** bedeutet, sich diesem Zustand schon im Leben anzunähern, indem man **sich von ichsüchtigen Leidenschaften** zu befreien sucht und zu größtmöglicher Gelassenheit findet. Ähnliche Gedanken kann man bei dem Stoiker Seneca lesen.

Zu dem **großen Thema des Lebenssinnes** passt ein **Stil**, der erhaben, ja **feierlich** wirkt. Der Eindruck entsteht durch die vielen Inversionen, durch antiquierte Ausdrücke („nach schalem Genusse", „schattende Büsche", „ein Begehren") und Hyperbeln („lichtlos", „mich zu verschütten", „unendlichste See"). Ebenso signalisieren Ausrufezeichen eine **starke Intensität der Gefühle**. Die Gedanken des lyrischen Ich sind auf **Höheres** gerichtet. Hieraus lässt sich auch der **Titel „Aufblickend"** erklären, der anfangs verwirren mag (der Text suggeriert ja eher den Blick nach innen oder nach vorn). Das lyrische Ich löst sich von den Ablenkungen und konzentriert sich auf das übergeordnete Ziel.

*(Randnotiz: Erhabenes Sujet – erhabener Stil)*

Der auffallendste **Unterschied** zwischen den beiden Gedichten liegt wohl darin, dass dasjenige aus dem 19. Jahrhundert eine traditionelle, das aus dem 20. Jahrhundert eine freie äußere Form hat.

*(Randnotiz: Vergleich der Gedichte)*

In Herweghs Gedicht ist der **Fluss ein imaginärer Gesprächspartner**, der Parallelen zum lyrischen Ich zeigt; in Bachmanns Gedicht findet eine **Identifikation** beider statt. Herweghs lyrisches Ich rollt eine Perspektive auf das gesamte Leben auf, von Jugend an, während Bachmanns lyrisches Ich zeitlos gültige Selbstaussagen trifft.

Trotz der strengen Sonettform ist der Sprachstil in Herweghs Gedicht passend zum Inhalt „lockerer". Weder erscheinen die Gefährdungen so konkret noch das Ziel von so hoher Würde wie bei Bachmann. Es absorbiert den Menschen auch nicht bedingungslos, das „Plänkeln, Hin- und Wiederstreifen" ist in Grenzen zulässig und scheint sogar die Persönlichkeit abzurunden.

Die **Grundaussage** beider Gedichte ist indessen **dieselbe**: Es gilt langfristig einen Lebenssinn zu verfolgen. Die **Metapher des Meeres** ist dabei in beiden Fällen nicht mit eindeutigen Inhalten belegt. Dies betrachte ich jedoch als einen Vorzug, da es dem Leser die Möglichkeit lässt, die Gedichte auf seine **eigenen Vorstellungen eines sinnerfüllten Lebens** zu beziehen.

**Aufgabe:**

Interpretieren Sie den Text.

### Kurt Tucholsky (1890–1935): **Die Katze spielt mit der Maus**
(Erstveröffentlichung 1916)

Sie stehen alle im Kreis, die Soldaten, und blicken alle auf einen Punkt. Ich trete hinzu.
Die schwarz-weiße Katze hat eine Maus gefangen. Die schwarz-weiße Katze, unser Kompanie-Peter (eine Dame, allerdings), Peter der Erste; ein junges Tier, noch nicht völlig
ausgewachsen, aber auch nicht mehr niedlich genug, um in die Hand genommen zu
5  werden. Die Maus ist noch springlebendig – Peter muß sie eben erst gefangen haben.
Peter ist tagelang auf dem Kriegsschauplatz herumgelaufen, Peter hat sich eigenmächtig
von der Truppe entfernt, also hat sie Hunger, also wird sie die Maus gleich fressen.
Die Katze läßt die Maus laufen. Die Maus flitzt, wie an einer Schnur gezogen, davon –
die Katze mit einem genau abgeschätzten Sprung nach. Mit der letzten Spitze der ausge-
10  streckten Pfote hält sie die Maus. Die Maus zappelt. Die Pfote schiebt sich langsam hin
und her; die Pfote prüft die Maus. Die Katze liegt dahinter und dirigiert das Ganze. Aber
das ist nicht mehr ihre Pfote – das ist ein neues Tier, das nur für den Zweck erschaffen ist,
ein wenig, so grausam wenig schneller als die Maus zu sein. Die Pfote hebt sich, die Maus
stürzt davon – sie darf stürzen, ja, das ist gradezu vorgesehen. Die Pfote waltet ihr zu
15  Häupten und schlägt sie im letzten Augenblick nieder. Die Maus quiekt. Jetzt wird das
Tempo lebhafter.
Hurr – die Maus läuft, ein weites Stück. Satz. Hat. Und wieder – und wieder. Manchmal
sieht die Katze mit ihren grünen, regungslosen Augen erschreckt ins Weite, als habe sie
ein böses Gewissen und befürchte, daß jemand kommt. Jemand – wer sollte kommen?
20  Jetzt läuft die Maus langsamer. Wie eine „laufende Maus"[1], die man kaufen kann; sie wackelt etwas, als ob das Uhrwerk da drinnen schon ein bißchen klapprig wäre. Und wieder
hat sie die Katze. Diesmal läßt sie sie nicht los. Sie streichelt sie mit der steifen Pfote; sie
streckt sich wohlig aus und schnurrt. Du meine kleine Gefährtin! Es ist fast, als bedaure
sie, daß die dumme Maus nicht auch mitspielt. Sie soll irgendetwas tun, die Maus. Die
25  Katze dehnt sich … Ich habe sie! ich habe sie! Ach – das ist schön – die Macht, die süße,
starke Macht! Ich habe die Oberhand – und sie wird ganz lang vor Behagen, so lang, daß
vorn die Kralle abrutscht und Maus entwischt. Es ist nicht mehr viel mit ihr – sie humpelt,
fällt auf die Seite, quietscht leise. Wieder hat sie die Katze, aber als sie jetzt losgelassen
wird, regt sie sich nicht. Sie ist tot.
30  Das bringt die Katze außer sich. Wie? Die Maus will nicht mehr? Sie ist nicht mehr lebendig, nicht mehr bei der Sache, kein halb widerwilliges Spielzeug, bei dem der Hauptreiz
darin bestand, daß es sich sträubte? Hopp – dann machen wir sie lebendig! Hopp – der
Tod hat mir in mein Spiel nichts hereinzupielen, das sage ich, die Katze! Und packt die
Maus mit den Zähnen, schüttelt sie und wirft sie sich über den Kopf und springt hoch in
35  die Luft und fängt sie wieder auf. Die Katze ist toll[2]. Sie rast, sie tobt mit dem kleinen
grauen Bündel herum, das sich nicht mehr bewegt, sie tanzt und wälzt sich über die Maus.
Dann gibt es einen kleinen Knack; der Höhepunkt ist überschritten, die Katze beginnt er-
regt, doch schon gedämpft, zu knabbern. Knochen knistern – die Maus wird im Querschnitt dunkelrot – – –.
40  Aber das ist keine Allegorie. Eine Allegorie ist ein Sinnbild, eine rednerische Form des
Vergleichs, ein, wie es heißt, veraltetes Hilfsmittel. Das aber ist Leben – ist nichts andres

als unser menschliches Tun auch. Es ist kein Unterschied: das war eine Katze, und wir sind Menschen – aber es war doch dasselbe.

Die arme Maus! Vielleicht hätte sie fleißig turnen sollen und allerhand Sport treiben –
45 dann wäre das wohl nicht so schlimm für sie abgelaufen. Oder vielleicht haben ihre Vorfahren gesündigt, die auch einmal Katzen waren und sich dann in Nachdenklichkeit und Milde so langsam zur Maus herunter degenerierten. Wer weiß –.

Die Katze ist eine Sadistin. Aber das ist ein dummes Wort; man denkt dann gleich an eine rothaarige Zirkusgräfin mit hohen Juchtenstiefeln[3] und an verwelkte Mummelgreise im
50 Frack, die ihr die Füße küssen und blödsinnige Komplimente lallen. Nein, so war das gar nicht; das mit der Zirkusgräfin ist nur der letzte Grenzfall.

Natürlich ist die Katze ein Tier wie andre auch. Und sie ist stärker als die Maus, und das hat sie ausgenutzt weit über die Nahrungsfrage hinaus. Sie hatte die Kraft. Und die Maus litt.
55 Und dieser Schnitt klafft durch alles, dieser Riß spaltet alles – da gibt es keine Brücke. Immer werden sich die zwei gegenüberstehen: die Katze und die Maus.

*Aus: Kurt Tucholsky, Ausgewählte Werke, Bd. 1. Reinbek bei Hamburg: Rowohlt Verlag 1986, S. 24 ff.*

**Anmerkungen**
1 gemeint ist ein Blechspielzeug
2 hier: im Sinne von verrückt oder wild
3 Lederstiefel

---

## Lösungsvorschlag in Grundzügen

### Hinweise und Tipps

Der Operator „interpretieren" verlangt die Deutung des Textes unter inhaltlichen und gestalterischen (formalen und sprachlichen) Gesichtspunkten. Dabei empfiehlt sich folgender Aufbau: In der **Einleitung** benennen Sie – idealerweise nach einer knappen, thematischen Hinführung – Autor, Titel, Gattung, Erscheinungsjahr und Thema des vorliegenden Textes. Es folgt eine kurze **Inhaltsangabe**, die sich auf das Wesentliche konzentriert, bevor im **Hauptteil** die eigentliche Interpretation beginnt. Hierzu einige Tipps:

– Bei Tucholskys Erzählung bietet es sich an, die inhaltliche und formale Textgestalt linear, das heißt entlang der einzelnen Erzählabschnitte nachzuvollziehen und so schrittweise Deutungen zu entwickeln. Darüber hinaus können Sie natürlich einzelne Aspekte, wie z. B. die Figurencharakterisierung und das Erzählverhalten, zusammenfassend analysieren.

– Überlegen Sie, welche der Ihnen bekannten Analyseaspekte für den vorliegenden Text relevant sind. Die Gestaltung der Erzählzeit beispielsweise kann man kurz erwähnen, sie ist für die Deutung aber nicht entscheidend.

– Lassen Sie sich durch scheinbare Widersprüche nicht irritieren. In Tucholskys Geschichte ist es schwierig, die Erzählperspektive genau zu bestimmen: Der Ich-Erzähler schlüpft öfter in die Perspektive der Katze, ist aber gleichzeitig kein allwissender Erzähler. Ignorieren Sie derartige Gegensätze nicht, sondern benennen Sie sie und versuchen Sie, eine Erklärung dafür zu finden. Das gilt auch für Fragen, die der Text aufwirft und unbeantwortet lässt.

– Bei der Interpretation kommt es auf eine funktionale Deutung der formalen und sprachlichen Gestaltung an. Das heißt, Sie sollen die Form und Sprache nicht vom Inhalt getrennt betrachten, da sie nur in ihrer Funktion für die dargestellte Handlung aufschlussreich sind. Der zunehmend verkürzte, sprunghaft wirkende Satzbau beispielsweise verstärkt den Eindruck der rasenden, springenden Katze.

– Inhaltlich und für die Bewertung relevant ist bei einer Interpretation Ihr eigener Denkprozess. Was Sie verstehen und wie Sie dieses Verständnis des Textes erklären, darauf kommt es an. Das bedeutet auch, dass es weniger darum geht, eine mögliche „Autorabsicht" zu erschließen. Sollte Ihnen der Autor des vorgelegten Textes und ein relevanter Zusammenhang bekannt sein, können Sie dieses Wissen aber funktional einbringen.

Der **Schluss** Ihrer Interpretation kann einen Bogen zum Anfang schlagen, offene Fragen beantworten oder zumindest benennen. Eine Aktualisierung zu gegenwärtigen Themen oder Ihre Meinung zum Text sind nicht zwingend nötig. Manchmal können übertriebene Bezugnahmen oder Beurteilungen eine gute Interpretationsleistung auch schmälern, weshalb Sie davon absehen sollten, wenn sich nichts aufdrängt.

In Ihrem Aufsatz müssen Sie generell **Zitate** als Belege für Ihre Aussagen formal richtig und stilistisch passend einbinden sowie auf einen argumentativen **roten Faden** achten.

Wie können Sie **methodisch** vorgehen?

– Notieren Sie nach dem ersten Lesen alles, was Ihnen auffällt, einschließlich offener Fragen und Unklarheiten.

– Beim zweiten Lesen können Sie in verschiedenen Farben Anmerkungen zu inhaltlichen und gestalterischen Aspekten machen. Hilfreich ist es, anschließend z. B. in Form einer Mindmap einen Überblick über relevante Themen und Analyseaspekte zu erstellen (Erzählverhalten, Figuren, …).

– Fertigen Sie danach eine stichwortartige Gliederung der Interpretation an. Diese erleichtert Ihnen später das Schreiben, weil Sie sich dann ganz auf das Formulieren konzentrieren können.

– Nachdem Sie den Text verfasst haben, kontrollieren Sie ihn hinsichtlich der argumentativen Schlüssigkeit und Sprachrichtigkeit.

Ist es ein Naturgesetz, dass **der Schwache dem Starken unterliegt**? Wenn ja: Gilt dieses Naturgesetz für den Menschen ebenso wie für die Tierwelt? Oder ist der Mensch dem Tier überlegen, weil er sich moralisch verhalten kann? Die Frage ist alt und dennoch offen, sie beschäftigt Biologen wie Philosophen. Auch Kurt Tucholskys 1916 erschienener Erzähltext „Die Katze spielt mit der Maus" setzt sich mit ihr auseinander.
*Einleitung*
*Hinführung zum Thema des Erzähltextes*

Die Handlung ist schlicht: Eine Gruppe von Soldaten und ein Ich-Erzähler beobachten eine Katze, die eine Maus gefangen hat. Dies geschah offenbar nicht bloß aus Hunger, denn bis die Katze sie frisst, treibt sie ein langes Spiel mit ihr: Sie lässt die Maus fliehen, fängt sie wieder, verletzt sie zunehmend und lässt sie wieder frei, bis die Maus stirbt. Die Katze gerät daraufhin in Raserei und tollt mit der toten Maus herum, um sie schließlich zu fressen. Auf die eigentliche Handlung folgt in einem zweiten Teil eine Einordnung des Geschehens durch den Erzähler. Er betont die Gleichartigkeit des Verhaltens der Tiere mit dem der Menschen.
*Hauptteil*
*Inhaltszusammenfassung*

Der Text lässt sich in **drei Teile** gliedern: Die **knappe Einleitung** (Z. 1–7) beschreibt den Rahmen, in dem die eigentliche Handlung stattfindet: An einem nicht näher definierten „Kriegsschauplatz" (Z. 6) stehen Soldaten in einem Kreis um Katze und Maus herum; der Erzähler tritt hinzu (vgl. Z. 1), woraus sich schließen lässt, dass er entweder kein Soldat ist oder zumindest etwas abseits der übrigen Soldaten steht.
Den **Hauptteil** der Erzählung (Z. 8–39) bildet das sich steigernde Spiel der Katze mit der Maus, das sich ebenfalls in weitere Abschnitte unterteilen lässt. Zunächst wird die Aufmerksamkeit auf die „Pfote" (jeweils Z. 10, 11, 12, 13, 14) der Katze gelenkt, die ein Eigenleben gewinnt und die Maus kontrolliert. Dann (Z. 17–29) wiederholt sich das Spiel, die
*Erzählabschnitte*

Maus wird zunehmend schwächer und stirbt (vgl. Z. 29). Der eigentliche **Höhepunkt der Handlung** ist jedoch das **wütende Rasen der Katze:** Frustriert über den Verlust ihres Spielobjektes, traktiert sie die tote Maus, bis sie diese erschöpft zu fressen beginnt (vgl. Z. 37–39).

Für einen Erzähltext ungewöhnlich ist der **letzte Teil** (Z. 40–56), in dem der Erzähler eine Deutung des Geschehens nahelegt. Er behauptet, dass es sich bei dem Dargestellten nicht um eine Allegorie handele (vgl. Z. 40); vielmehr sei das Verhalten der Katze „dasselbe" (Z. 43) wie das der Menschen. Mit dieser Bewertung des Geschehens und der Feststellung, es gebe „keine Brücke" (Z. 55) zwischen Katze und Maus, Starkem und Schwachem, endet die Geschichte.

Zuordnung zu einer Textgattung

Tucholskys Erzähltext lässt sich **nicht eindeutig einer bestimmten Kurzprosagattung zuordnen.** Obwohl der Erzähler den allegorischen Charakter des Geschehens bestreitet (vgl. Z. 40), hat der Text **parabelartige Züge.** Das Katz-und-Maus-Spiel lässt sich als Bild für einen allgemeineren Sachverhalt, den ewigen Kampf zwischen Stark und Schwach, Macht und Ohnmacht deuten und damit auf verschiedene Ebenen menschlicher Verhaltensweisen übertragen. Die Geschichte jedoch als Fabel einzuordnen, ginge zu weit, da die Tiere erstens nicht miteinander sprechen und zweitens eine klare Moral am Ende fehlt. Schließlich weist der Text auch Elemente moderner Kurzgeschichten auf, die im Folgenden noch thematisiert werden.

Erzählperspektive

Die Geschichte wird aus der Perspektive eines **Ich-Erzählers** wiedergegeben, der die Handlung von außen beobachtet. Dies geschieht zunächst **distanziert** und eher beschreibend in einem nüchtern-parataktischen Satzbau (vgl. Z. 5–12). In dem Maß, wie die Spannung der Handlung ansteigt, fühlt sich der **Erzähler** aber zunehmend in die **Rolle der Katze** ein und übernimmt stellenweise sogar deren Perspektive: „Ich habe sie! Ich habe sie! Ach – das ist schön – die Macht, die süße, starke Macht!" (Z. 25 f.) Obwohl der Erzähler also eigentlich von einem personalen Standpunkt aus berichtet, enthält die Kurzgeschichte **auktoriale Züge,** was insbesondere für den **deutenden Kommentar im letzten Teil** gilt. Die Perspektive bleibt an den Ich-Erzähler gebunden, der die Leser jedoch durch Parteinahme und Perspektivenwechsel irritiert.

Ich-Erzähler

Dieses **Spiel, das der Ich-Erzähler mit seinen Lesern treibt,** erschwert es, ihn genauer zu analysieren oder überhaupt „zu fassen zu bekommen". Man erfährt nichts über ihn, außer der Art und Weise, wie er das Geschehen wahrnimmt und beurteilt.

Figurencharakterisierung: Die Soldaten

Auch über die anderen menschlichen Figuren der Geschichte, die Soldaten, erfährt der Leser fast gar nichts. Sie werden im ersten Wort unvermittelt, wie in Kurzgeschichten häufig üblich, als „sie" vorgestellt und unmittelbar darauf nur noch als „die Soldaten" (Z. 1) präzisiert. Sie bilden einen Kreis und rahmen damit das Geschehen ein, begrenzen die Handlung auf das, was innerhalb des Kreises geschieht. Sie sind nicht als einzelne Individuen von Bedeutung, sondern **als Gruppe,** die das Katz-und-Maus-Spiel weder kommentiert noch in dieses eingreift.

Katze und Maus

Die **Tiere** interessieren den Erzähler viel stärker. Die Maus wird überwiegend in ihrer Reaktion auf die Katze charakterisiert (vgl. Z. 8, 15, 20). Wie schon bei den Soldaten der Fall, nennt sie der Erzähler unvermittelt mit dem bestimmten Artikel „[d]ie schwarz-weiße Katze" (Z. 2), als sei sie dem Leser bereits bekannt. Im Gegensatz dazu steht der unbestimmte Artikel (vgl. Z. 2) bei der **Maus: Sie scheint weniger wichtig**, ja beliebig **austauschbar** zu sein. Die **Katze wird dagegen genauer vorgestellt.** Wir erfahren, dass es sich um eine weibliche Katze handelt, die aber einen Männernamen („Kompanie-Peter", Z. 2 f.) erhalten hat und damit ihrem männlich geprägten Militärumfeld angepasst wurde. Sie ist nicht mehr jung, aber noch nicht erwachsen, eine „Teenager-Katze" gewissermaßen (vgl. Z. 3–5). Attribute, die man mit diesem Lebensabschnitt verbindet, sind z. B. Übermut, Selbstüberschätzung und das Austesten von Grenzen. Dazu passt Peters Verhalten, das der Erzähler im Folgenden schildert: Er habe „sich eigenmächtig von der Truppe entfernt" (Z. 6 f.) – eine Formulierung aus der Militärsprache, die den Eindruck erweckt, Peter habe, wie ein Mensch, einen eigenen Willen.

Die wichtigsten gestalterischen Mittel des fast zeitdeckend erzählten Hauptteils sind **Kontrast** und **Steigerung.** In drei Runden wiederholt sich der ungleiche Kampf zwischen der sich zunehmend sadistisch verhaltenden Katze und der Maus, welcher die Kräfte schwinden.

Das Katz-und-Maus-Spiel: Kontrast und Steigerung

In der **ersten Runde** scheint es, dass das Katz-und-Maus-Spiel einer höheren Logik, einer Art Naturgesetz, folgt. Die Maus etwa „flitzt, wie an einer Schnur gezogen, davon" (Z. 8). Die Katze wird bald auf ihre „Pfote" reduziert; der Begriff taucht in dem kurzen Abschnitt sechs Mal auf, ein Hinweis auf seine Wichtigkeit. „Die Pfote schiebt sich langsam hin und her; die Pfote prüft die Maus" (Z. 10 f.). Die Pfote entwickelt also ein Eigenleben. Sie wird zu einem Instrument, das von der Katze zwar gesteuert wird, das gleichzeitig aber nicht mehr zu ihrem Körper zu gehören scheint. Auffällig an diesem Instrument ist seine kühle Präzision. Dies wird etwa an dem „genau abgeschätzten Sprung" (Z. 9) deutlich, den die Katze macht. Der Erzähler enthält sich hier mit Ausnahme des Attributes „grausam" (Z. 13) jeder Bewertung. Das Verhalten der Tiere war offenbar zu erwarten (vgl. Z. 14 f.).

1. Runde

Die Pfote

Mit dem Hinweis, dass nun das Tempo lebhafter werde (vgl. Z. 15 f.), leitet der Erzähler in die **zweite Runde** über. Die Sprache imitiert jetzt durch **Lautmalerei, Ellipsen** und **Pausen** die Anspannung und den gesteigerten **Rhythmus des Spiels:** „Hurr – die Maus läuft, ein weites Stück. Satz. Hat. Und wieder – und wieder." (Z. 17) Neu ist, dass der Erzähler der Katze Gefühlsregungen unterstellt und sie dadurch menschlicher macht. Er deutet Blicke als „böses", also schlechtes, „Gewissen" (Z. 19) der Katze und unterstellt ihr Bedauern (vgl. Z. 23). Dieses Einfühlen in ihre Perspektive steigert sich noch, wenn er in einen inneren Monolog der Katze gleitet. Der Ausruf „Du meine kleine Gefährtin!" (Z. 23) kann sowohl als Aussage des Erzählers gegenüber der Katze als auch der Katze gegenüber der Maus gedeutet werden, später jedoch nimmt der Erzähler eindeutig die Sicht der Katze ein. Auffällig ist, dass weder inhaltlich noch durch Satzzeichen ein Perspektivwechsel klar wird.
Die **Erregung der Katze** lässt sich unter anderem an den **gehäuften Ausrufen** erkennen. Die Maus wird demgegenüber immer schwächer, „langsamer" (Z. 20) und „wackelt" (Z. 20 f.). Die aneinandergereihten Prädikate gegen Ende des Abschnittes verdeutlichen ihren schnellen Verfall, der **parataktische Satzbau** verstärkt den Eindruck eines unausweichlichen Endes, das dann knapp festgestellt wird: „[S]ie humpelt, fällt auf die Seite, quietscht leise. [...] Sie ist tot." (Z. 28 f.)

2. Runde

Unauffällig ist in diesem Abschnitt eine **rhetorische Frage** versteckt, die der Erzähler als Reaktion auf die der Katze unterstellte Sorge, jemand könne kommen, formuliert: „Jemand – wer sollte kommen?" (Z. 19) „Jemand" – damit ist eine Instanz gemeint, die in das Geschehen eingreift, die Katze möglicherweise in ihrem schlechten Gewissen bestätigt und die Maus rettet. Fast spöttisch nimmt die Frage des Erzählers vorweg, dass der Maus niemand beistehen wird.

Das Geschehen erreicht in der **dritten Runde** seinen Höhepunkt: Dass die Maus gestorben ist, macht die Katze rasend, denn so kann sie diese nicht mehr quälen. Es folgt ein längerer Wechsel in die Perspektive der Katze (vgl. Z. 30–33), wobei die sprachliche Gestaltung deren **Wahn nachahmt**: Im **inneren Monolog der Katze** werden zunächst **rhetorische Fragen**, dann **Ausrufe** aneinandergereiht. Die letzteren betonen noch einmal den Machtanspruch des Tieres: „Hopp – dann machen wir sie lebendig! Hopp – der Tod hat mir in mein Spiel nichts hereinzuspielen, das sage ich, die Katze!" (Z. 32 f.) Anschließend wechselt die Darstellungsweise zurück in den Erzählerbericht, der das Toben schildert, bevor „der Höhepunkt […] überschritten" ist (Z. 37). Endlich, kann man sagen, frisst die Katze die Maus. Dieser Vorgang, auf das Geschehen von Anfang an zusteuert, wird zugleich **euphemistisch** und **nüchtern** erzählt. Euphemistisch insofern, als der Erzähler den brutalen Vorgang durch harmlose, alliterierende Ausdrücke fast spielerisch schildert: „[…] zu knabbern. Knochen knistern" (Z. 38). Nüchtern, indem das Geschehen ohne Wertung und schonungslos realistisch dargestellt wird: „[D]ie Maus wird im Querschnitt dunkelrot – – –." (Z. 38 f.) Der abgebrochene Satz deutet an, dass der Erzähler weitere Details des Mäusegemetzels ausspart.

Eine Frage, die sich beim Lesen von Tucholskys Kurzgeschichte stellt, lautet sicherlich: **Wozu dieser letzte Abschnitt?** Es ist die Ausnahme, dass Erzähler für ihre eigene Erzählung auch Deutungsvorschläge machen. Warum gibt es ihn also?

Der Abschnitt lässt sich inhaltlich wiederum in drei Teile gliedern. Zunächst erklärt der Erzähler, abrupt mit „[a]ber" (Z. 40) überleitend, das Dargestellte sei nicht als Allegorie zu betrachten. Den Erzähler stört hieran der Vergleichsaspekt: Seine Geschichte sei kein „Sinnbild" (Z. 40) – wie etwa die Justitia als Bild für Gerechtigkeit. Das, was er dargestellt hat, sei stattdessen „Leben – ist nichts andres als unser menschliches Tun auch. Es ist kein Unterschied: das war die Katze, und wir sind Menschen – aber es war doch dasselbe." (Z. 41 ff.) Das Verhalten von Katze und Maus ist für ihn identisch mit menschlichem Verhalten. Er findet die Tatsache selbsterklärend.

Anschließend äußert der Erzähler etwas halbherzige Bewertungen des Tierverhaltens. Die Maus bedauert er zunächst heuchlerisch (vgl. Z. 44). Die Überlegungen, sie hätte „allerhand Sport treiben" (Z. 44) sollen, oder ihre Vorfahren seien schuld, „die auch einmal Katzen waren und sich dann in Nachdenklichkeit und Milde so langsam zur Maus herunter degenerierten" (Z. 46 f.), sind geradezu **zynisch**. Und eigentlich interessieren ihn die Erklärungen selbst nicht so recht: „Wer weiß –" (Z. 47). Das Gleiche gilt für die Ausführungen zur Katze: Er bezeichnet sie zunächst als „Sadistin" (Z. 48), nimmt diese Wertung aber gleich wieder zurück (vgl. Z. 50 f.), ohne eine andere Erklärung für ihr Verhalten zu finden. Stattdessen erklärt er nun gar nicht mehr, sondern macht schlichte Feststellungen, die durch

3. Runde

Der Erzähler will nicht deuten

die knappen, parataktischen Sätze überzeugend wirken: „Natürlich ist die Katze ein Tier wie andre auch. Und sie ist stärker als die Maus, und das hat sie ausgenutzt [...]. Sie hatte die Kraft. Und die Maus litt." (Z. 52 f.) Die Geschichte endet mit einer entschiedenen Aussage: „Immer werden sich die zwei gegenüberstehen: die Katze und die Maus." (Z. 56) Der Gegensatz zwischen Starkem und Schwachem scheint somit unüberwindbar.

Der zweite Teil der Geschichte führt also eine Möglichkeit vor, wie man über das Geschehen nachdenken kann. Die nüchterne Darstellung des Erzählers ist jedoch in ihrer Einseitigkeit **so übertrieben, dass sie unglaubwürdig ist** – mit anderen Worten: Sie ist **ironisch**. Belegen lässt sich das etwa an der absurden Unterstellung des Erzählers, die Maus sei selbst schuld an ihrem Schicksal (vgl. Z. 44 f.). Ein weiteres Beispiel ist die haltlose Argumentation des Erzählers: Er behauptet, nicht vergleichen zu wollen, und tut es doch selbst (vgl. Z. 42 f. und Z. 48 f.). Rückblickend lassen sich dadurch auch in dem Perspektivwechsel ironische Merkmale erkennen: Die Übertragung sadistischer Eigenschaften auf die Katze ist überzogen und macht ein echtes Einfühlen in die Perspektive des Tieres unmöglich. Was hier dargestellt wird, erscheint daher als eine (möglicherweise **militärisch geprägte) Position**, bei der man sich abgewöhnt hat, Zusammenhänge zu hinterfragen und sich ernsthaft in andere Sichtweisen einzufühlen. Die **Ironie** verdeutlicht die **Kritik an einer solchen Haltung** – allerdings ohne anschließend eine Alternative vorzuschlagen.

In dieser Hinsicht kann man von einem **offenen Schluss** sprechen: Das Deutungsangebot, das der Erzähler macht, ist unbefriedigend. Die tiefere Auseinandersetzung mit dem Thema muss der Leser selbst leisten.

Ort, Zeit und selbst die Figuren werden in der Geschichte weitgehend unkonkret gelassen. Wir erfahren lediglich, dass sich die Handlung in einem Kriegslager während eines Krieges abspielt. Dies ermöglicht eine Verallgemeinerung der Thematik über den Kriegsschauplatz hinaus. Dennoch ist die Deutung in **Bezug auf den Ersten Weltkrieg**, der 1916 noch in vollem Gange war, naheliegend: Die nüchterne Beschreibung des Katz-und-Maus-Spiels lässt sich als Kritik an einem emotionalen Abstumpfen in Anbetracht der **sadistischen Kriegsgräuel** deuten, das am Beispiel der Figur des Erzählers vorgeführt wird. Ein Clou des Textes ist aber, dass er durch die ironische Gestaltung beim Leser gerade das Mitleid hervorruft, das angeblich nicht existiert: Die Schilderung des Gemetzels führt beim Lesen zu innerem Protest und wirft Fragen auf: Wollen wir so werden? Sind wir sogar schon so? Und wenn ja: Wer spielt mit uns?

Es liegt in der Natur moderner Kurzprosa, dass sie solche Fragen nicht eindeutig beantwortet, sondern den Denkprozess dem Leser überlässt. Einen Denkprozess, der – im Gegensatz zu den lustlosen Ausführungen des Erzählers – die Mühe wert sein sollte und dessen Gegenstand zeitlos ist.

**Aufgabe:**

Bearbeiten Sie die folgenden Aufgaben auf der Grundlage des vorgelegten Dossiers:

– Verfassen Sie Abstracts zu den **Materialien 2–5**.

– Schreiben Sie einen Essay mit dem Titel „**Kommunikation ist heute (k)eine Kunst**".

**Material 1:**

## Kommunikation

[lat.] Kommunikation bezeichnet den Austausch von Informationen zwischen zwei oder mehreren Personen. Als elementare Notwendigkeit menschlicher Existenz und wichtigstes soziales Bindemittel kann Kommunikation über Sprache, Mimik, Gestik, durch schriftlichen Austausch, Medien etc. stattfinden.

*Quelle: Klaus Schubert/Martina Klein: Das Politiklexikon. Bonn: Dietz 2011,*
*zit. nach: www.bpb.de/nachschlagen/lexika/politiklexikon/17726/kommunikation*
*(Zugriff: 8. 10. 2015)*

**Material 2:**

### Andrew Keen über das Internet

**Sie meinen, das Internet verbinde die Menschen nicht, sondern sei „zum Resonanzraum Vereinzelter" geworden.**
Nehmen wir Twitter. Dieser permanente
5 Schwall an 140-Zeichen-Nachrichten ist reine Zeitverschwendung [...]. Jeder spricht dort immerzu mit sich selbst. Verbringen Sie mal pro Tag eine halbe Stunde da. In den ersten Monaten mag
10 das lustig sein, aber dann wird es zu einer unglaublich deprimierenden Erfahrung.

**Die meisten der weltweit 270 Millionen Nutzer dürften anderer Meinung**
15 **sein.**
Als das Internet startete, hat man sich gewünscht, es würde Menschen überall auf der Welt vernetzen. Stattdessen geht es selbst im Bemühen um Resonanz nur
20 um Selbstbestätigung.

**Aber die kann doch wohltuend sein.**
Theoretisch. Praktisch ist Twitter, wie das gesamte Netz, Schauplatz von Mobbing und Hetzkampagnen, regelrechter

25 Onlinepogrome, durch die Menschen und Gruppen aus einer Gemeinschaft gedrängt werden. Das heißt: Die Gemeinschaft im Netz ist reine Einbildung. Die sogenannten sozialen Netzwerke sind
30 absolut asozial. Es gibt unzählige Beispiele von Menschen, die etwas Dummes oder auch nur Missliebiges gepostet haben und danach von anonymen Rufmördern fertiggemacht wurden.
35 Nehmen wir die Feministin Anita Sarkeesian, die zu Recht das idiotische und ekelhafte Frauenbild in vielen PC-Spielen beklagte. Anonyme Gamer eröffneten daraufhin eine Online-Treibjagd
40 gegen sie, samt Mord- und Vergewaltigungsdrohungen. [...]
Sozialen Netzwerken wird das Image eines öffentlichen Gutes angedichtet, eines Werkzeugs, das jedem eine Stimme
45 verleiht und Freiheit verspricht. Das ist ein genialer Marketing-Coup. Viele Millionen Nutzer weltweit glauben das. Tatsächlich sind das alles private, gewinnorientierte Firmen, denen wir unse-
50 re Daten ausliefern. Das Netz insgesamt

verspricht Freiheit, Gemeinschaft, Demokratie, Gleichheit. Nichts davon ist eingelöst worden.

**Das Netz hat den Arabischen Früh-**
55 **ling beflügelt. Genauso hilft es der Opposition in China, Iran und Russland.**
Das lässt sich nicht abstreiten. Ich habe allen Respekt vor den Menschen, die
60 sich Diktaturen entgegenstellen, für sie ist das Internet ein wichtiges Mittel. Aber abgesehen davon, dass der Arabi-

sche Frühling gescheitert ist: Nehmen wir die Occupy-Bewegung. Occupy soll-
65 te alles ändern. Was ist passiert? Nichts. Das liegt nicht daran, dass die Teilnehmer unehrlich gewesen wären oder Eigeninteressen verfolgt hätten. Diese Leute, die sich übers Internet verban-
70 den, wollten die Mächtigen herausfordern. Im Netz entsteht eine solche Gemeinschaft aber nicht, sondern nur eine atomisierte Kultur, die der Demokratie nicht hilft.

*Quelle: Süddeutsche Zeitung, 21. Februar 2015, S. 56.*

*Andrew Keen, geboren 1960, ist Politikwissenschaftler und lebt in Berkeley, Kalifornien.*

**Material 3:**

### Antje Boijens – Was macht eine gelingende Kommunikation aus?

Der amerikanische Physiker und Philosoph David Bohm (1917–1992) hat in den 80er Jahren eine faszinierende Antwort dazu formuliert. Und um es gleich vorweg zu sagen: Sie ist nicht einfach. Der nach ihm benannte „Bohmsche Dialog" ist kein Gesprächsformat fürs Reality TV und keine Patentlösung, die mal eben schnell eingesetzt werden kann.
5 Wer „dialogisieren" möchte, muss zuallererst das Missverständnis überwinden, dass ein Dialog damit beginnt, dass zwei oder mehr Menschen einfach miteinander reden. Einen Bohmschen Dialog zu führen, heißt, sich auf einen sorgfältig zu gestaltenden Denk- und Spürprozess einzulassen und alle Gewissheiten loszulassen, inklusive der Gewissheit, dass eine/r wüsste, wie der – genau dieser – Dialog funktioniert. Alles ist im Fluss – Ge-
10 wissheiten, Voraussetzungen, Ansichten und Einsichten. Nicht eine/r hat die Lösung. Sie entsteht überhaupt erst durch die Beteiligung aller im Gespräch. […]
Dialoge funktionieren also nicht über unser übliches Diskussionsverhalten, z. B. durch Überzeugungsarbeit, Druck oder Rhetorik. Hilfreich ist viel mehr die Bereitschaft zum Zuhören und zur kritischen Reflexion eigener Annahmen. Auch gehört dazu die Fähigkeit
15 – und menschliche Größe –, sich verunsichern zu lassen und radikal das zu akzeptieren, was sich im Dialog zeigt. Dann erst lohnt sich ein Dialog.
Dann kann der Dialog neue Welten erschließen. Das wechselseitige Zuhören und der Bezug aufeinander im Dialog öffnen die Beteiligten so, dass etwas Neues entstehen kann, das uns gleichzeitig verbindet und transzendiert[1]. Mit dem Dialog kann sich Bewusstsein
20 und die Utopie weiter entwickeln, dass Verstehen und ein gemeinsam geteilter Sinn bei aller Komplexität und bei allen Unterschieden in unserer Welt heute möglich sind. […]
Macht und Hierarchie sind im Dialog hinderlich und müssen zumindest für die Dauer des Dialogs aufgehoben werden. Nur die Akzeptanz der Gleichrangigkeit alles Gesagten und der Respekt vor der Einzigartigkeit und Gleichwertigkeit aller Sprechenden ermöglicht,
25 die Energie der Verbundenheit (wieder) herzustellen. Sie kann dann genutzt werden, um zu Einsichten zu gelangen, zu denen wir alleine nicht kommen würden. Damit wären wir bei dem richtigen Verständnis des Wortes Dia-log*: es geht um Sinn, der (überhaupt nur) durch das Gespräch entsteht.

*Quelle: http://ethik-heute.org/was-macht-eine-gelingende-kommunikation-aus/*
*(Zugriff: 3. 10. 2015)*

**Anmerkungen**
1 transzendieren: Grenzen überschreiten          * Dia-log: Schreibweise im Originaltext

**Material 4:**

## Andreas Grieß – „Internetsucht" ist die Heilung, nicht die Krankheit

Heute schon etwas über „Internetsucht" gelesen? Dieses Thema schwappt mit ziemlicher Regelmäßigkeit in die Nachrichtenströme. Jeder dritte Jugendliche, so heißt es, leide unter Internetsucht, und diese wird dramatischer dargestellt als die Abhängigkeit von Zigaretten, Alkohol und LSD – zusammengenommen.

5 Regelrechte Entzugserscheinungen hätten die Betroffenen, wenn sie nicht regelmäßig auf *Facebook* sehen können, wer gerade was von sich gibt und wem gerade gefällt, was man selbst mit der Masse geteilt hat. Davon los zu kommen sei schwieriger, als das Rauchen aufzugeben.

Ja und? Will man hier *Facebook* tatsächlich auf eine Ebene mit Drogen stellen, die jähr-
10 lich zahlreiche Todesopfer fordern? Die Rede ist in diesem Zusammenhang auch nicht von Leuten, die in Computerspielen versinken. Nein, es geht um Facebook, Twitter und E-Mail. Es ist auffällig, wie durchgängig negativ das Phänomen beschrieben wird. Seht her, unsere Gesellschaft wird immer technischer und schneller, und diese Leute erliegen einer Sucht. Sie sind krank. Sie brauchen Heilung.

15 Ja, unsere Gesellschaft ist krank. Aber vielleicht ist die „Internetsucht" nicht die Krankheit, sondern die Heilung. [...]

Durch das Internet kommunizieren wir mit deutlich mehr Personen als zu analogen Zeiten. Das meiste ist Small-Talk oder Basis-Information. Aber es ist Kommunikation. Wenn die Menschen sich danach sehnen, alle paar Minuten Neuigkeiten dieser Art zu erfahren
20 und zu teilen, spricht das dann nicht dafür, dass wir Menschen mehr voneinander wissen wollen, mehr miteinander teilen wollen als früher? Was ist daran schlecht?

Mit der Möglichkeit der quantitativ verstärkten Kommunikation ist also offenbar auch ein Bedürfnis nach verstärkter Kommunikation einhergegangen. Vernachlässigen wir deshalb etwas anderes? Mit der Erfindung der Dampfmaschine ist auch eine Welle der Mobilität
25 einhergegangen. Womöglich laufen wir seitdem weniger und fahren weniger Fahrrad. Vielleicht aber auch nicht. Vielleicht haben wir einfach Möglichkeiten hinzugewonnen.

Der Begriff „Internetsucht" ist medizinisch fragwürdig und zudem negativ wertend. Im einfachsten Fall haben wir es mit einem veränderten Kommunikationsverhalten und anderen Kommunikationsbedürfnissen zu tun, ähnlich wie sich das Verhalten im Hinblick auf
30 Mobilität verändert hat. Es spricht aber auch niemand von Automobilsucht. Im besten Fall haben wir es sogar mit einem Wandel zu einer besseren Gesellschaft zu tun, in der sich Menschen verstärkt füreinander interessieren. In der sie Freud und Leid teilen, auch wenn sie kein gemeinsames Umfeld haben und nicht von den Taten des anderen tangiert werden.

*Quelle: 04.03.2012, www.carta.info/41791/internetsucht-ist-die-heilung-nicht-die-krankheit/ (Zugriff: 8.10.2015)*

**Material 5:**

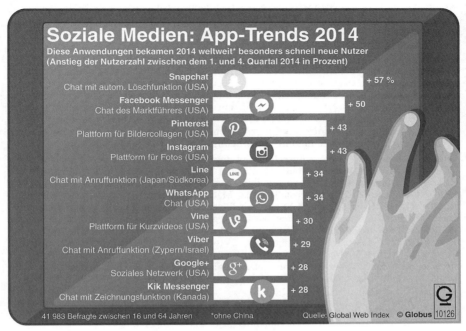

*Quelle: Globus Infografik Gd-10126 vom 27. Februar 2015*

---

**Lösungsvorschlag in Grundzügen**

### Hinweise und Tipps

Das Verfassen eines Essays verlangt von Ihnen, dass Sie sich umfassend Gedanken über ein Thema machen, das von gesellschaftlicher Relevanz ist. Dabei haben Sie einige Freiheiten, sowohl hinsichtlich der Struktur Ihres Textes als auch im Hinblick auf die Sprache. Starre Regeln für das Verfassen eines Essays gibt es nicht.

Lesen Sie sich zunächst genau die Aufgabenstellung durch, damit Sie verstehen, was von Ihnen erwartet wird. Die Überschrift „Kommunikation ist heute (k)eine Kunst" deutet schon an, dass Ihre **Darstellung kontrovers** ausfallen soll:
– Kommunikation ist heute eine Kunst.
– Kommunikation ist heute keine Kunst.

Grundsätzlich müssen Sie das **Thema Kommunikation** also aus zwei Positionen heraus durchdenken. Doch anders als bei einer dialektischen Erörterung können Sie Ihre Gedanken bei der Textsorte Essay eher spielerisch einbringen. Es ist sogar möglich, zwischendurch kleine Passagen einzufügen, die auf den ersten Blick wie Umwege wirken. Es darf sich dabei natürlich nur um Nebengedanken handeln, die – zusammen mit den übrigen Abschnitten – doch einen klaren Weg beschreiten.

Als Grundlage für Ihre Auseinandersetzung mit dem Thema erhalten Sie eine **Material-sammlung** mit verschiedenen informierenden oder meinungsbildenden Texten. In jedem Material wird ein besonderer Gesichtspunkt des Themas Kommunikation in den Blick genommen oder eine bestimmte Meinung dazu vertreten. Stellen Sie sich deshalb bei jedem Beitrag die Frage, welcher Aspekt des Themas hier aufgegriffen wird.

Es empfiehlt sich zwar, dass Sie in Ihrem Essay alle Materialien berücksichtigen, doch heißt dies nicht, dass Ihr Text aus einer Aneinanderreihung von Inhaltsangaben bestehen soll. Betrachten Sie die einzelnen Materialien als Angebote, die Ihnen helfen, sich dem Thema zu nähern. Vergessen Sie nicht, auch eigene Kenntnisse und Erfahrungen mit einzubringen. Sie helfen Ihnen nämlich, zweierlei zu leisten: Sie müssen es erstens schaffen, einen **roten Faden** durch Ihren Gedankengang zu ziehen. Das ist nur möglich, wenn Sie eigene Ideen entwickeln, um Verbindungen und Überleitungen herzustellen. Zweitens sollten Sie hin und wieder auf typische **Beispiele** verweisen, um Ihre **Ausführungen zu veranschaulichen.**

Beachten Sie bei der Auseinandersetzung mit dem Thema auch die Zeitangabe in der Überschrift. In dem Wort „**heute**" kommt indirekt zum Ausdruck, dass sich Kommunikation – verglichen mit früheren Zeiten – geändert hat. Dass diese Veränderungen eine Rolle spielen, zeigt sich auch an der Zusammenstellung der Materialien: Auffällig ist, dass sich die Mehrzahl der Texte (Material 2, 4 und 5) ausschließlich mit der Kommunikation im **Internet** befasst. Sie sollten sich aber davor hüten, nur Überlegungen zum Chatten mithilfe elektronischer Medien anzustellen. Grundsätzlich ist das durch die Überschrift vorgegebene Thema Kommunikation weiter gefasst; hier wird mit keinem Wort ausdrücklich auf die modernen Medien verwiesen. Auch in den Materialien 1 und 3 geht es um Kommunikation allgemein. Bedenken Sie also, dass das Internet eines von vielen möglichen Medien ist, mit dessen Hilfe Kommunikation stattfinden kann.

**Zum Vorgehen:**
– Gehen Sie zunächst die **einzelnen Materialien durch**. Markieren Sie beim Lesen wichtige Textstellen und machen Sie am Rand Notizen zu den jeweiligen Inhalten.
– Stellen Sie **eigene Überlegungen zum Thema** an. Halten Sie Ihre Ideen in Stichpunkten oder in Form einer Mindmap auf einem Extrablatt fest.
– Legen Sie einen **Schreibplan** an. Nehmen Sie wieder ein extra Blatt und übertragen Sie sowohl Ihre Randnotizen als auch Ihre eigenen Ideen zum Thema in das Feld für den Hauptteil. Danach müssen Sie sich überlegen, wie Sie den Leser zum Thema hinführen können (Einstieg). Ergänzen Sie zuletzt mögliche Schlussgedanken.

Anschließend beginnen Sie mit dem Schreiben. Bedenken Sie, dass der Arbeitsauftrag aus zwei Teilen besteht: 1. den Abstracts, 2. dem Essay.
– **Schreiben der Abstracts:** Verfassen Sie zu jedem Material eine kurze Inhaltszusammenfassung. Stellen Sie knapp dar, worum es in den einzelnen Texten geht. Beginnen Sie dabei mit dem Hauptgedanken (z. B.: „Der Verfasser vertritt die Meinung, dass …") und fügen Sie dann wichtige Einzelheiten hinzu (z. B.: „Er begründet das damit, dass …")
– **Schreiben des Essays:** In Ihrem Schreibplan müssen Sie nicht bereits die Reihenfolge der einzelnen Inhalte des Hauptteils festgelegt haben. Sie können sich auch beim Schreiben des Essays von Ihren Notizen inspirieren lassen. Fragen Sie sich nach jedem Absatz, den Sie fertiggestellt haben: „Wie kann ich nun überzeugend fortfahren?" Schauen Sie sich dazu Ihre Stichwortliste an und wählen Sie den Gedanken aus, der sich am besten anknüpfen lässt. Der gezielte Einsatz von Stilmitteln, wie z. B. Wortspielen und rhetorischen Fragen, und das punktuelle Zitieren von Materialien verleihen Ihren Aussagen Nachdruck. Am Ende Ihres Essays sollten Sie zu einem Ergebnis gelangen. Formulieren Sie eine Art Fazit, indem Sie die in der Überschrift versteckt enthaltene Frage beantworten („Ist Kommunikation heute eine Kunst – ja oder nein?"). Hierbei können Sie durchaus feststellen, dass sich keine eindeutige Entscheidung treffen lässt.

# Lösungsvorschlag für die Abstracts

**Zu Material 2** (Andrew Keen über das Internet)

Andrew Keen setzt sich kritisch mit den Möglichkeiten des Internets auseinander. Er vertritt die These, dass das Internet die Menschen keineswegs miteinander verbinde, sondern sie eher vereinzele. Vorteile von sozialen Netzwerken hätten allein die beteiligten Firmen, die mit den Nutzerdaten Gewinne machen würden. Seine These über die Vereinzelung der Menschen im Internet begründet Keen wie folgt: Statt die weltweite Vernetzung mit anderen zu suchen, gehe es den Menschen nur um Selbstbestätigung. Ihr Bemühen darum, von anderen Resonanz zu erhalten, kehre sich immer wieder um in Hetzkampagnen gegen Nutzer. Auch den Oppositionellen in diktatorischen Regimen gelinge es nicht, durch ihren Zusammenschluss im Internet einen wirksamen Beitrag zur Entwicklung ihres Staates in Richtung Demokratie zu leisten.

**Zu Material 3** (Antje Boijens – Was macht eine gelingende Kommunikation aus?)

Die Verfasserin stellt das von dem amerikanischen Physiker und Philosophen David Bohm entwickelte Gesprächskonzept vor. Sie erläutert die Besonderheiten gelingender Kommunikation, die den Grundsätzen des – später so genannten – „Bohmschen Dialogs" folgt. Laut Bohm setzt eine gelingende Kommunikation voraus, dass die Gesprächspartner sich einander wirklich zuwenden, statt sich gegenseitig überzeugen zu wollen. Die Teilnehmer müssten sich mit Offenheit und Respekt begegnen sowie bereit sein, bisherige Gewissheiten infrage zu stellen. Zudem müssten alle gleichrangig behandelt werden. Dadurch könnten sie im Dialog Grenzen überwinden und neue Einsichten gewinnen, die sie ohne diesen Austausch nicht hätten finden können.

**Zu Material 4** (Andreas Grieß – „Internetsucht" ist die Heilung, nicht die Krankheit)

Andreas Grieß hinterfragt das seiner Meinung nach übertrieben und einseitig negativ dargestellte Phänomen der sogenannten „Internetsucht". Laut Grieß hat das Internet eher eine positive Wirkung auf den Einzelnen. Der Autor begründet seine Ansicht damit, dass die Menschen durch das Internet deutlich mehr miteinander kommunizieren würden als zu analogen Zeiten. Sie würden dadurch nichts anderes vernachlässigen, sondern zögen vielmehr einen Gewinn aus der neuen Möglichkeit, verstärkt miteinander zu kommunizieren. Mithilfe der neuen elektronischen Medien, stillten sie ihr gewachsenes Informationsbedürfnis. Sowohl positive als auch negative Erfahrungen und Erlebnisse würden im Internet miteinander geteilt. Im günstigsten Fall könnte das sogar den Wandel hin zu einer besseren Gesellschaft begünstigen.

**Zu Material 5** (Soziale Medien: App-Trends 2014)

Das Diagramm zeigt die Ergebnisse einer Umfrage zum Anstieg der Nutzerzahlen bei verschiedenen Internetanwendungen für Smartphones (Apps). China ausgenommen, wurden weltweit rund 42 000 Personen im Alter von 16 bis 54 Jahren danach befragt, welche Apps sie im Laufe des Jahres 2014 auf ihren Geräten neu installiert hätten. Gezeigt wird, wie sich die Nutzerzahlen der zehn am häufigsten heruntergeladenen Anwendungen entwickelt haben. Deutlich wird dabei auch, dass alle Apps aus dem Bereich sozialer Medien stammen: Es sind stets Chatanwendungen mit besonderen Zusatzfunktionen oder Plattformen für das Teilen von Bildern und Videos. Bei allen zehn Apps ist ein starker Anstieg der Nutzerzahlen zu beobachten: von mindestens 28 Prozent bis maximal 57 Prozent. Mit einem Zuwachs von 57 Prozent liegt Snapchat, ein Chatsystem mit automatischer Löschfunktion, auf Platz 1, gefolgt vom Facebook Messenger auf Platz 2. Danach kommen zwei Apps, die eine Plattform für Bildercollagen (Pinterest) oder Fotos (Instagram) anbieten.

## Kommunikation ist heute (k)eine Kunst

Gönnen wir uns zunächst eine kleine Zeitreise in die Vergangenheit: Noch vor rund 200 Jahren war es für die Menschen gar nicht so einfach, mit anderen zu kommunizieren. Problemlos möglich waren nur Gespräche mit Verwandten, Freunden und Bekannten, die im selben Ort wohnten wie sie selbst. Wollte man Informationen an jemanden vermitteln, der woanders lebte, so hatte man einige Mühen auf sich zu nehmen: Entweder musste man einen weiten Weg zurücklegen, um ihn zu treffen, oder man musste sich die Zeit nehmen, einen Brief an ihn zu schreiben – wobei klar war, dass es lange dauern konnte, bis die Sendung ihren Empfänger erreichte. Damals war Kommunikation wohl wirklich noch eine Kunst – allein schon wegen der Schwierigkeiten, die der Austausch von Nachrichten mit sich brachte.

> **Einstig:** Hinführung zum Thema: Kommunikation war früher schwierig, langsam und mühevoll

Und heute? Im 21. Jahrhundert ist es für uns ganz einfach, Kontakte aufzunehmen und zu pflegen. Mithilfe der modernen Medien können wir Menschen weltweit erreichen, und das rund um die Uhr. Die technische Entwicklung hat die zwischenmenschliche Kommunikation geradezu revolutioniert. Jeder kann jedem ständig Mitteilungen zukommen lassen – von jedem Ort aus. Und auch Antworten können überall eintreffen, sei es in der U-Bahn, in der Schule oder im Supermarkt. Es scheint praktisch keine Hürden mehr zu geben, um sich mit anderen zu verständigen. Ist Kommunikation heute also keine Kunst mehr?

> Kommunikation heute ist einfach, schnell und weltweit jederzeit möglich
>
> Kommunikation heute keine Kunst mehr?

Grundsätzlich versteht man unter Kommunikation den Austausch von Informationen zwischen zwei oder mehreren Personen. Entscheidendes Verständigungsmittel ist dabei die Sprache, es gibt aber auch nonverbale Kommunikationsformen, wie z. B. Tonfall und Körpersprache. Mitteilungen lassen sich mündlich oder schriftlich austauschen. Für die Menschen ist Kommunikation ein Grundbedürfnis und ein wichtiges soziales Bindemittel. Insofern hat sie für das Zusammenleben in einer Gesellschaft einen hohen Stellenwert.

> **Hauptteil:** Kommunikation allgemein (Bezug zu Material 1)

Nun kann Kommunikation von unterschiedlichem **Niveau** sein, je nachdem, welche Inhalte die Gesprächspartner zur Sprache bringen. Einige Informationen müssen nicht weiter vertieft werden, weil sie auf Anhieb klar sind, etwa die Absprache von Terminen oder Treffpunkten. Anspruchsvoller ist ein Austausch von Gedanken und Meinungen, denn er verlangt mehr als die reine Übermittlung weniger Daten. Man muss beispielsweise Aussagen erläutern, erklären, begründen oder rechtfertigen. Es versteht sich von selbst, dass es vor allem um das Austauschen **komplexerer Inhalte** geht, wenn der Frage nachgegangen werden soll, ob Kommunikation heute eine Kunst ist oder nicht.

> Einengung des Themas auf Kommunikation zu komplexeren Inhalten (Austausch von Gedanken und Meinungen)

Nun wird in der Regel etwas als **Kunst** angesehen, wenn eine Person oder Personengruppe eine schöpferische Leistung vollbringt, für die besondere Fähigkeiten oder Begabungen notwendig sind. Das Schreiben eines guten Romans ist z. B. eine Kunst. Aber Kommunikation? Schon Kleinkinder haben keine Schwierigkeiten damit, zu kommunizieren: Sie können ihren Eltern problemlos mitteilen, dass sie Durst haben oder müde sind. Kommunikation, die als Kunst anzusehen wäre, setzt mehr voraus. Der amerikanische Physiker und Philosoph David Bohm hat in den 1980er-Jahren

> **Präzisierung:** Wann ist etwas eine Kunst?
>
> Frage: Kann Kommunikation eine Kunst sein?

ein Konzept entwickelt, das später als „**Bohmscher Dialog**" bekannt wurde. Um von gelingender Kommunikation sprechen zu können, so Bohm, genügt es nicht, dass Menschen einfach nur miteinander reden. Entscheidend sei, dass die Gesprächspartner sich einander öffnen. Sie müssten sich gegenseitig zuhören und auch bereit sein, bisherige Gewissheiten infrage zu stellen. Nur wer sich auf diese Weise einem anderen zuwende, könne von einem Gespräch profitieren. Eine **solche Kommunikation ist in der Tat eine Kunst** – insofern Sender und Empfänger ihrem jeweiligen Partner mit **Respekt und voller Aufmerksamkeit** begegnen, ohne ihre eigenen Bedürfnisse außer Acht zu lassen.

Bezug zu Material 3: Der „Bohmsche Dialog" ...

... als Kunst

Dass das nicht leicht ist, zeigt sich vor allem bei der **Kommunikation im Internet**. Es sind vor allem zwei Dinge, die den Austausch mit anderen im Netz prägen: **Selbstdarstellung und Schnelligkeit**. Vielen Usern scheint es vorrangig darum zu gehen, sich selbst und ihre Ansichten zu präsentieren. Dabei streben sie nach Bestätigung. Maßstab dafür ist die Anzahl der Likes, die sie für ihre Äußerungen sammeln können – oder für die Fotos, die sie von sich, ihrer Familie und ihren Freunden hochladen. Man mag einwenden, dass es vermutlich nur einzelne Nutzer sind, die im Internet eine solche Nabelschau betreiben, andere auf Biegen und Brechen beeindrucken wollen. Doch eine Umfrage zeigt, dass diese **Selfie-Kultur** keineswegs eine Ausnahmeerscheinung, sondern eher ein Trend ist. Bei Pinterest und Instagram nahm im Laufe des Jahres 2014 die Zahl derer, die diese Apps zum Hochladen von Bildern und Fotos nutzen, um 43 Prozent zu. Anscheinend besteht also ein großes Interesse daran, sich im Internet zu präsentieren – und die Wirtschaft zieht kräftig Gewinn daraus. Eine ernsthafte Kommunikation entsteht so aber nicht, denn es kommt hier in der Regel weder zu einem echten Austausch von Gedanken noch zu einem Erkenntnisgewinn. Ist eine solche Art von Kommunikation daher nicht reine **Zeitverschwendung**?

Internetkommunikation: Schnelligkeit und Selbstdarstellung im Netz (Bezug zu Material 2)

Bezug zu Material 5: Weltweit nutzen immer mehr Menschen Apps zum Hochladen von Bildern

Die Schnelligkeit, mit der **Äußerungen im Internet** gepostet werden können, erzeugt außerdem eine Erwartungshaltung, die den Einzelnen schnell unter Druck setzen kann. Man fühlt sich genötigt, möglichst rasch auf jede Kurznachricht oder WhatsApp zu antworten. Nicht immer ist das, was man dann in aller Eile von sich gibt, wirklich auch wert, gesendet zu werden. Ein Appell wie „Erst denken, dann klicken" wird nur selten beachtet. Interessant ist, dass vielen Usern offenbar selbst klar ist, dass ihre **Gesprächsbeiträge unausgereift** sind. Nicht ohne Grund hat Snapchat im Jahr 2014 weltweit die höchsten Zuwachsraten erzielt: Diese App bietet ihren Nutzern eine **automatische Löschfunktion**, mit deren Hilfe Nachrichten gleich nach dem Versenden wieder aus der Welt geschafft werden können. Vorlaute oder unüberlegte Kommentare, peinliche Irrtümer, zahlreiche Tippfehler – ein Klick und die Mitteilung ist verschwunden.

Schnelle, unausgereifte Kommunikation mit Chat-Apps

Bezug zu Material 5

Eine gewinnbringende Auseinandersetzung mit der Meinung anderer erfordert echtes Interesse, Offenheit und Ruhe. Das gilt sowohl für Gespräche im realen Leben als auch für den Austausch im Internet. Wer meint, auf Kurznachrichten anderer immer möglichst schnell reagieren zu müssen, kann wohl nur oberflächlich bleiben. Denn: **Für das Nachdenken, braucht man Zeit.** Und **Raum**. Wie tiefgründig kann etwa ein Kommentar auf Twitter sein, wenn jede Äußerung auf 140 Zeichen zurechtgestutzt werden muss? Natürlich muss man seine Ansichten zu einem Thema nicht immer in aller Ausführlichkeit darlegen. Manchmal ist es sogar gut, sich

Echtes Interesse, Offenheit und Ruhe als Voraussetzungen für gewinnbringende Kommunikation kurz zu fassen. Das heißt: Die Länge eines Gesprächsbeitrags zeugt nicht automatisch von dessen Qualität. Verstehen kann sich auch darin zeigen, dass jemand scharfsinnig den Kern eines Gedankengangs erfasst und diesen zur Diskussion stellt. Allerdings **kommt das Verstehen immer zuerst**. Nur so gibt es eine solide Grundlage für eine angemessene Reaktion. Wer ernsthaft kommunizieren will, muss also genügend Zeit investieren, unabhängig davon, wie ausführlich seine Antwort ausfällt. Insbesondere muss er sich darum bemühen, die Gedanken seines Gegenübers zu verstehen.

Das Internet bietet den Nutzern dafür sogar ganz besondere Möglichkeiten, denn wer seinen richtigen Namen nicht preisgeben will, kann einen Nickname verwenden. Mithilfe eines solchen **Pseudonyms** kann er sich **im Netz sogar eine neue Identität** schaffen. Das ist zunächst nichts anderes als ein Spiel: Er erfindet eine andere Rolle für sich und probiert sie aus. Damit sind weitere Vorteile verbunden: Im Netz kann man **anonym und angstfrei seine Meinung zu einem Thema äußern**. Dass man im realen Leben von Freunden oder Bekannten dafür kritisiert wird, muss man dann nicht befürchten. Im besten Fall kann die Anonymität im Netz sogar zu gesellschaftlichen Veränderungen führen. In Diktaturen z. B. können Oppositionelle im Internet „geschützt" nach Gleichgesinnten suchen, um sich mit ihnen gegen die Machthaber zu verbünden.

Vorteile von anonymer Kommunikation im Netz

Anonymität im Netz bietet viele Vorteile, ist aber auch mit Vorsicht zu betrachten. Mitunter hat man den Eindruck, manche Nutzer würden das Internet als einen rechtsfreien Raum ansehen: Sie glauben, sagen zu können, was ihnen in den Sinn kommt, ohne Konsequenzen befürchten zu müssen. Trolle, denen es nur darum geht, eine Diskussion im Internet zu stören, indem sie andere User demütigen, treiben in verschiedenen Foren ihr Unwesen. Und wer es wagt, unter Klarnamen seine Meinung zu einem Thema zu äußern, muss damit rechnen, dass in Windeseile ein Shitstorm über ihn hereinbricht. Kommunikation ist das nicht – und schon gar keine Kunst. In diesem Fall verbindet das Internet nicht, sondern es trennt. Der amerikanische Politikwissenschaftler **Andrew Keen** hält soziale Netzwerke sogar für „**absolut asozial**". Im realen Leben kommt es zwar auch vor, dass Personen sich im Ton vergreifen. Aber den meisten fällt es doch schwerer, jemandem eine Beleidigung direkt ins Gesicht zu sagen. So gesehen ist die persönliche Begegnung im Alltag auch ein Schutz: Sie erhöht die **Hemmschwelle** und hindert Pöbler daran, ihren Zorn ungebremst an anderen auszulassen.

Nachteil: Internet als rechtsfreier Raum angesehen

Bezug zu Material 2

Natürliche Hemmschwellen bei „analoger" Kommunikation

Unterhaltungen im Internet stoßen aber auch an ihre Grenzen. Wichtige Hinweise, die bei der direkten Begegnung von Mensch zu Mensch eine große Rolle spielen, kommen nicht zum Tragen. Die Verständigung erfolgt in der Regel über Geschriebenes. Oft sind es aber gerade nonverbale Signale, wie z. B. **Tonfall**, **Mimik oder Körperhaltung**, die uns helfen, eine Äußerung richtig zu verstehen. Dass viele User hilfsweise zu Emoticons greifen, um ihre Gefühle zum Ausdruck zu bringen, ändert kaum etwas daran. Schließlich werden Emoticons bewusst ausgewählt. Ob jemand im Gespräch mit einem anderen errötet oder erbleicht, entzieht sich dagegen seiner Kontrolle. Deshalb gilt die Körpersprache auch als echter als die Sprache mit Worten – beim Tippen von Nachrichten lässt sie sich unterdrücken.

Bezug zu Material 1: Nonverbale Signale fehlen bei Netzkommunikation

Das Internet ist allerdings sehr gut geeignet, um neue **Kontakte anzu-bahnen**. Beispielsweise kann man durch die Mitgliedschaft in einem so-zialen Netzwerk die Zahl seiner möglichen Gesprächspartner schlagartig erweitern. Vielen Menschen ist es ein **Bedürfnis**, sich mit anderen in die-ser Form auszutauschen. Während man früher darauf angewiesen war, Freunde und Bekannte in seinem unmittelbaren Umfeld zu suchen, hat man heute die Freiheit, **weltweit** mit anderen in Kontakt zu treten. Ohne das Internet wäre diese Art von Globalisierung nicht denkbar. Wenn wir lesen, was Menschen aus anderen Städten, Ländern oder sogar Kontinen-ten uns mitzuteilen haben, erweitert das zudem unseren Blick. Wir können ein **Interesse an Menschen entwickeln, denen wir normalerweise nie begegnen würden**. Wir erfahren, worüber sie sich freuen und mit welchen Problemen sie zu kämpfen haben. Wir können ihre Freuden teilen oder ihnen Mut zusprechen. Vielleicht überdenken wir so auch unsere Situa-tionen und Einstellungen; das wäre ein Gewinn für jeden.

Die Frage, ob Kommunikation heute eine Kunst ist oder nicht, lässt sich also **nicht so einfach beantworten**. Klar ist, dass die elektronischen Me-dien unser Kommunikationsverhalten erleichtert haben. Das muss aber keine Verbesserung sein. Eine Verschlechterung wäre es, wenn wir mit Freunden und Bekannten nur noch über Geräte kommunizieren würden. Manchmal sieht es schon ganz danach aus: Da sitzen zwei Freundinnen nebeneinander auf einer Bank, doch statt miteinander zu reden, kommuni-zieren sie die meiste Zeit über ihr Smartphone mit anderen Personen. Oder ein Paar sitzt in einem Restaurant beim gemeinsamen Essen, und ihre bei-den Smartphones liegen einsatzbereit auf dem Tisch. Besser wäre es, wenn Menschen sich denen zuwenden, mit denen sie gerade zusammen sind. Diese Grundregeln einer gelingenden Kommunikation einzuhalten, dürfte eigentlich keine Kunst sein.

Vorteil des Internets: Weltweit Kontakte herstellen

Bezug zu Material 4

Schluss

**Aufgabe:**

– Arbeiten Sie die Aussagen des Autors heraus; berücksichtigen Sie dabei, wie er den Text gestaltet hat.

– Setzen Sie sich kritisch mit den Argumenten des Autors auseinander.

– Erörtern Sie – über den Text hinausgehend –, inwieweit soziale Kompetenzen für die Berufswelt von Bedeutung sind.

[Schwerpunkt Erörterung]

Bernd Kramer

# Hard Skills, please.

Angeblich muss man tüchtig an seinen Soft Skills arbeiten, wenn man es im Beruf zu was bringen will. Können wir mal aufhören mit dem Quatsch – und einfach arbeiten?

So weit ist es schon gekommen. Die Fachhochschule Fulda bietet einen Studiengang für „Sozialkompetenz" an. Teilnehmer des berufsbegleitenden Wei-
5 terbildungsprogramms belegen zunächst den Kurs „Zwischenmenschliche Kommunikation I", darauf aufbauend „Zwischenmenschliche Kommunikation II", es folgen „Kommunikation im Team"
10 und „Persönlichkeitsentwicklung". Nach zwei Semestern bekommen die Studenten dann von akademischer Stelle zertifiziert, dass sie jetzt mit Menschen können.
15 Was in Fulda passiert, ist vielleicht nur die abstruseste Curricularisierung[1] eines Blablas, das allenthalben um sich greift in der Ausbildungs- und Arbeitswelt. Schule, Uni, Dozenten, Freunde mit
20 und ohne BWL-Hintergrund schwadronieren darüber, wie wichtig all das ist, was nicht in ihren Ausbildungsordnungen und Lehrplänen steht. Wie unbedeutend das Fachliche und wie ent-
25 scheidend alles Menschliche ist für Geld, Prestige, Erfolg. „Gute Noten haben heute alle", deklamiert eine Rhetoriktrainerin in einem dieser Seminare mit für einen klar denkenden Menschen
30 schleierhaftem Selbstvertrauen. „Soft Skills, das ist es, was heute zählt."

Es ist nicht neu, dass es plötzlich nicht mehr nur wichtig erscheint, was wir können und gelernt haben, sondern dass
35 auch zählt, wer und wie wir sind. Schon der Publizist Siegfried Kracauer beobachtete Anfang der 30er-Jahre, wie der im Arbeitsleben neu aufkommende Typus des Angestellten psychisch von
40 oben bis unten vermessen wird – mit Fragebögen, grafologischen Gutachten, Diagnosegesprächen und Persönlichkeitsinterviews. Beim Arbeiter in der Fabrik reichte es dem Chef noch zu
45 wissen, dass er zupacken kann. Bei Sekretärinnen, Verwaltungsbeamten und Bankangestellten brauchte es die „Totalschau". Die Soziologin Eva Illouz hat gezeigt, dass der Psychosprech im
50 20. Jahrhundert von den Unternehmen aus seinen Siegeszug durch die Gesellschaft antrat: Schon die ersten Personalberater ähnelten Psychologen.
Klar, man könnte naiverweise erst ein-
55 mal davon ausgehen, dass die Arbeitswelt dadurch menschlicher wird, persönlicher, wärmer und freundlicher. Aber der Ruf nach Soft Skills bedeutet, dass die Ansprüche steigen, dass uns
60 noch mehr abverlangt wird im Job. Und wir wissen noch nicht einmal genau, was. Wir sollen teamfähig sein und

durchsetzungsstark, uneitel und zielstrebig, ehrgeizig und anpassungsfähig, flexibel und beharrlich. Bestenfalls tut man diese Anforderungen als Büro-Binsen ab und vergisst sie schnell. Nimmt man sie dagegen ernst, stellt man fest, dass sie nicht so recht zusammenpassen. Die Fähigkeiten, die wir für die moderne Arbeitswelt mitbringen sollen, widersprechen einander. Damit die Widersprüchlichkeit nicht auffällt, wird sie im Jargon des Personalmanagements als „weich" umetikettiert.

Der Widerspruch hat Methode: Wenn die Anforderungen der Arbeitswelt einander ausschließen, heißt das auch, dass man sie nie ganz wird erfüllen können. Sobald man irgendwo in seinem Qualifikationsprofil ein Häkchen setzen kann, tut sich an anderer Stelle fast automatisch eine Lücke auf. Was bleibt, ist ein ständiges Gefühl des Nichtgenügens. Obwohl man in Wirklichkeit natürlich sämtliche wichtigen Voraussetzungen für seinen Job erfüllt. Denn mal ehrlich: Letztlich geht es bei der Arbeit doch nur darum, dass der ganze Kram erledigt wird.

Das Perfide ist, dass das Gefühl des Ungenügens nicht im Job hängen bleibt. Es begleitet uns wie die Dienstmails, die wir auch nach Feierabend noch beantworten. Es verfolgt uns wie der Anruf des Chefs, der uns natürlich auch im Urlaub auf dem Handy erreichen kann. Bereits Siegfried Kracauer beschrieb in seiner Angestelltenstudie die „von den Charakteranalysen her drohende Gefahr eines Übergriffs in die Privatsphäre". Die Psychologisierung der Arbeitswelt bedeutet, dass auch deren Probleme psychologisch zu interpretieren sind. Klappt es im Büro nicht, liegt das nicht mehr nur an der schwierigen Wirtschaftslage oder dem falschen Fach, das wir studiert haben. Irgendwas tief in uns drin ist mitverantwortlich. Soll die Persönlichkeit für den Erfolg bestimmend sein, ist sie das auch für unser Scheitern. Da wird der hübsche Soft-Skills-Jargon brutal: Er führt uns direkt in eine „Welt, in welcher persönliche Niederlagen, auch wenn sie sozial bedingt sind, sozial kompetent eingesteckt werden" müssen, schreibt der Basler Bildungsphilosoph Roland Reichenbach. Protest verrät mangelnde Sozialkompetenz.

Indem überall Soft Skills eingefordert werden, wird nicht nur unsere ganze Person in Mithaftung für sämtliche Übel der Arbeitswelt genommen. Wir müssen auch deren Ungerechtigkeiten hinnehmen.

Eigentlich lebt eine moderne Gesellschaft von dem Versprechen, dass die besten Stellen nach Leistung und Begabung vergeben werden, nach klaren Kriterien, an denen sich jeder orientieren kann. Aber was ist gerecht, wenn der Aufstieg von weichen, widersprüchlichen Qualifikationen abhängen soll? Die Soziologen Michael Hartmann und Johannes Kopp haben die Lebensläufe von 6 500 promovierten Ingenieuren, Juristen und Wirtschaftswissenschaftlern ausgewertet, also von fachlich bestens qualifizierten Leuten. Das Ergebnis: In die obersten Chefetagen schaffen es nur diejenigen unter ihnen, die aus dem richtigen Elternhaus stammen. Nur sie haben von klein auf die feinen Codes und Umgangsformen des gehobenen Bürgertums gelernt und verinnerlicht, mit denen sie ihren Förderern signalisieren, dass sie denselben Kreisen entstammen. Ist das gerecht? Man fände bestimmt ein paar Soft Skills, mit denen sich legitimieren ließe, dass sich in den Führungsetagen immer derselbe Schlag Mensch verschanzt. Weltgewandtheit, Stil, Etikette, was auch immer.

Gute Doktoranden aus Arbeiterfamilien bleiben derweil unterwegs stecken. Genau wie Frauen, die irgendwann mit ihrem Kopf an die gläserne Decke knallen beim Versuch, auf der Karriereleiter nach oben zu kommen. Woran das liegt? Soft Skills natürlich. Fehlendes Alphatiergehabe, untrainierte Ellenbogen, mangelndes Gespür für Herrenwitz. Daran zeigt sich wieder die Verlogenheit des Soft-Skills-Konzepts: Man könnte den Aufstieg auch mit den genau entgegengesetzten Eigenschaften rechtfertigen.

Wir sind so gut ausgebildet wie keine
170 Generation vor uns. Warum sind wir
nicht selbstbewusst und treten das Soft-
Skills-Gerede, das uns überall entgegen-
schlägt, in die Tonne? Konzentrieren
wir uns besser auf das, was bei der Ar-
175 beit wesentlich ist: dass der Kram erledigt wird.

*Aus: jetzt – Leben & Job No. 6/2012, S. 30 (Beilage der Süddeutschen Zeitung)*

**Anmerkung**
1 Curriculum: Lehrplan

---

## Lösungsvorschlag in Grundzügen

### Hinweise und Tipps

Die **Aufgabenstellung** setzt sich aus drei Einzelaufgaben zusammen, wobei der Schwerpunkt auf der erörternden Auseinandersetzung mit dem Artikel liegt. Nach einer Analyse der Kernaussagen und der sprachlichen Gestaltung im ersten Schritt werden im zweiten Schritt zunächst eine engere Auseinandersetzung mit den Argumenten des Autors und schließlich eine freiere Erörterung des im Text dargestellten Themas verlangt.

– Sie beginnen Ihren Aufsatz mit einer **Einleitung**, die das Interesse des Lesers weckt und zum Thema des Artikels hinführt. Dies kann z. B. mithilfe einer Anekdote, eines Zitats oder einer persönlichen Beobachtung geschehen; ebenso können Sie auf den Titel Bezug nehmen. Es folgt die – sachliche – Darstellung der wesentlichen Daten des Artikels: Name des Autors, Titel, Textsorte und insbesondere Thema des Textes sowie die Quelle einschließlich Veröffentlichungsdatum. Achten Sie darauf, das Thema in eigenen Worten zu formulieren.

– Die **erste Teilaufgabe** ist zweiteilig: Zunächst geht es darum, im Rahmen einer Textwiedergabe die Kernaussagen herauszuarbeiten. Achten Sie darauf, sich hier tatsächlich auf die wesentlichen Aussagen zu konzentrieren, damit Ihr Aufsatz nicht in eine Paraphrase abgleitet. Wichtig ist außerdem, dass Sie durch Verwendung des Konjunktivs oder geeigneter Formulierungen kenntlich machen, dass sie die Meinung des Autors – nicht etwa Ihre eigene – zum Ausdruck bringen.
Bei dieser Aufgabe sollen Sie zudem die Textgestaltung berücksichtigen. Hier geht es darum, sprachliche Auffälligkeiten in ihrer Funktion für die Argumentation des Autors darzustellen. Bedenken Sie, dass damit nicht nur Stilmittel gemeint sind, sondern auch Dinge wie Leserlenkung, Argumentationsweise oder der Titel. Begründen Sie Ihre Ergebnisse dabei jeweils am Text.

– In der **zweiten Teilaufgabe** sollen Sie sich argumentativ mit den Thesen des Autors auseinandersetzen und dazu persönlich Stellung nehmen: Begründen Sie also, welchen Thesen Sie zustimmen und welche Sie ablehnen. Berücksichtigen Sie dabei, dass ein Argument immer dreiteilig aufgebaut ist: Behauptung – Begründung – Beleg. Es ist sinnvoll, aber nicht zwingend nötig, diese Reihenfolge einzuhalten.

– Die **dritte Teilaufgabe** verlangt eine eigenständige Erörterung der Frage, inwieweit soziale Kompetenzen in der Berufswelt von Bedeutung sind. Vorab ist hier eine **Begriffsdefinition** hilfreich, auf die Sie im Rahmen Ihrer Argumentation zurückgreifen können. In Ihrer Erörterung können Sie zudem auf Ergebnisse aus der zweiten Teilaufgabe Bezug nehmen. Sie sollen gemäß Aufgabenstellung aber auch eigene Ideen einbringen, das heißt, sich von der Textvorlage lösen und das Spektrum des Themas erweitern. Eine Block-Strukturierung der Pro- und Kontra-Argumente oder ein abwechselndes Vorgehen („Pingong- oder Reißverschlussverfahren") ist gleichermaßen sinnvoll.

– Das **Fazit** sollte ausgewogen sein und dem Argumentationsgang entsprechen. Achten Sie darauf, am Schluss nicht zu stark zu vereinfachen. Ihre Position – auch, wenn sie nicht eindeutig ist –, sollte klar begründet zum Ausdruck kommen. Es rundet den Aufsatz besonders gut ab, wenn Sie am Ende einen thematischen Bogen zurück zu Ihrer Einleitung schlagen.

Für das **methodische Vorgehen** empfiehlt es sich, beim ersten Lesen das Thema des Textes zu erschließen und den groben Argumentationsgang nachzuvollziehen. Bei einer zweiten Lektüre können Sie in verschiedenen Farben inhaltliche und sprachliche Aspekte markieren. Inhaltlich sollten Sie u. a. Ausschau halten nach Abschnitten wie einer einleitenden Hinführung, der Kernthese des Textes (Gibt es eine?), Argumenten (Wie viele „echte", d. h. stimmig begründete Argumente gibt es?) und dem Fazit. Sprachlich ist z. B. auf Umgangssprache, Wertungen, Stilmittel, ironische Wendungen oder Kontraste zu achten. Ihre Beobachtungen hierzu können Sie auf einem gesonderten Blatt notieren. In einem dritten Schritt konzentrieren Sie sich beim Lesen noch einmal besonders auf die inhaltliche Argumentation. Sie können auf einem separaten Blatt die wichtigsten Aussagen notieren und mit Stichworten Stellung beziehen: Welcher Aussage stimmen Sie warum zu, welche lehnen Sie weshalb ab? Denken Sie daran, Gründe für Ihre Positionierung zu nennen.

Für den **selbstständigen Erörterungsteil** lohnt es sich, den Text zur Seite zu legen und sich zunächst in Form eines Brainstormings Notizen zu der Frage zu machen, inwieweit soziale Kompetenzen in der heutigen Berufswelt von Bedeutung sind. Definieren Sie den Begriff „soziale Kompetenzen", um sicherzustellen, dass Sie beim Thema bleiben. In der Erörterung können Sie von eigenen Erfahrungen ausgehen, die Sie möglicherweise bereits in der Schule oder Ausbildung gesammelt haben; auch Wissen aus dem Unterricht und den Medien ist gefragt. Die Erörterung sollte am Schluss in eine hinreichend begründete Positionierung münden.

Ihr Aufsatz wird überzeugend, wenn er durch Überleitungen zwischen den einzelnen Abschnitten thematisch und argumentativ gut nachvollziehbar ist. Auch die formal genaue Arbeit mit Textbelegen sowie eine korrekte Rechtschreibung und Zeichensetzung tragen zu einem überzeugenden Gesamteindruck bei.

Dass es im Berufsleben um mehr gehen muss als nur um fachliches Wissen, dürfte den meisten bereits klar sein, bevor sie überhaupt in den Beruf starten. Schon in der Schule ist der Begriff der „Kompetenz" allgegenwärtig – nie nur mit Bezug auf Fachkenntnisse, sondern oft auch bezogen auf methodische und soziale Fähigkeiten. Bereits in der Ausbildung, spätestens aber im Arbeitsleben werden zunehmend die Letzteren, die sogenannten Soft Skills, in einem Ausmaß nachgefragt, das auch Risiken birgt: Davor warnt zumindest Bernd Kramer in seinem Kommentar „Hard Skills, please.", der im Jahr 2012 in „jetzt – Leben & Job" (Beilage zur SZ) erschien. Er plädiert deshalb für eine Rückbesinnung auf das Wesentliche – die Arbeit an sich. | **Einleitung**

Kramer leitet am Beispiel der Fachhochschule Fulda das Thema ein: Deren Studiengang „Sozialkompetenz" (Z. 3) dient ihm als ein Extremfall der beobachteten Tendenz, dass zunehmend zwischenmenschliche anstelle fachlicher Fähigkeiten als ausschlaggebend für den beruflichen Werdegang dargestellt würden (vgl. Z. 23–26). Er beschreibt dies als Fortsetzung eines Trends, der bereits in den 1930er-Jahren begonnen habe, als der „neu aufkommende Typus des Angestellten psychisch von oben bis unten vermessen [wurde]" (Z. 38 ff.). Kramer formuliert darauf aufbauend seine eigentliche **These**, die vor den **Risiken dieser Entwicklung** warnt: „[D]er Ruf nach Soft Skills bedeutet, dass die **Ansprüche steigen**, dass uns noch mehr abverlangt wird im Job" (Z. 58 ff.). Zur Begründung seiner Position verweist er auf die Widersprüche, die sich in der Gegenüberstellung beispielhafter Anforderungen aus dem Bereich sozialer Kompetenzen zeigen: „uneitel und zielstrebig, ehrgeizig und anpassungsfähig, flexibel und be- | **Teilaufgabe 1** Zentrale Aussagen des Autors Bernd Kramer harrlich" (Z. 63 ff.). Diese inhaltlichen Gegensätze überträgt er auf die psychologische Ebene: Einander ausschließende Forderungen bewirkten, „dass man sie nie ganz wird erfüllen können" (Z. 79 f.), wodurch „ein ständiges Gefühl des Nichtgenügens" (Z. 84 f.) entstehe.

Kramer formuliert hieraus die erste Gefahr, die er in dem wachsenden Stellenwert der Soft Skills erkennt: Durch die übermäßige **Psychologisierung** seien Arbeitnehmer immer stärker verantwortlich für das Gelingen und vor allem auch Misslingen ihrer Arbeit (vgl. Z. 109 ff.). Darüber hinaus ließen sich auch die „**Ungerechtigkeiten**" (Z. 125) der Arbeitswelt schlechter bekämpfen, was er in einer Studie belegt sieht, der zufolge für Leitungsfunktionen weniger die fachliche Qualifikation als vielmehr die Herkunft ausschlaggebend sei (vgl. Z. 135–149). Der Aufstieg privilegierter Schichten ließe sich mithilfe der Soft Skills ebenso rechtfertigen wie die sogenannte gläserne Decke für sozial benachteiligte Gruppen. Kramer betont daher die „**Verlogenheit**" (Z. 165) des Konzeptes. Er schließt seinen Text mit dem Appell, dem „Soft-Skills-Gerede" (Z. 171 f.) die Stirn zu bieten und sich stattdessen auf die eigentliche Arbeit zu konzentrieren.

Kramers Text will **provozieren**, aber auch **unterhalten**. Die provokative Absicht zeigt sich insbesondere durch den häufigen Einsatz von **Umgangssprache** (vgl. Z. 1, 13 f., 20 f., 49, 175 f.), etwa direkt im Untertitel: „Können wir mal aufhören mit dem Quatsch – und einfach arbeiten?" Der wiederholte Wechsel in den lockeren Stil unterstreicht die inhaltliche Forderung, sich auf das Wesentliche zu konzentrieren; der Autor formuliert sozusagen ohne Schnörkel. Gerade in den umgangssprachlichen Abschnitten verwendet Kramer auch starke **Wertungen**: Formulierungen wie „die abstruseste Curricularisierung eines Blablas" (Z. 16 f.) oder die Charakterisierung der Rhetoriktrainerin als Person „mit für einen klar denkenden Menschen schleierhaftem Selbstvertrauen" (Z. 29 f.) werten die andere Position deutlich ab. Weniger direkte Wertungen finden sich in den **ironischen Passagen**, etwa wenn Kramer spöttisch schlussfolgert, die Studenten bekämen „zertifiziert, dass sie jetzt mit Menschen können" (Z. 13 f.). Kramer versucht, den Leser auf seine Seite zu ziehen, indem er z. B. häufig das **Personalpronomen** „wir" verwendet, mit dem die Zustimmung des Lesers indirekt vorausgesetzt wird. Auch die **rhetorischen Fragen** in den Zeilen 149 und 170 ff. unterstellen Einverständnis und stiften eine Art Zusammengehörigkeitsgefühl. Zur Stärkung seiner Position beruft sich Kramer zudem wiederholt auf **Autoritäten** wie Wissenschaftler (Soziologen, vgl. Z. 48, 135 ff.), Publizisten (Siegfried Kracauer, Z. 36) und Philosophen (Roland Reichenbach, Z. 118 f.), um seinen Ausführungen mehr Gewicht zu verleihen.

Dass Kramer an seiner Polemik auch Freude hat – und die Leser daran teilhaben lassen will –, zeigt sich am **Spiel mit Sprache**. So verwendet er etwa Parallelismen und Vergleiche (vgl. Z. 93–97, Z. 153 ff.) sowie Ellipsen (Z. 162 ff.), um seine Position zu unterstreichen, oder setzt **Alliterationen** wie „Büro-Binsen" (Z. 66 f.), zugleich ein Neologismus, ein. Der **Titel** „Hard Skills, please." fasst die zentrale Forderung Kramers, sich wieder auf die eigentliche Arbeit zu konzentrieren, knapp zusammen. Er verschiebt dabei den Schwerpunkt zurück auf die „harten" im Gegensatz zu den „weichen" Kompetenzen. Durch die Verwendung des englischen Begriffs macht sich Kramer unauffällig über die **Allgegenwart von Anglizismen** in der modernen Arbeitswelt lustig. Auch das nachgestellte **Höf-**

Gestaltung des Textes

Umgangssprache

Wertungen und Ironie

Einbeziehen der Leser

Bezug auf Autoritäten

Spiel mit Sprache

lichkeitswort „**please**" ist **ironisch** zu verstehen. Gleichzeitig weckt der fremdsprachige Titel Neugier und regt zur Lektüre an.

Bernd Kramer warnt in seinem Text nicht nur davor, durch übermäßige Einforderung von Soft Skills das Wesentliche – die Erledigung der eigentlichen Arbeit – aus dem Blick zu verlieren, sondern auch davor, neue Probleme wie psychischen Stress durch Überforderung oder Verstärkung vorhandener Ungerechtigkeiten im Arbeitsleben hervorzurufen.

**Teilaufgabe 2**
Kritische Auseinandersetzung mit Kramers Thesen

Folgende Überlegungen lassen sich zur Unterstützung von Kramers Position heranziehen:
- Der vom Autor beschriebene Druck zur **Selbstoptimierung** betrifft nicht nur das Arbeitsleben, sondern bereits die Zeit der Ausbildung. Schon in der Schule wird neben fachlichen „Kompetenzen" immer mehr Wert auf die Entwicklung sogenannter personaler und sozialer Kompetenzen gelegt, wie sich in den Bildungsplänen nachlesen lässt. Dies setzt sich in der Ausbildung, etwa an Fachhochschulen oder Universitäten, fort, wo Soft Skills wie Selbst-, Zeit-, oder Konfliktmanagement extra eingeübt werden. Das sorgt schon in der Berufsvorbereitungsphase für das Gefühl, nie zu genügen und ständig die eigene Persönlichkeit verbessern zu müssen.
- Wie Kramer schreibt, genügte dem Vorgesetzten des 19. Jahrhunderts noch das Wissen, dass seine Fabrikarbeiter körperlich zu ihrer Arbeit in der Lage waren (vgl. Z. 43 ff.). Die harte körperliche Arbeit hatte den Vorteil, dass nach Feierabend weder die Arbeit selbst noch belastende Gedanken, ob man sich anders bzw. besser hätte verhalten müssen, „nach Hause mitgenommen" wurden. Dies kann man im Rückblick als positive geistige Freiheit beurteilen.
- Das „Gefühl des Nichtgenügens" (Z. 84 f.) lässt sich mit der Zunahme psychischer und **stressbedingter Erkrankungen** in Verbindung bringen, wie etwa dem Burn-Out-Syndrom. Kramer nennt als Ursachen z. B. Diensthandys und Anrufe nach Feierabend. Diese Beispiele machen auch deutlich, wie der zunehmende Druck zu Flexibilität und ständiger Verfügbarkeit negativ auf die Psyche wirken kann. Wenn Arbeitnehmer keinen Abstand zum Berufsalltag bekommen, weil immer mehr Arbeit ins Privatleben vordringt, kann das gesundheitliche Folgen haben.
- Es wäre verheerend, wenn sich durch die starke Ausrichtung auf Soft Skills die **soziale Ungerechtigkeit** weiter verstärken würde. Wie in verschiedenen Bildungsstudien nachgewiesen wurde, hat ein Kind von Beamten oder Unternehmern noch immer deutlich höhere Chancen als ein Kind aus dem Arbeitermilieu, nach der Grundschule auf das Gymnasium zu wechseln. Dem dreigliedrigen deutschen Schulsystem ist es bisher nicht gelungen, die verschiedenen Ausgangssituationen auszugleichen. Wenn Soft Skills diese Tendenz im Arbeitsmarkt verstärken, sollte dies ernst genommen werden.

Zustimmung – mögliche Argumente

Mit den folgenden Gedanken lassen sich Kramers Ausführungen entkräften:
- Gesellschaftliche Trends hat es schon immer gegeben – in den seltensten Fällen besteht aber eine Verpflichtung, dabei mitzumachen. Denn wie sollte diese aussehen? Kein Student kann in einen Sozialkompetenzkurs genötigt werden. Oft sind selbst verpflichtende Module so angelegt, dass man zwischen verschiedenen Schwerpunkten wählen kann. Inso-

Ablehnung – mögliche Argumente

fern steht es jedem frei, die **Angebote** zur Weiterentwicklung von Soft Skills zu **ignorieren**.
– Betrachtet man die historische Entwicklung, wie Kramer es tut, so sollte man nicht unterschlagen, dass es in der Arbeitswelt Zeiten gab, in denen der Mensch allein als Arbeitskraft und nicht als Person von Interesse war. Zwar mussten im 18. und 19. Jahrhundert keine Soft-Skills-Kurse belegt werden; es gab aber auch wenig Interesse daran, ob sich ein Arbeitnehmer am Arbeitsplatz wohlfühlte. Anders gesagt: Mit der Psychologisierung des Berufslebens werden erstmals die psychischen Bedürfnisse von Arbeitnehmern berücksichtigt. Das zeigt sich z. B. im Trend zur Flexibilisierung von Arbeitszeiten oder in dem Bestreben, angenehme Arbeitsumgebungen etwa durch helle, modern eingerichtete Büros zu schaffen.
– Kramer stellt die vermeintliche Widersprüchlichkeit von Soft Skills **polemisch** dar. Das **verzerrt** den Umstand, dass in der Arbeitswelt die vielen Teilfertigkeiten nicht stets zugleich und gleichermaßen angewendet werden sollen. Vielmehr geht es um eine ausgewogene, situationsangemessene Mischung etwa von Zielstrebigkeit und Flexibilität – und die Fähigkeit hierzu dürfte zugleich eine weitere Sozialkompetenz sein, die zu erwerben kein Fehler ist.
– Ist das Gefühl, nicht genug geleistet zu haben, wirklich in erster Linie durch die „weichen" Fertigkeiten der Arbeitswelt zu erklären, die Arbeitnehmer zu stark in die persönliche Verantwortung nehmen? Wer meint, nie genug zu leisten, hat möglicherweise auch ein geringes **Selbstwertgefühl**. Die Fähigkeit, sich und anderen Grenzen zu setzen, ist in jedem Berufsfeld wichtig und lässt sich nur bedingt als Vorwurf an Dritte formulieren. Im Übrigen bleibt Kramer bei diesem Argument auch sehr vage, denn Beispiele, die es stützen, fehlen.
– Soft Skills sollen auch die eher benachteiligten Gruppen in der Arbeitswelt unterstützen und stärken. Es gibt Kurse, die Frauen selbstbewusstes Auftreten vermitteln, um deren Karrierechancen zu verbessern; es gibt Netzwerke für Studenten und Doktoranden aus Arbeiterfamilien, die sie im komplizierten sozialen Miteinander an Universitäten und Fachhochschulen unterstützen können. Natürlich werden sie das Grundproblem der sozialen Ungerechtigkeit nicht beheben, aber sie können doch **zu mehr Fairness beitragen**.

Um zu ermitteln, inwieweit soziale Kompetenzen für die Berufswelt von Bedeutung sind, ist es hilfreich, den **Begriff zunächst zu definieren**. Es handelt sich dabei um Fertigkeiten, die einem Menschen helfen, mit anderen Menschen möglichst harmonisch zusammenzuarbeiten. Inwiefern ist es also heute wichtig, über derartige Fertigkeiten zu verfügen?
– Die Gruppe der Arbeitnehmer ist heute sehr heterogen, was das Geschlecht (mehr Frauen), die Herkunft (verschiedene Kulturkreise) und das Alter (längere Lebensarbeitszeit) betrifft. Vor diesem Hintergrund sind soziale Kompetenzen in der modernen Arbeitswelt wirklich sehr wichtig: Von **gelungener Kommunikation** – mündlich wie schriftlich – hängen z. B. der Erfolg oder Misserfolg vieler dienstleistender Unternehmen ab, sodass eine Investition in diese Fertigkeiten ebenso lohnt wie in die fachliche Ausbildung.
– Durch das neue Bewusstsein für soziale Kompetenzen sind Aspekte in den Blick geraten, die früher weniger wichtig waren, beispielsweise **Teamfähigkeit**. So können soziale Kompetenzen ein Arbeitsklima insgesamt

**Teilaufgabe 3**
Erörterung

Pro-Argumente: große Bedeutung sozialer Kompetenzen für die Berufswelt

positiv verändern, wenn die Beteiligten wissen, wie man in einer Gruppe aufeinander eingehen und Konflikte vermeiden kann.
- Möglicherweise entsteht durch diese Entwicklung sogar ein sogenannter **Bottom-up-Effekt:** Wenn die Chefin oder der Chef Soft Skills von den Angestellten einfordert, stehen sie oder er ebenfalls unter Druck, auf Dinge wie Fairness bei der Stellenvergabe oder Beförderungen zu achten oder das eigene Ego zugunsten der Mitarbeiter zurückzunehmen.
- Man stelle sich die Arbeitswelt einmal ohne sozial kompetente Arbeitnehmer vor – oder eben lieber nicht. Aber andersherum gedacht: Wann hätte es eine Zeit gegeben, die völlig frei von sozialer Kompetenz war?

Wo sind die Grenzen dessen erreicht, was soziale Kompetenzen in der Berufswelt leisten können?

Kontra-Argumente

- Der Blick für das Wesentliche, den fachlichen Kern, könnte in der Schul- und Ausbildungszeit tatsächlich verloren gehen, weil die starke Konzentration auf die verschiedenen **sozialen Kompetenzen wichtige Inhalte in den Hintergrund drängen.** Schon jetzt hört und liest man immer wieder von Klagen aus der Wirtschaft über die mangelnde Qualifikation von Bewerberinnen und Bewerbern. Die Beschwerden von Ausbildern und Arbeitgebern betreffen dabei nicht einmal nur fachspezifische Fähigkeiten; häufig geht es um grundlegende Dinge wie Rechtschreibung oder Rechnen.
- Die Konzentration auf Soft Skills kann außerdem dazu führen, dass Heranwachsende in dem gesunden Vertrauen auf ihre sozialen Fähigkeiten verunsichert werden. Sie sind besonders empfänglich für verschiedenste Ansprüche, die im Rahmen ihrer Ausbildung an sie herangetragen werden. Ein zu starker Druck, ihr soziales Wesen „besser" zu formen, könnte sie **unnötig belasten.** In dieser Hinsicht wäre die Soft-Skills-Förderung sogar kontraproduktiv.
- Inwieweit können soziale Kompetenzen überhaupt erlernt werden? Aus entwicklungspsychologischer Perspektive verhält es sich mit sozialen Kompetenzen ähnlich wie mit Sprache: Entweder man wächst als Kind damit auf, saugt sie wie ein Schwamm mit auf und beherrscht sie unbewusst – oder eben nicht. Im zweiten Fall ist es sehr viel **schwieriger, sie sich theoretisch anzueignen.** Das soll nicht heißen, dass beispielsweise Seminare zu selbstbewusstem Auftreten keine Wirkung auf die Teilnehmer haben können. Es ist allerdings zu kurz gedacht, wenn man glaubt, dass sich soziale Kompetenzen wie eine Checkliste erarbeiten und am Ende in ein üppiges Monatsgehalt „übersetzen" ließen.
- Soziale Kompetenzen bergen die **Gefahr,** soziale **Ungerechtigkeiten zu verschleiern:** Nur weil eine Kündigung auf der Oberfläche freundlich und verständnisvoll ausfällt, wird sie nicht weniger unfair. Im Gegenteil: Es wird gegebenenfalls sogar schwerer, sie anzufechten.
- Wollen wir wirklich eine Arbeitswelt voller sozial hochkompetenter, restlos angepasster Arbeitnehmer? Besteht dann nicht die Gefahr, dass darüber **individuelle „Macken" verloren gehen,** die – wie schon in der Schule und der Ausbildung – im Arbeitsalltag doch sehr spannend und reizvoll sein können. Die Kollegin, die immer das letzte Wort haben muss? Raus, da nicht teamfähig. Mit ihr gehen die witzigen Anekdoten und ihr unterhaltsames Wesen. Der Kollege, der dröhnende Auftritte liebt? Er ist nicht mehr erwünscht, doch fehlt dann auch der, der bei Ungerechtigkeiten stets solidarisch aufgestanden ist.

Wie bei jedem Trend gilt auch im Fall der für das Berufsleben nicht zu un-    **Fazit**
terschätzenden sozialen Kompetenzen, das **Maß zu wahren**. Soft Skills –
Yes, please. Aber die Hysterie, mit welcher das Konzept derzeit beworben
wird, ist sicherlich unverhältnismäßig. Das bedeutet auch, dass man schon
als Schüler ein gesundes Vertrauen in die eigenen Fähigkeiten haben sollte
– und einen Erörterungsaufsatz einfach mal ehrgeizig, zielstrebig und ohne
Teamwork allein bewältigt.

Jetzt mal **BUTTER** bei die Fische.

Liebe Kundin, lieber Kunde,

der STARK Verlag hat das Ziel, Sie effektiv beim Lernen zu unterstützen.
In welchem Maße uns dies gelingt, wissen Sie am besten. Deshalb bitten wir Sie,
uns Ihre Meinung zu den STARK-Produkten in dieser Umfrage mitzuteilen:

## www.stark-verlag.de/feedback

Als Dankeschön verlosen wir einmal jährlich, zum 31. Juli, unter allen
Teilnehmern ein aktuelles Samsung-Tablet. Für nähere Informationen
und die Teilnahmebedingungen folgen Sie dem Internetlink.

Herzlichen Dank!

**Haben Sie weitere Fragen an uns?**
Sie erreichen uns telefonisch **0180 3 179000**\*
per E-Mail **info@stark-verlag.de**
oder im Internet unter **www.stark-verlag.de**

Lernen ▪ Wissen ▪ Zukunft
**STARK**

\*9 Cent pro Min. aus dem deutschen Festnetz, Mobilfunk bis 42 Cent pro Min. Aus dem Mobilfunknetz wählen Sie die Festnetznummer: **08167 9573-0**

# Erfolgreich durchs Abitur mit den **STARK** Reihen

## Abiturprüfung

Anhand von Original-Aufgaben die Prüfungssituation trainieren. Schülergerechte Lösungen helfen bei der Leistungskontrolle.

## Abitur-Training

Prüfungsrelevantes Wissen schülergerecht präsentiert. Übungsaufgaben mit Lösungen sichern den Lernerfolg.

## Klausuren

Durch gezieltes Klausuren-training die Grundlagen schaffen für eine gute Abinote.

## Kompakt-Wissen

Kompakte Darstellung des prüfungsrelevanten Wissens zum schnellen Nachschlagen und Wiederholen.

## Interpretationen

Perfekte Hilfe beim Verständnis literarischer Werke.